◎ 国家社科基金重大项目

　　"开放经济条件下我国虚拟经济运行安全法律保障研究"

　　（批准号：14ZDB148）成果

◎ 重庆市"十四五"重点出版物出版规划项目

虚拟经济有限发展法学理论的法律表达：立法模式与体系建构

陈云霞　杨志杰　刘光星◎著

重庆大学出版社

图书在版编目(CIP)数据

虚拟经济有限发展法学理论的法律表达:立法模式
与体系建构／陈云霞,杨志杰,刘光星著. -- 重庆:
重庆大学出版社,2023.4
(虚拟经济运行安全法律保障研究丛书)
ISBN 978-7-5689-3936-2

Ⅰ.①虚… Ⅱ.①陈…②杨…③刘… Ⅲ.①虚拟经
济—经济法—法学—研究—中国 Ⅳ.①D922.290.1

中国国家版本馆 CIP 数据核字(2023)第 093564 号

虚拟经济有限发展法学理论的法律表达:
立法模式与体系建构
XUNI JINGJI YOUXIAN FAZHAN FAXUE LILUN DE FALÜ BIAODA:
LIFA MOSHI YU TIXI JIANGOU

陈云霞 杨志杰 刘光星 著
策划编辑:孙英姿 张慧梓 许 璐
责任编辑:张红梅 版式设计:许 璐
责任校对:关德强 责任印制:张 策
＊
重庆大学出版社出版发行
出版人:饶帮华
社址:重庆市沙坪坝区大学城西路 21 号
邮编:401331
电话:(023)88617190 88617185(中小学)
传真:(023)88617186 88617166
网址:http://www.cqup.com.cn
邮箱:fxk@ cqup.com.cn(营销中心)
全国新华书店经销
重庆升光电力印务有限公司印刷
＊
开本:720mm×1020mm 1/16 印张:17.25 字数:244 千
2023 年 4 月第 1 版 2023 年 4 月第 1 次印刷
ISBN 978-7-5689-3936-2 定价:88.00 元

作者简介

陈云霞,女,四川广元人,法学博士,西南民族大学法学院副教授,美国俄克拉荷马城市大学访问学者(2018—2019),重庆大学虚拟经济法治研究中心研究人员。从事经济法学、金融法学和劳动与社会保障法学的教学科研工作。获省部级科研奖励 2 项,主持省部级科研项目 4 项,公开发表学术论文 30 余篇。

杨志杰,男,河北河间人,法学硕士,重庆大学法学院讲师,重庆大学虚拟经济法治研究中心研究人员。

刘光星,男,重庆万州人,法学博士,四川省司法厅团委副书记,研究方向为经济法、科技法。在《农业经济问题》等 CSSCI 来源期刊上发表论文 3 篇,被"人大复印资料"全文转载 1 篇。主持重庆市研究生科研创新项目 1 项,主研中央高校基本科研业务费资助项目 1 项,参研国家社科基金重大项目 1 项。

总　序

必然是长期孕育的,但必然总是需要偶然来点亮的。

20 世纪与 21 世纪之交,由中国一些土生土长的经济学家如刘骏民、成思危教授所创制的"虚拟经济"概念,尤其是将传统市场经济重新解读为"实体经济与虚拟经济二元格局"的学说,像夜空中划过的一道亮光,照亮了许多人的眼睛。虚拟经济理念自此便在中国的大地上逐渐兴起。可惜隔行如隔山,与大多数行外人一样,当时的我知之甚少,更谈不上明了其中所蕴含的时代意义了。

在博士论文选题时,考虑到硕士学的是民法,博士学的是经济法,我便准备在经济法基本理论方面下些功夫,试图寻找一个能跨越民法与经济法,类似于"贯通民法与经济法的人性精神"之类的选题,要将民法与经济法的共生互补以及这两者对人类经济社会发展的不可或缺,彻底地研究一番,以弥合两个学科间长期的对立,缓和学者们喋喋不休的争论。就在即将确定题目之前,好友杨泽延与卢代富来家小坐,听了我的想法后,反倒建议我最好务实一些,先从具体问题着手,选一个既以民法规则为基础又以经济法国家干预手段为寄托的题目,比如"证券内幕交易法律规制问题研究",以后再俟机扩大研究范围,进而深耕经济法的基本理论。

或许是太出乎意料了,这一题目竟然直戳我的心窝。突然,我想起来了:1992 年我正读硕士,其时中国股市刚建立不久,普通百姓还一头雾水,我却受人仓促相邀,懵懵懂懂地参加了《中国股票债券买卖与法律实务》的编写。莫非两位好友的这个题目,恰好将我潜意识中留存的有关股票、债券的一点点余烬给重新点燃?我几天睡不着觉,天天跑书店和图书馆,去追寻带有"内幕交易"的所有纸张与文字,还特意托好友卢云豹夫妇联系台湾的亲朋帮忙查寻相关资料。最后,提交给导师李昌麒教授审核的题目自然就是"内幕交易及其法律控制研究"了。好在,该选题不仅得到了恩师的首肯,还获得了国家社科基金项目的资助,论文也顺利通过了答辩,并被评为重庆市优秀博士论文,获重庆市第四届优秀社科成果二等奖。

2002 年博士论文业已完成,但一些超越该论文范围的根本性问题却持续困扰着我。直到有一天,当"虚拟经济"这四个字不经意地溜进眼帘时,我的眼睛竟然放出光来。由于证券是最典型的虚拟经济交易品,因而它不能不让我怦然心动,甚至也让我豁然开朗——似乎那些缠绕在我心中多年的许多困惑瞬间冰消雪融。我觉得太亲切了,相见恨晚,激动之余再也止不住去搜集有关虚拟经济的论著。尽管经济学中的数学计算、模型推演等很难看懂,但这并不妨碍我从其论说的字里行间去领悟那背后所隐含的意蕴,于是义无反顾地埋头研习。

什么是虚拟经济? 一个人基于投资获得了一个公司的投资凭证——股票,钱物投进公司让公司花去了,可持有股票的这个人,因某种原因不想继续当股东分红利,而别的投资者恰好又看好这家公司的前景想挤进投资者行列,当这两人进行了该股票的买卖时,他们就完成了一次虚拟经济交易。实践中,能作为虚拟经济交易品的,除股票外,还有债券、期货、保险及其他金融衍生工具。当这些偶发的、个别的交易一旦普遍化、标准化和电子化,虚拟经济市场之繁荣与发达也就再也无法阻挡了。

之所以说它"虚拟",是与传统实体经济的商品交换相对而言的:因为包含劳动价值的财产已移转给公司占用了,此处用以交换的股票,本身是不包含人类劳动价值的——说到底,它仅仅是记录投资的证明或符号而已。也就是说,从旨在实现劳动价值与获得使用价值的传统商品交换演变到纯粹没有价值的"符号交换",这就意味着市场已经从实体经济迈向了虚拟经济。

本来,传统市场经济是以实体经济为主的经济,在这样的经济格局中,虚拟经济不过是实体经济的副产品,也是实体经济运行所借用的一种工具。但令人惊奇的是,20世纪末中国的一些经济学家发现虚拟经济的发展速度已经超越了实体经济,且其规模足以与实体经济相媲美。也就是说,市场经济已经由原来的实体经济独霸天下,不知不觉地进入了实体经济与虚拟经济平分秋色的"二元经济时代"。

在现代市场经济体系中,虚拟经济确实有其积极作用,它可以促进实体经济的飞速发展,甚至有"现代经济的中枢""现代经济的核心""市场经济的'发动机'"等美誉。不过,虚拟经济背后也潜藏着巨大的风险:在人类历史上发生的历次金融危机中,人们已经真切地感受到了它给实体经济带来的反制、威胁,甚至破坏。

徜徉于这崭新的经济学理论之中,累却快乐着。到2007年,以"虚拟经济概念"及"二元经济时代"审视我国的经济法及其理论,我完成了《虚拟经济及其法律制度研究》一书的写作。此时恰逢北京大学吴志攀教授组织出版"国际金融法论丛",吴教授阅过书稿之后,当即同意将其纳入他的丛书,恩师李昌麒教授也欣然命笔为该书作序,最后由北京大学出版社付梓出版。就我本人而言,该书只是一个法学学者学习经济学并思考经济法的一些体会,它未必深刻,却是国内将虚拟经济理念引入经济法领域并对经济法的体系结构和变革方向做出新的解读的第一部法学著作。特别是该书提出的"虚拟经济立法的核心价值是安全"的论述,不幸被次年波及全球的美国次贷危机所反证,也使得这本书多少露出了些许光华。也许是出于这些原因吧,在2009年的评奖中,该书获得教育部优秀人文社科成果三等奖和重庆市第六届优秀社科成果二等奖。乘此东风,我又组织团队申报了教育部人文社科规划项目"中国预防与遏制金融危机对策研究——以虚拟经济安全法律制度建设为视角",领着一群朝气蓬勃、年轻有为的博士,于 2012 年完成书稿,并由重庆大学出版社出版发行。

然而,实践是向前的,也是超越既有理论预设的。随着改革开放的不断推进,虚拟经济也飞速发展。在创造经济奇迹的同时,我国经济也出现了更加纷繁复杂的问题和矛盾。其中虚拟经济的"脱实向虚"及其与实体经济之间的冲突,衍生出了现代市场经济发展中一个全新的、具有重大时代意义的命题——虚拟经济治理及其法治化。但作为一个经济学上与实体经济相对的概念,即使在经济学界也未获得普遍认可的情形下,寄望于法学界的广泛了解与大量投入,暂时是不太现实的。也就是说,将其引入法学界容易,但要得到法学学者们的广泛认同,并调动法学学术资源对其展开研究,还需要更为漫长的时间和更为艰难的历程。虚拟经济安全运行的法治化治理,至今仍然是经济学界和法学界远未解决的重大历史课题。

在前几年的研究项目申报中,尽管由母校西南政法大学资助并由法律出版社出版的拙著《人性经济法论》已经获得了教育部优秀人文社科成果二等奖,但在民法学与经济法学的争论尚未了结而民法学已然成为显学的年代,要获准经济法基本理论方面的选题依然是困难重重。因接连受挫,不免有些怅然若失。于是,我索性决定放弃中小项目的申报,直接冲击国家社科基金重大项目。物色选题时,约请几位博士生一同前来商讨,提出的建议选题有好几个,且都很有价值,只是未能让我动心。最后当一位博士生提出"开放经济条件下我国虚拟经济运行安全法律保障研究"这一选题建议时,我顿觉像当年偶遇"虚拟经济"这几个字时一样地怦然心动。我拍着桌子跳了起来,挥着这个题目,激动地用方言大声说:"啥都甭说了!就是他娃娃了!"意思是:什么都别说了,就认定这个宝贝疙瘩了!

在商请合作者的过程中,北京大学的彭冰教授、中国人民大学的朱大旗教授、中国政法大学的刘少军教授、华东政法大学的吴弘教授、武汉大学的冯果教授对此选题很是赞同,欣然同意作为子课题负责人参与项目的申报。

在课题的进程中，他们不仅参与论证、发表前期成果，自始至终给予支持，彭冰教授和冯果教授还建议，推荐年轻人出任主研，将子课题负责人让位给重庆大学杨署东教授和靳文辉教授。

不仅如此，在之后的研究中，许许多多校内外的专家学者都给予了我们无私的支持和帮助。像北京大学的吴志攀教授，中国政法大学的时建中教授，华东政法大学的顾功耘教授，西南政法大学的李昌麒教授、谭启平教授、岳彩申教授、盛学军教授和叶明教授，西北政法大学的强力教授，中国人民大学的涂永前教授，西南财经大学的高晋康教授，重庆大学的冉光和教授、刘星教授、刘渝琳教授、周孝华教授和黄英君教授等等，都为课题的论证、前期成果的产出和课题的推进与完成，做出了重要贡献。

当然，在研究进程中，我自己的团队，甚至法学院经济法学科的博士生和硕士生们，自课题立项以来，都不同程度地参与了课题研究的工作，还发表了一些阶段性成果；而来自社会各界的众多朋友，也都以各种方式关心课题的进展，给予了我们热情的鼓励与帮助……在此，我们谨向参与、关心和支持过本课题研究的所有人，表达最诚挚的谢意！

谁知课题获批后不久，身体就和我开了一个小小的玩笑，是家人的呵护、亲友的关爱、弟子们的陪伴，让我对未来充满了信心。不过，课题多少还是受了些影响，曾一度进展缓慢。然而，团队的力量是巨大的：课题组里的资深专家就是定海神针，而课题组中活跃着的一批充满活力并在学术界崭露头角的年轻教授和博士，则勇挑重担、冲锋陷阵，成了课题研究的主力。

早在之前的课题申报过程中，写作班子就将申请书打造成了一份内容扎实、逻辑严谨、格式规范的文件，近20万字，不是专著却胜似专著；在课题研究的推进中，每当遇到各种困难和烦恼时，课题成员们总是互相鼓励，互相支持，使我们的研究能够持续，我们的理论能够得到校正；特别是在近几年最终成果的打造过程中，本丛书十部著作的作者们，不畏艰辛，秉承"上对得起重大项目，下对得起学术良心"的信念，克服重重困难，使得丛书最终得以出炉。这十多位年轻作者的才华与风采,也尽藏于本丛书的简牍之中。

本丛书十部著作并不是简单的罗列或拼凑,而是有其自身的内在逻辑,也就是说有一根红线贯穿始终。为了找到这根红线,课题组花了好几年的时间。我们认为,既然虚拟经济是虚拟的,它就必然带有人设的性质。正如没有人为预先设定且为游戏者公认并一体遵行的游戏规则就没有游戏一样,虚拟经济的运行需要规则先行。同时从治理的角度来看,即使游戏有了内在的规则,也还需要游戏的外部法律边界及法律监督:如游戏不得触犯禁赌法令,游戏不得扰民,游戏不得损害他人利益和社会公共利益等。尤其是虚拟经济呈现出的"弱寄生性""离心规律""高风险性""风险传导性"等,明确无误地表明其"有利有弊"的"双刃剑"特质,决定了追求公平正义的法律肩负着为其提供内部规则和外部边界的艰巨使命。具体而言,虚拟经济赋予法律的天职,就在于通过法律制度的设计,为虚拟经济的运行设定"限度",铺设"轨道",装置"红绿灯",进而为虚拟经济运行安全设定交通规则,作为虚拟经济运行、虚拟经济监管和虚拟经济司法的制度支撑。

基于上述基本认知,我们认为:所谓虚拟经济有限发展法学理论,是指根据虚拟经济自身运行规律,从法律自身的宗旨和价值出发,主张法律在保障虚拟经济发展的同时,为预防与克服其负面效应,保障其运行安全和可持续发展,而将其置于法律约束下的安全范围内运行的一种法学思想。

这一理论虽然是以虚拟经济运行的"双刃剑"规律和体现法律公平正义基本要求的安全价值为基础提出来的,但我们认为,它主要还是从法学,特别是从经济法学国家适度干预理论的角度提出来的,因而与纯粹的经济学理论有着明显的不同。不过,最大的疑问还不在此处。在研究过程中,一些热切关心我们课题的学者常常忍不住提出这样的疑问:为什么实体经济不需要"有限发展"而虚拟经济却要"有限发展"呢?这是问题的关键。对此,我们的回答主要有三条:其一,人类社会的基本生活(如衣食住行及娱乐)毕竟只能仰赖实体经济,实体经济提供的产品和服务,除了受生产力水平的约束和人类需求的制约外,就其品种、数量和质量来说,根本就不存在"有限发展"的问题。仅此一点,虚拟经济就难以望其项背。其二,虚拟经济毕竟是寄生于实体经济的,不论其寄生性的强弱如何,最终还是决定了它不能野蛮生长以至于自毁其所寄生的根基。其三,实体经济伴随人类的始终,而虚拟经济则是一种历史现象,它仅仅是实体经济发展到一定阶段的产物,而且其产生以后并不一定能与实体经济"白头偕老"。

虚拟经济有限发展法学理论的确立,让我们找到了解题的一把金钥匙。它昭示着这样一个最基本的道理:我们在草原上发现了一匹自由驰骋的骏马,但我们只有给这匹骏马套上缰绳,它才会把我们驮向我们想要去的"诗和远方"。

然而,学术是严谨、苛刻而精细的,也有它自身相对固化了的"八股"定式。要说清楚这一理论的来龙去脉、前因后果、内在机理、外部表征、政策制约、法律规范、理论影响和实践效果,就要以学术的方式加以展开和表达。本丛书的十部著作正是这种展开和表达的具象:它们以"虚拟经济有限发展法学理论"为主线,按其内在逻辑展开——总体为"1+9"模式,即1个总纲,9个专题。而这"1+9"模式具体又可分为以下相互关联的四个板块:

板块一也就是"1+9"中的"1",即《虚拟经济有限发展法学理论总说》,它既是整个研究的总纲,即总设计图或者总路线指引图,也是对整个研究成果的全面提炼和总结。不过,这一总纲与后面的九部专著各有分工,各有侧重,各有特色,虽构成一个系统,却不能相互取代。板块二是"虚拟经济有限发展法学理论及其证成",旨在立论和证明,包括《虚拟经济有限发展法学理论及其根源》《虚拟经济立法的历史演进:从自由放任到有限发展》和《近现代经济危机中虚拟经济立法的过与功——虚拟经济有限发展法学理论的例证》三部著作。它们分别从立论及其理论解析、历史归纳和典型案例证明的角度,提出并证明虚拟经济有限发展法学理论。板块三的主旨是"虚拟经济有限发展法学理论指引下的观念变革",主要包括《虚拟经济安全的法律塑造》《虚拟经济有限发展法学理论的法律表达：立法模式与体系建构》《虚拟经济运行安全法律制度的立法后评估：以中国为样本》三部著作。其特点在于，它既是虚拟经济有限发展法学理论的应用，又是虚拟经济有限发展法学理论的进一步证明，是介于理论证成与实践应用之间的一个板块，对我国虚拟经济立法的价值、原则、模式、体系及立法质量的提升与检测，具有重要的指导意义。板块四是虚拟经济有限发展法学理论的具体运用，包括《虚拟经济有限发展法学理论视角下的银行法律制度变革》《虚拟经济有限发展法学理论视角下的证券法律制度变革》《虚拟经济有限发展法学理论视角下的期货法律制度变革》三部著作，试图以此三个典型领域为例，揭示虚拟经济有限发展法学理论在银行、证券和期货立法方面的具体映射与应用。

这四个板块之间的关系，可参考下图：

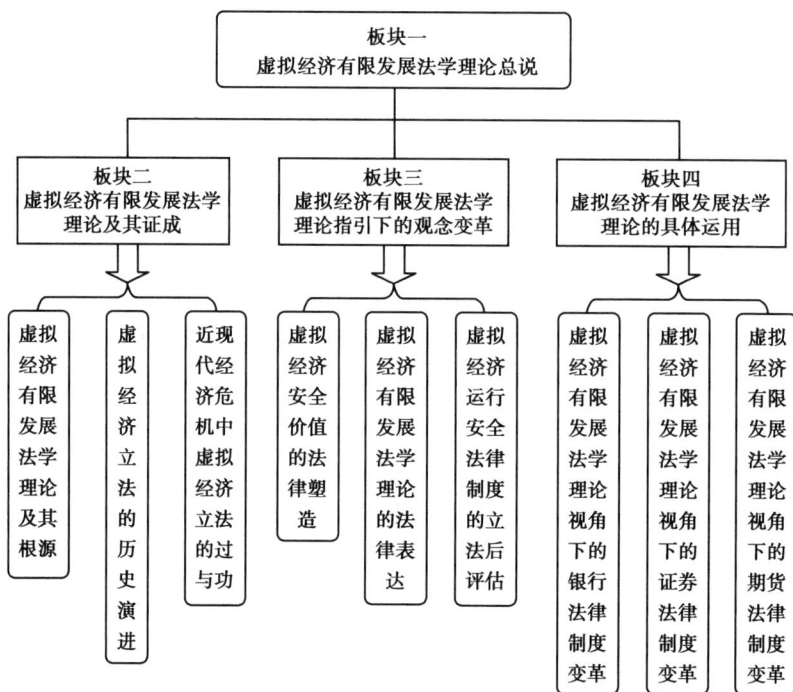

虚拟经济有限发展法学理论的论证与展开思路图

国家社科基金重大项目这一名称本身就体现出了它的分量。能在这一序列中获得"开放经济条件下我国虚拟经济运行安全法律保障研究"这一项目，既是偶然也是必然；既让我们有些激动和自豪，也让我们深感责任和压力。这几年，我们尽力做了，而且按"重大"之分量，踏踏实实地做了。至于成不成功，是否达到重大，就有待理论的佐证和实践的检验了。

我们处于一个大变革的时代，旧的事物陆续悄然退场，新的事物又在不知不觉中挤进我们的生活，甚至渐渐成为社会生活的一种主流。虚拟经济正是在这一历史巨变中膨胀，不断挣脱传统实体经济的束缚，而与实体经济分庭抗礼的。更有甚者，甚至到了反过来挟持、绑架、威胁实体经济的地步。正是这种二元经济格局的形成及两者之间的长期博弈和激烈冲突，给世界经济的发展以及各国政府的经济治理提出了前所未有的挑战。据我本人的揣测，在未来的几十甚至上百年里，如何看待和治理虚拟经济，不仅是中国面临的一大难题，也是世界面临的一大难题。

好在，越来越多的人正在逐渐看清虚拟经济脱实向虚的天性及其负面效应和可能的危害，有先见之明者已经着手强化监管、变革法治，竭尽趋利避害之能事，力图让虚拟经济助力实体经济，增进人民福祉。前几年我国着力扼制虚拟经济"脱实向虚"，这几年我国高层对虚拟经济采取既更开放又更注重其监管的策略，即可看作是"虚拟经济有限发展法学理论"在实践中得到的初步印证。

世界上没有尽善尽美的东西，也没有绝对的真理和最后的真理，学术上存在不足就是学术本身可能自带的一种"秉性"。例如，本研究中原预想的交叉学科知识的运用，现在看来还很不成熟；有的问题，如保险及其他一些金融衍生品也未能辟专题来讨论等等，都是短时间内很难弥补起来的不足，需寄望于后续研究中的努力了。

我向来认为，学术的魅力不仅体现在努力创新的过程之中，更体现在学界从未停歇过的争辩、质疑和批判之中。任何致力于社会科学研究的学者，所提出的观点或理论，都不可能是尽善尽美的，而学术正是在这种不完美之中求得点滴的进步,从而得以蹒跚前行的。为此,我们热忱欢迎学界诸君提出批评与指正。

虚拟经济概念及市场经济"二元格局"理论的提出,看似偶然,却是必然。它拨云见日,让人们突然看清了自己所生活的这个时代的"庐山真面目"。然而,其意义可能被我们的社会公众严重地低估了。就我的感受而言,它带来的思想冲击与震撼,当不亚于20世纪80年代托夫勒掀起的《第三次浪潮》,也不亚于当下人们热议的区块链、人工智能、大数据以及元宇宙等。而法律,特别是始终站在市场经济历史洪流风口浪尖的经济法,随着经济理念及经济格局的不断变迁而不断革新,一定是势不可挡,也一定是不可逆转的。

我仍然坚信,必然是长期孕育的,但必然总是需要偶然来点亮的。

胡光志

2022 年 12 月 10 日

前　言

———

　　虚拟经济有限发展法学理论,是一种将虚拟经济的发展置于法律制度约束下的安全范围内运行的制度解释范式。虚拟经济有限发展法学理论的法律表达则是基于这种制度解释范式的立法实践考察。本书以虚拟经济有限发展法学理论为指引,对虚拟经济立法模式和立法体系进行了系统的研究和探索,旨在为完善我国虚拟经济运行安全法律保障制度提供一种选择的思路。本书遵循"反思—批判—建构"的基本逻辑,从厘定虚拟经济有限发展法学理论与虚拟经济立法的关系出发,通过梳理传统虚拟经济立法模式的历史成因和作用,反思了现行虚拟经济立法模式的时代局限性,明确了虚拟经济立法模式的变革策略,创造性地提出了虚拟经济立法体系的升级方案,进而从虚拟经济创新与金融消费者立法变革、虚拟经济技术与数字经济立法变革、虚拟经济刑事立法变革三个不同维度完善了虚拟经济法的内容体系。

　　厘定虚拟经济有限发展法学理论与虚拟经济立法之间的关系,是写作本书的基本前提。从形式与实质的辩证关系看,虚拟经济有限发展法学理论与虚拟经济立法的关系可以概括为:指导思想与规范表达的关系;核心内容与外在形式的关系;立法变革与立法传统的关系。受特定政治、经济和法律等因素的共同作用,我国虚拟经济立法总体上形成了具有"点式星状"、内容体系多元平行等特点的立法模式。新时代背景下,这种"点式星状"的立法模式暴露出立法前瞻性欠缺、板块分割形成内耗、立法理念存在缺陷等不足。虚拟经济实践创新呼唤虚拟经济法制革新,需要以虚拟经济有限发展法学理论为指导,对虚拟经济的传统立法模式进行回顾与反思,建构性地提出有限发展法学理论下虚拟经济立法模式的变革策略。

虚拟经济法制体系的建构是虚拟经济有限发展法学理论法律表达的实践。它主要包括虚拟经济立法体系的升级方案,以及虚拟经济创新与金融消费者立法变革、虚拟经济技术与数字经济立法变革、虚拟经济刑事立法变革等具体内容。虚拟经济法制的体系建构,需要以有限发展法学理论为指导,制定虚拟经济基本法,完善虚拟经济相关法,吸纳新兴虚拟经济领域立法。虚拟经济创新与金融消费者立法不仅需要进行传统金融互联网化过程中虚拟经济法律制度的制定、修改和完善,而且需要制定新兴互联网金融法律制度。同时,金融消费者的权益保护已经成为影响国家虚拟经济健康运行和稳定发展的重要力量,需要改变目前金融消费者保护部门规章和规范性文件效力层级较低,且存在不一致和相互矛盾的情形,制定金融消费者保护法。虚拟经济技术与数字经济发展带来社会发展的深刻变革,法律的滞后性必然面临技术规制失灵的难题,虚拟经济与大数据和区块链创新等数字经济领域的立法尤为迫切。虚拟经济风险的难以预知性和巨大破坏性,使虚拟经济刑事法律制度成为经济刑法的重要内容。虚拟经济刑事立法变革需坚持积极刑法立法观,改进虚拟经济刑事立法的模式,加强刑事法律制度与虚拟经济专门法律规范之间的协调性。

本书是胡光志教授主持的国家社科基金重大项目"开放经济条件下我国虚拟经济运行安全法律保障研究"的研究成果之一。本书具体写作分工如下:刘光星撰写第一、二、三章;杨志杰撰写第四、五章;陈云霞撰写第六、七、八章。写作过程中,胡光志教授以及课题组的肖顺武教授、靳文辉教授、杨署东教授、陈晴教授等专家学者提出了许多宝贵的完善建议。谨向各位教授以及课题组全体成员表示衷心感谢!

　　虚拟经济实践与立法正处于蓬勃发展之际，立法规制尚处于探索和完善阶段。期望本书能助益我国虚拟经济法律制度的完善，并对热烈的虚拟经济现实问题进行回应。然囿于作者水平，书中难免存在错误与不足，敬请读者批评指正。

目　录

引 言

　　1997 年东南亚金融危机后,我国学者开始从系统论、金融论、价值论、人本论等角度对虚拟经济进行阐释和研究,相关研究成果涉及经济学、社会学、管理学和法学等学科领域。然而,不同研究者对虚拟经济基本概念的认识却存在较大差异,导致研究成果之间缺少对话和系统性的深入研究,形成"单打独斗"的状态①。一段时间里,研究焦点多集中于对虚拟经济概念和经典著作的解读方面。我们认为,虚拟经济是指交易品本身没有价值、不参与生产与再生产过程,而通过交易可获得价值增减的经济运行方式,包括货币市场、资本市场(股票、债券交易)、期货买卖及其他新兴金融衍生品交易等。虚拟经济是国家经济系统的重要组成部分。作为与实体经济对应的经济形式,虚拟经济既具有服务实体经济的功能,又具有促进市场经济发展的价值和作用。互联网信息技术的飞跃式发展必将进一步改变虚拟经济的形态,促进虚拟经济的发展。不过,由于虚拟经济具有价值主观性、价格波动性、高风险性以及风险易传递性等特征,因此有给实体经济和整个国家经济造成损害的危险。历次经济危机基本都肇始于虚拟经济的过度发展,即是明证。可以说,虚拟经济越发达,市场主体的逐利愿望越强烈,虚拟资本逃避监管的动机就越大,可能诱发的风险也更多,破坏性也更大。

---

① 周永刚、王志刚:《虚拟经济理论的最新研究述评:回顾与展望》,《广义虚拟经济研究》2013 年第 4
　　期,第 85-96 页。

　　虚拟经济面临的内在本源性风险、外在系统性风险以及虚拟经济触发经济危机的风险,要求虚拟经济必须有限发展。也就是说,我们要在承认虚拟经济作为现代经济系统组成部分及其相对独立性的前提下,强调虚拟经济自身发展的规模及其对实体经济带来的风险。适度的虚拟经济发展不仅能服务于实体经济,促进国家整体经济的发展,而且有利于维护虚拟经济市场秩序,保障虚拟经济市场主体的利益。从虚拟经济有限发展的市场逻辑与政府规制二元向度的视角考察,虚拟经济发展需要考虑自身运行的市场失灵问题以及国家对虚拟经济运行和发展的立法规制问题。大体说来,虚拟经济影响市场发展的因素主要有:虚拟经济中价值规律被异化;市场需求定律被扭曲;市场经济的非自洽性被放大,以及虚拟经济存在"脱实向虚"的发展风险等。作为相对独立运行的虚拟经济活动,其自发的市场秩序和规律难以克服固有的缺陷和不足,需要借助政府规制以遏制虚拟经济的异化,保障虚拟经济的运行安全和市场主体的权益,最终促进虚拟经济更好地服务于实体经济,实现虚拟经济与实体经济的有机联动。虚拟经济立法是规范政府市场规制活动的有力保障,也是化解和应对虚拟经济风险及其损害的有效手段,是法治国家规制虚拟经济的首要选择。

　　虚拟经济的安全运行离不开虚拟经济领域的立法、执法、司法和守法活动。虚拟经济立法是虚拟经济安全运行的起点和基本保障,是解决虚拟经济安全运行"有法可依"的前提,亦是新时代"良法善治"的新要求。立善法于天下,则天下治;立善法于一国,则一国治。可以说,是否存在成熟规范的虚拟经济法律体系是检验虚拟经济法制保障是否完备的重要标准。目前,世界上并没有一部以"虚拟经济"命名的法律规范,即虚拟经济这一重要经济形式的统一法律规范仍付之阙如。虚拟经济法律制度领域已出现开拓性研究成果①,但尚无系统论述虚拟经济立法问题的专门成果。回溯虚拟经济的产生和发展历程可知,虚拟经济萌芽于社会信用制度,发展于信息技术创新,必将完善于虚拟经济法律制度的规范。我国经济法律规范中虽无"虚拟经济之名",却有"虚拟经济之实"。但虚拟经济内容丰富、形式多样、形成和产生时间存在差异等,导致虚拟经济的法律规制因趋于回应和规范虚拟经济现象而缺少系统性、权威性和科学性等问题。虚拟经济的不断发展和虚拟经济交易活动的日益频繁,需要统一、完善、体系化的虚拟经济法律制度进行调整,从而明确虚拟经济交易主体的权利义务,确定虚拟经济交易对象的范围,保护虚拟经济市场主体的权益,防范虚拟经济可能引发的系统性风险等。虚拟经济立法有利于促进虚拟经济法律规范的科学化和体系化,结束虚拟经济法律规范分散、缺乏体系的"群龙无首"状态。

然而,要让虚拟经济立法朝着一定的应然目标迈进,就离不开一定的理论指导。我们认为虚拟经济有限发展法学理论是虚拟经济立法的理论指导。所谓虚拟经济的有限发展法学理论,是指根据虚拟经济自身运行规律,从法律自身的宗旨和价值出发,主张法律在保障虚拟经济发展的同时,为预防与克服其负面效应,保障其运行安全和可持续发展,而将其置于法律约束的安全范围内运行的一种法学思想。虚拟经济有限发展法学理论是虚拟经济立法的价值指引,这显然是一个不争的事实。虚拟经济有限发展法学理论与虚拟经济立法之间是指导思想与规范表达的关系、是核心内容与外在形式的关系、是立法变革与立法传统的关系。与此同时,虚拟经济有限发展法学理论具有回应性特性。基于有限发展法学理论的虚拟经济立法,不仅可以在顶层设计上进行立法理念、立法原则及立法模式的变革,而且可以对当下的互联网金融、网络小额贷款、股权众筹、数字经济等虚拟经济新范式

---

① 《虚拟经济及其法律制度研究》一书详细论证了虚拟经济、虚拟经济与实体经济的关系、虚拟经济立法及虚拟经济具体法律制度,是我国虚拟经济法律制度研究的开拓性成果之一。参见胡光志:《虚拟经济及其法律制度研究》,北京大学出版社,2007。

进行很好的立法应对。

有限发展法学理论要求互联网金融立法变革合理预判互联网金融风险，及时回应互联网金融规范需求。有限发展法学理论下的互联网金融立法变革既包括传统金融互联网化过程中金融法律制度的制定、修改和完善，也包括新兴互联网金融形式规制制度的制定和修改，主要有互联网支付立法变革、网络小额贷款立法变革、股权众筹立法变革等。同时，当今世界在现代信息技术的赋能下，数字经济方兴未艾，而技术在促进数字经济快速发展的同时，也产生了一系列法律监管问题。随着数字经济在国家经济发展和社会治理中的重要性不断提升，以及在实践中遭遇的问题越来越多，通过加强虚拟经济与数字经济领域的法律监管、完善制度环境来释放数字红利、提升治理能力、推动数字经济发展成为当前国际社会的共同选择。除此之外，虚拟经济风险的难以预知性和巨大破坏性，使虚拟经济刑事法律制度成为经济刑法的重要内容。与传统经济违法犯罪相比，虚拟经济领域的刑事犯罪行为破坏性更大、权利受损主体更多、受害人自我救济的难度更大，宏观经济风险和社会风险的积聚也更明显。虚拟经济有限发展的刑事立法权力保护和责任追究意义重大，因此讨论虚拟经济有限发展法学理论指导下的刑事立法，不仅有利于解决目前的争议和问题，也有利于构建更加完善的虚拟经济有限发展的法律规范体系。

总而言之，虚拟经济有限发展法学理论为虚拟经济立法完善与变革提供重要的理论支撑。但就目前而言，我们首先需要明确的是虚拟经济有限发展法学理论如何进行法律表达，其立法模式与体系如何建构。上述问题，可以从多重路径予以阐释，但是归根结底，都逃不过对以下问题的探讨：①虚拟经济有限发展法学理论与虚拟经济立法的关系；②虚拟经济传统立法模式及其历史作用；③虚拟经济现行立法模式的时代局限性；④有限发展法学理论下虚拟经济立法模式的变革策略；⑤有限发展法学理论下虚拟经济立法体系的升级方案；⑥有限发展法学理论下虚拟经济创新及金融消费者立法变革;⑦有限发展法学理论下虚拟经济技术与数字经济立法变革;⑧有限发展法学理论下虚拟经济刑事立法变革。有鉴于此,我们将从以上方面入手,探讨虚拟经济有限发展法学理论指导下虚拟经济立法的应然模式及具体法律构造,以期为虚拟经济立法变革提供强有力的理论支撑。

第一章 虚拟经济有限发展法学理论与虚拟经济立法的关系

虚拟经济有限发展法学理论与虚拟经济立法之间互为依存。一方面，前者必须在后者中应用和体现，如此，方能彰显其理论的导引价值；另一方面，后者也离不开前者的指引，只有在虚拟经济有限发展法学理论的支撑和指导下，虚拟经济立法才能契合经济法治的应然目标。大道至简，从形式与实质的辩证关系出发，虚拟经济有限发展法学理论与虚拟经济立法的关系主要体现在以下三对关系范畴之中：一是，指导思想与规范表达的关系；二是，核心内容与外在形式的关系；三是，立法变革与立法传统的关系。

一、指导思想与规范表达的关系

法律的核心在于对权利与义务的规范表达。这种规范表达绝非空穴来风或任性而为，而是在一定指导思想的引领下、在一种价值选择的支撑下形成的。基于历史的视角，我们也不难发现，指导思想之于规范表达的形塑价值。例如，纵观世界法律发展史，法律经历了从"神法"向"人法"的发展和变迁。[①] 纵观人类历史，早期的法律成长过程和宗教有着密切的关联，法律常常被披上宗教的外衣，而且要借助于神灵的力量来获取其应当具备的权威。随后，与启蒙思想的出现相关联，人本价值逐渐取缔神明逻辑，民主立

---

① 付子堂：《法理学初阶（第四版）》，法律出版社，2013，第113页。

法、人民至上、人民主权成为法律的终极来源。① 可见，在神明思想下的法律规范是神灵之法，而人本社会的规范表达凸显人权价值。从神灵之法到人本之法的跃迁，本质上是立法指导思想的嬗变。

立法指导思想之于法律规范表达的形塑价值在近现代虚拟经济立法中也体现得淋漓尽致。20世纪30年代资本主义"大萧条"酝酿于战后发展的"黄金十年"，在经济形势整体向好的前提下，美国政府秉承经济自由主义的规制信条，尽可能减少市场干预，而金融市场调控工具的失效也使得危机发生后政府已不具备短时间内遏制风险的能力。危机爆发后，在凯恩斯主义的浸染下，政府职能与法律调控逐渐归位，金融与经济社会的风险防控体系日趋完善，以中央银行为代表的金融规制体系的健全也成为"大萧条"风险治理的有益尝试。20世纪90年代，亚洲金融危机同样酝酿于东南亚乃至整个亚洲经济的短期繁荣幻象之中。东南亚国家因过度追求经济腾飞而忽视制度体系建设，部分国家更是放弃实体本位，追逐虚拟经济的短期效应。区域性金融风险防范的缺位与国内政府调控能力的先天不足导致东南亚国家并不具备应对与处理经济危机的能力，区域性风险的蔓延最终影响经济社会的可持续发展。危机后，国内虚拟经济立法的完善与区域间金融风险防范合作的加强为全球金融市场的发展输出更有利的安全理念。21世纪初，美国次贷危机的发生更是经济自由主义思潮下虚拟经济过度膨胀引发社会危机的典型案例。

由此可见，现代虚拟经济立法一直深受"经济自由主义"和"国家干预主义"思想的影响，正是在二者的影响下，虚拟经济立法才时严时松，最终致使虚拟经济监管出现治乱循环现象。为克服这种困境，学界也在不断努力，以探寻更具生命力的虚拟经济立法之理论支撑。在此背景下，我们提出了虚拟经济有限发展法学理论，该理论立足虚拟经济发展与虚拟经济安全的二

---

① 付子堂:《法理学初阶（第四版）》，法律出版社，2013，第113页。

元向度,在一种综合调适的场域下促进虚拟经济的持续健康发展。我们尝试通过这一全新的理论视角,对虚拟经济立法提供一种更加合理的价值导引,从而变革现行虚拟经济法制,防范虚拟经济风险。所以从这一层面来看,虚拟经济有限发展法学理论是虚拟经济立法的指导思想,而虚拟经济立法是虚拟经济有限发展法学理论的规范表达。

(一) 虚拟经济有限发展法学理论是虚拟经济立法的指导思想

就传统虚拟经济立法而言,"宽松"与"严格"就像潮水一般此涨彼落。在虚拟经济发展相对滞后的时候,法律监管规则就比较宽松,以便促进虚拟经济发展;而虚拟经济发展较盛的时候,相关法律监管规则就变得比较严格,目的是防范金融风险的爆发和传导。这种时严时松的立法思路使得虚拟经济运行缺乏一种常态化的、可靠的法律理论引领。而虚拟经济有限发展法学理论正是试图摒弃这种时宽时严、"变动不居"的立法模式,努力建构一种"宽严相济"、常态化、激励相容的虚拟经济法律监管规范体系。虚拟经济有限发展法学理论并不追求虚拟经济的无节制发展,也不追求虚拟经济的过度管制,而是追求一种有限度的、风险可控的持续发展。具体而言:一方面,它要求必须要发展,这里的重心在于"发展"。所谓发展,在唯物辩证法视阈下就是指新事物取代旧事物,新事物超越旧事物。从经济学角度出发,发展就是指新的商业模式、新的商业机遇、新的科学技术等的出现对旧有经济格局和经济结构的重塑,使其在成本与收益的考量下能够出现正向效益值。"人类经济发展到当代,虚拟经济不仅是历史逻辑演进的必然,而且已成为市场经济高度发达的象征和最高表现形态。"①促进虚拟经济发展的途径并不唯一,比如国家政策、市场自律等都是虚拟经济发展路上的重要元素。法律制度作为公民权益的调节器,显然是推进虚拟经济发展的"不二

---

① 胡光志等:《中国预防与遏制金融危机对策研究:以虚拟经济安全法律制度建设为视角》,重庆大学出版社,2012,第48页。

法门"。而虚拟经济有限发展法学理论致力于对虚拟经济发展提供一种法律激励路径,使虚拟经济能够在一种常态化的法律环境中规范有序地发展。

另一方面,虚拟经济的有限发展意味着虚拟经济必须有限发展,这里的重心在于"有限"。之所以需要强调虚拟经济发展的有限性,一是因为发展与创新通常带有破坏性;[①]二是因为在虚拟经济发展过程中,难以逃脱经济周期的影响。首先,虚拟经济在发展过程中难免会对现有的虚拟经济运行模式等产生冲击,进而带来虚拟经济结构的变革。而结构的变革往往带来制度转型的"阵痛",使得虚拟经济在转型的空窗期内面临法之缺乏或法制冲突等问题,这很容易使虚拟经济跌入无序发展的深渊。虚拟经济是具有高风险性和价格波动性的经济系统,虚拟经济的无序发展会导致风险不断积聚甚至爆发危机。其次,周期性是自然界和历史变化的本质特征。正如自然界也有着气候的变化和周期更替一样,只要有足够的时间跨度,经济的发展也会呈现出历史性的重复和周期更替。[②]随着虚拟经济不断地发展,经济周期的时间跨度呈现出逐渐缩短的趋势。1929 年"大萧条"与 1997 年亚洲金融危机之间相隔了 68 年,而 2008 年由美国次贷危机引起的全球经济危机与上一次金融危机仅隔了十余年。1936 年著名经济学家凯恩斯在《就业、利息和货币通论》一书中指出,经济发展必然会经历繁荣、恐慌、萧条和复苏四个阶段,呈现出一种始向上、继向下、再重新向上的具有明显周期性的运动。[③]经济发展往往从一种金融创新或生产要素的集中投入开始。当然,金融创新和生产要素投入背后的逻辑起点是"利益",人们对利益的追求,产生对金融创新和生产要素投入的需求与供给。金融创新和要素投入也会在利益驱动下走向集中。虚拟经济开始向上发展,但当金融创新和要素投入过

---

① 刘光星:《日本促进创新事业发展的法制变革:理论、安排与启示》,《科技进步与对策》2020 年第 18 期,第 114-122 页。

② 刘鹤:《两次全球大危机的比较研究》,中国经济出版社,2013,第 3-4 页。

③ 约翰·梅纳德·凯恩斯:《就业、利息和货币通论(重译本)》,高鸿业译,商务印书馆,1999,第 327 页。

度集中时,资本的边际效益就会递减,投资热情也会骤减,经济凋敝,虚拟经济由盛转衰,最终形成危机。尔后,又会开始新一轮的金融创新和生产要素投入。在整个经济发展过程中,法律起到很重要的作用,它可以降低经济周期带来的不利影响。因为法律制度不仅是虚拟经济发展的有力推进器,而且也是虚拟经济发展最好的冷却剂。虚拟经济有限发展法学理论也致力于对虚拟经济发展的风险性和破坏性设置底线,也就是说,虚拟经济有限发展理论基于整体的视角,为虚拟经济运行构建法制顶层设计。

(二)虚拟经济立法是以虚拟经济有限发展法学理论为基础的规范表达

虚拟经济有限发展法学理论意味着虚拟经济必须要"发展",同时必须是"有限度的发展",这一理论导向为虚拟经济立法提供了规范基础。虚拟经济立法必须以虚拟经济有限发展法学理论的核心要义为依归,将虚拟经济有限发展法学理论的精神实质进行规范表达。这种规范表达主要体现在两个方面:其一,重塑现行虚拟经济立法模式;其二,弥补虚拟经济法制缺憾。

1.重塑现行虚拟经济立法模式

目前我国虚拟经济立法采用的是"分别立法"模式,仅仅回答了虚拟经济不同业别采用何种方式进行立法的问题,并没有对我国虚拟经济有限发展法律体系的建设问题进行回应。从虚拟经济法律体系的角度看,我国虚拟经济有限发展立法涉及多个层面的立法模式的选择和改进问题。而虚实二元结构分别立法模式,是指国家以虚拟经济与实体经济二元框架为前提,通过制定统一的虚拟经济基本法弥补虚拟经济领域分别立法的局限性,最终形成与实体经济法律体系对应的虚拟经济法律体系的立法模式。虚拟经济有限发展立法,需要从我国虚拟经济发展和运行的原则出发,完善虚拟经济法律体系,坚持虚拟经济的发展是一种在稳健基础上"有限发展"、保障虚拟经济运行的健康和安全、服务实体经济发展的基本理路,重视虚拟经济法律法规的统一与规范。①

　　2.弥补虚拟经济法制缺憾

　　当今世界是一个信息技术不断发展的社会,在这一背景下,虚拟经济不断出现新的形态、新的模式,使得现行虚拟经济运行缺乏法律规制依据。比如,随着区块链技术的发展,"区块链+虚拟经济"范式不断推陈出新,"区块链+虚拟经济"创新必然与现行虚拟经济法制发生冲突,法律规制成为一个无法逾越的问题。我国创新型虚拟经济监管"治乱循环"可归因于两个方面:一是监管部门对创新型虚拟经济监管不到位、不科学导致市场主体对创新型虚拟经济形式的滥用,损害市场投资者和金融秩序。创新型虚拟经济规范缺失和法律监管缺位,纵容了中介机构和融资者利用非对称性信息将虚拟经济风险转嫁给投资者。二是在"区块链+虚拟经济"创新规范缺失且虚拟经济失序的情形下,虚拟经济刑事制裁成为规制金融创新偏差和错失的主要手段。多层次资本市场缺乏和高额利润诱惑下,普通投资者甘冒风险选择更为便利的投资方式。现行立法和司法为剔除涉众型融资产生的信用风险和解决社会稳定问题,更倾向于认定交易的非法性。②"区块链+虚拟经济"也面临智能合约漏洞、有害信息上链、密码学算法安全等问题,需要出台完整的法律规范体系予以保障。③我国"区块链+虚拟经济"之法律规制自2013年开始以来,虽然先后发布了几个禁止性规定,但"区块链+虚拟经济"领域的相关主体和行为仍处于前期无约束、后期被否定的状态。无视"区块链+虚拟经济"优势,不仅会抑制金融创新,长期看也难以规避"区块

---

①　2017年12月22日,国务院修改的《行政法规制定程序条例》明确规定,制定行政法规,应当贯彻落实党的路线方针政策和决策部署,符合宪法和法律规定,遵循《立法法》确定的立法原则。因此,金融立法要按照科学立法、民主立法、依法立法精神,使金融立法的内容更加科学,程序更加规范。

②　杨东:《"共票":区块链治理新维度》,《东方法学》2019年第3期,第56-63页。

③　王滨:《区块链对金融业风险管理的影响》,《中国金融》2019年第18期,第75-76页。

链+虚拟经济"风险。[①] 中央银行发行基于区块链的数字货币，如果操作得当，可以增加虚拟经济稳定性。[②] 部分商业银行已经认识到"区块链+虚拟经济"能提升自动化水平、降低经营成本、运用新商业模式创造利润、保持竞争力和先行优势等，因此积极参与区块链金融研发。国家虚拟经济立法和虚拟经济监管部门应在坚持虚拟经济有限发展法学理论的基础上，同步建立法律规制制度、法律监管规则和技术应用标准，避免出现"区块链+虚拟经济"的野蛮应用，造成虚拟经济运行风险，损害虚拟经济市场主体的利益。

综上所述，虚拟经济有限发展法学理论追求一种有限度的、风险可控的虚拟经济发展状态。虚拟经济立法在这一顶层理念指导下，将虚拟经济有限发展法学理论的精神实质进行规范表达，具体需要重塑现行虚拟经济立法模式、补缺虚拟经济法制缺憾。也就是说，在虚拟经济有限发展法学理论与虚拟经济立法的第一层关系上，前者是后者的指导思想，后者是以前者为基础的规范表达。

二、核心内容与外在形式的关系

虚拟经济背景下经济危机的形成机制与传统实体经济占主导地位时期经济危机的产生机制存在区别。虚拟经济的过度发展对实体经济存在挤出效应，虚拟经济容易导致信息扭曲，错误引导实体经济的资源配置。因而虚拟经济的完全自由放任和无限发展必然助长风险的累积，最终导致经济危机。所以虚拟经济立法需遵循虚拟经济有限发展法学理论，基于社会整体利益的需要和发展性的动态需求，在规模上强调虚拟经济的发展与实体经济相匹配，在价值上强调虚拟经济发展的实质公平，在理念上强调虚拟经济发展的限度性。

---

① 朱娟：《我国区块链金融的法律规制：基于智慧监管的视角》，《法学》2018 年第 11 期，第 129-138 页。
② 益言：《区块链的发展现状、银行面临的挑战及对策分析》，《金融会计》2016 年第 4 期，第 46-50 页。

（一）虚拟经济有限发展法学理论是虚拟经济立法的核心内容

虚拟经济运行具有价格敏感性强、波动性大、投机机会多等固有特征。正是因为虚拟经济的敏感性和易波动性，以及虚拟经济交易依靠信息或人的心理预期的特征，虚拟经济市场才具有很强的波动性和风险传染性，容易滋生经济泡沫，诱发经济危机。虚拟经济市场及其交易的上述特征，难以通过虚拟经济市场自身的机制得到克服，必须通过虚拟经济立法予以调整。虚拟经济立法能够规范虚拟经济运行，防范虚拟经济风险。例如，股票市场的信息披露制度、涨跌停交易制度以及熔断机制等都是调整、控制虚拟经济市场风险的重要制度。

然而，虚拟经济立法也存在一定的局限性。第一，法律是适用于所有人的行为准则，内容多具有概括性、抽象性和普遍性，往往因难以涵盖现实生活的具体处境而产生罅隙。第二，在经济生活领域，法律的规制主要是划定禁区并以法律责任为阻吓，难以让人产生主动服膺的情愫和信念。当一个社会的秩序只能靠法律和市场进行调整时，也会产生诸多问题。[①] 第三，虚拟经济立法必须符合不同国家虚拟经济发展的阶段和实情。一方面，发展中国家经济发展缓慢，因为其普遍存在"金融压制"现象。在"金融压制"状态下，金融发展长期滞后，严重制约经济发展。另一方面，实行金融自由化的国家，又相继爆发金融危机，出现"金融过度"，需要进行适度控制。虚拟经济发展必须合理适度：虚拟经济服务于实体经济，虚拟经济与实体经济的发展阶段和水平相适应。无论是"金融压制"还是"金融过度"都不利于实体经济发展。第四，虚拟经济有限发展立法需要承认市场的主要作用，尊重市场基本规律。法律许可的范围内，市场应成为调节秩序的主要整合机制。政府干预只能像"病人休克"时使用的"复苏器"，起到刺激病人心脏功能复苏的作用；而不能成为病人身上的"起搏器"，更不能成为"人工心脏"，完全

---

① 张德胜：《儒家伦理与社会秩序：社会学的诠释》，上海人民出版社，2008，第172页。

代替市场运行。① 因此,急需一种先进理论来推动虚拟经济立法优化——虚拟经济有限发展法学理论应运而生。虚拟经济有限发展法学理论基于社会公共利益保护需求、弱势群体保护需求、经济风险防范需求以及经济逆周期塑造需求,为虚拟经济立法指明了方向。虚拟经济有限发展法学理论并不是要扼杀虚拟经济发展,相反,其更加强调要保障虚拟经济发展,但发展又不能"野蛮生长",必须以实体经济发展为限,在法治框架内规范运行。因此,虚拟经济立法必须着眼于虚拟经济有限发展的大逻辑,既要保障虚拟经济发展、公共利益及消费者权益,又要将虚拟经济置于可控的安全范围内运行。

总而言之,虚拟经济有限发展法学理论从特定时期经济发展的具体状况出发,反映和尊重经济发展规律,为虚拟经济法律制度的建构提供了上层建筑,而从另一个层面看,在虚拟经济有限发展法学理论之核心内容支撑下的虚拟经济立法,既能为虚拟经济发展提供支持性条件,又能为虚拟经济安全运行提供约束性条件。

(二)虚拟经济立法是虚拟经济有限发展法学理论的外在表现形式

虚拟经济发展必须遵循有限发展原则。虚拟经济立法的根本是落实虚拟经济有限发展法学理论的"限度",即以虚拟经济运行安全为中心,通过虚拟经济法律制度的建立和完善,为虚拟经济的健康运行划定边界、提供保障。而虚拟经济立法,必须以虚拟经济有限发展法学理论为基础,并为虚拟经济的健康运行提供六个"限度"的保障。这六个"限度"包括:虚拟经济发展应体现实体经济限度;设定金融机构创新金融衍生工具的限度;虚拟经济领域投机行为的限度;设定虚拟经济领域违法犯罪的限度;设定虚拟经济风

---

① 刘鹤:《两次全球大危机的比较研究》,中国经济出版社,2013,第220页。

险预防的限度;经济危机应对的限度。

(1)虚拟经济发展应体现实体经济限度。虚拟经济发展应以实体经济为限度,即我们需要通过虚拟经济立法,为虚拟经济的发展规模、涉及的领域提供边界,同时为虚拟经济的发展速度提供比例的限制,对虚拟经济超越实体经济承载能力的情况进行监测与预警。宏观上,通过货币供应量、外汇汇率、股市规模等确定实体经济与虚拟经济的比例,使虚拟经济与实体经济相适应、相协调;微观上,通过股票价格变化与上市公司的业绩和价值变化是否正相关等因素,评价虚拟经济与对应的实体经济是否正相关。法律制度上,实现风险防范控制法律制度供给与虚拟经济发展相匹配,如预防风险的外资立法准备与全面开放外资相匹配。

(2)设定金融机构创新金融衍生工具的限度。虚拟经济领域必须慎用金融衍生工具,防止金融衍生工具创设过度和泛滥。之所以如此,是因为金融衍生品作为虚拟经济创新的一种重要范式,往往是迈向虚拟经济多层套嵌、经济过度虚拟化的通道,进而容易成为滋生虚拟经济风险的"沃土"。虚拟经济立法必须基于有限发展的核心要素,设定金融机构创新金融衍生工具的限度,防范虚拟经济风险的过度聚集和泡沫破裂。

(3)虚拟经济领域投机行为的限度。虚拟经济领域投机行为的限度要求通过若干虚拟经济法律制度的设计,防止虚拟经济中的过度投机和炒作行为。不可否认,虚拟经济本身带有一定的投机性,即通过投机运作来获取成本与收益之间的净值,投机是虚拟经济市场运转的核心驱动因素之一。但是投机必须要在一定的限度之内,超过限度的投机必然会造成虚拟经济市场的"零和博弈"。有鉴于此,虚拟经济立法必须防止虚拟经济中的过度投机和炒作行为,以维护虚拟经济市场弱势群体的利益。弱势群体融资难、享受金融发展成果难和金融消费维权难等问题,正是其与强势群体利益冲突的具体体现。虚拟经济领域社会弱势群体的融资能力不足、交易信息和能力欠缺,以及风险承担能力弱等,往往成为虚拟经济领域投机行为产生的突破口。

(4)设定虚拟经济领域违法犯罪的限度。设定虚拟经济领域违法犯罪的限度要求通过严格监管,依法惩戒虚拟经济运行中的违法犯罪行为,将虚拟经济领域的违法犯罪率降至最低。虚拟经济领域的犯罪行为具有多样性、隐蔽性、技术性和传导性,并且犯罪后果更为严重。[①] 因此,我国虚拟经济有限发展,除民商法、经济法和行政法等规定的民事责任和行政责任外,更离不开刑事责任的保障,自然离不开刑事立法,依法惩戒虚拟经济运行中的违法犯罪行为。

(5)设定虚拟经济风险预防的限度。设定虚拟经济风险预防的限度要求当出现风险预警时,虚拟经济运行必须无条件服从和服务政府采取的紧急预防与化解风险措施。风险预警体现出法律父爱主义色彩,对此,当虚拟经济的发展出现异常情况时,国家应对这种异常情况进行检测和风险预警,尤其是对虚拟经济市场的变化、风险点及风险走向进行常规性的监测。对于现实中虚拟经济交易中的异常情况也要随时把握,当虚拟经济的发展和变化有引发市场危机的可能时,应当立即发出虚拟经济运行警告,并采取适当的干预和应对措施。[②]

(6)经济危机应对的限度。经济危机应对的限度要求出现经济危机时,虚拟经济必须无条件执行国家特定时期的危机对策法律制度。虚拟经济立法需要保障政府对虚拟经济的适度干预。政府与市场是市场法律制度建构中的重要两极。当私法基于市场主体都是"理性经济人"假设的两个隐含假设"竞争自足"与"竞争充足"在现代经济活动中无能为力时,政府就获得了干预市场经济的充分正当性。无论是民法中的人法、物法和债法,还是经济法中宏观调控法和市场规制法的制度设定,都体现和反映了政府干预经济

---

① 胡光志等:《中国预防与遏制金融危机对策研究:以虚拟经济安全法律制度建设为视角》,重庆大学出版社,2012,第170-174页。

② 胡光志:《虚拟经济及其法律制度研究》,北京大学出版社,2007,第242页。

活动的客观现实。无论是对实体经济,还是对虚拟经济,政府的干预莫不如是。但是这种政府干预的前提是虚拟经济市场失灵。也就是说,政府的适当干预是虚拟经济有限发展的题中应有之义。

综上所述,虚拟经济立法是虚拟经济有限发展法学理论法律化的过程,是对虚拟经济中可模式化和需要模式化的基本运行规律的法律确认。反过来,虚拟经济有限发展法学理论是虚拟经济立法过程及结果必须体现的核心内容,是虚拟经济立法价值考量的基础。简言之,这里的虚拟经济立法既指虚拟经济有限发展法学理论外在表达的过程——立法活动与过程,也指虚拟经济有限发展法学理论外在表达的成果——虚拟经济法。

三、立法变革与立法传统的关系

虚拟经济有限发展实际上是一种底线思维,即虚拟经济不是无限发展,不是盲目发展,不是毫无节制和底线地发展;而应当以服务实体经济发展为基本底线,坚持虚拟经济发展与实体经济发展相匹配。回望历史,也可以发现,坚持底线思维是整个虚拟经济发展过程中的重要经验与教训。从这个角度看,将底线思维贯穿虚拟经济立法全过程,实际上也即是将有限发展法学理论贯穿虚拟经济立法全过程。这可由虚拟经济法律的具体制度加以表达和体现。例如,银行法、证券法和期货法三个基本点,可以“以点带面”地体现出有限发展法学理论对虚拟经济法律制度变革与完善的重要指导意义。在立法模式层面,虚拟经济立法是虚拟经济安全运行的起点和基本保障,是实现虚拟经济安全运行“有法可依”的前提性问题。虚拟经济立法涉及立法宗旨指导、立法模式选择、立法原则确定、立法技术运用以及立法内容甄选和安排。虚拟经济有限发展法学理论,可从虚拟经济整体发展和规范的角度明确虚拟经济立法的保障机制,并在此基础上确定虚拟经济立法的基本原则,构建虚拟经济法律规范的基本制度。在具体制度层面,包括:第一,在虚拟经济有限发展法学理论指引下,可进一步优化中央银行“最后贷款人"法律制度、商业银行功能监管制度以及政策性银行治理与监管制度的完善路径;第二,在虚拟经济有限发展法学理论指引下,可进一步完善证券业市场准入、证券上市、证券交易、信息披露、证券监管等方面的法制变革路径;第三,在虚拟经济有限发展法学理论指引下,可进一步革新期货交易主体制度、期货品种上市制度以及以高频交易为核心的期货交易行为制度之变革进路。换言之,虚拟经济有限发展法学理论与虚拟经济立法的关系也体现为立法变革与立法传统的关系。

（一）虚拟经济有限发展法学理论促进虚拟经济立法变革

实践中,虚拟经济自身的特征和运行规律需要专门的虚拟经济立法予以规范。实体经济背景下出台的虚拟经济法律法规已经严重不适应虚拟经济形态的需要。实体经济是人类特有的和基本的生存方式,是以人的活动为线索,以物质产品的生产为中心,包括获取、分配与消费生活资料的全部规则的人类特有的谋生机制。① 人类社会漫长的发展历程中,已经充分发展和完善了通过制度,尤其是立法调整实体经济活动及由此产生的社会关系的社会机制。作为实体经济虚拟化到一定程度之后形成的虚拟经济的法律规范远未成熟和完善。虚拟经济是一种客观存在、独立运行、以"虚拟化"为特征的全新经济形态。② 虚拟经济"虚拟性"的核心是指虚拟经济没有生产成本和劳动价值。虚拟经济交易对象的"概念化"特征,要靠人为预设的法律规则进行调整,需要特殊的法律制度进行规范。而虚拟经济有限发展法学理论为虚拟经济立法变革提供了理论支撑。一方面,可以促进虚拟经济立法的渐进式变革;另一方面,可以促进虚拟经济立法的激进式变革。

（1）虚拟经济有限发展法学理论有利于促进虚拟经济立法的渐进式变革。经济的分类随客观的经济演化而变化,虚拟经济有限发展法学理论的

---

① 胡光志:《虚拟经济及其法律制度研究》,北京大学出版社,2007,第48页。
② 胡光志:《虚拟经济及其法律制度研究》,北京大学出版社,2007,第20-22页。

产生和发展也根植于经济虚拟化的现实,形成和建立于实体经济基础的法律的正义、公平、自由、秩序和安全价值及其价值序列关系,并不完全适应虚拟经济。实体经济下的合同自由和意思自治等基本理念,在虚拟经济中会受到更加明确、公开而严格的限制。虚拟经济旨在满足人们的投资需求,而非实体经济通过产品生产和服务提供满足人们的物质文化需要。这直接影响虚拟经济法律调整社会关系的程度,使虚拟经济立法的宗旨、基本原则、权利义务和救济制度等与实体经济立法之间存在差异。虚拟经济的参与者是持有或需要虚拟产品和服务的市场主体,而非实体经济活动的全部社会消费者。这决定了虚拟经济法律制度调整的社会关系的范围与实体经济存在差异。虚拟经济遵循"心理定价"法则,具有的波动性、传染性和破坏性,决定了虚拟经济立法规制的必要性与差异性,以及诸多针对性制度的产生。虚拟经济的特殊性及其运行规律难以完全通过传统实体经济的制度和规则予以调整,需要专门的虚拟经济立法。但是,这种虚拟经济立法并不完全需要立即"回炉重造",部分立法仍然需要结合具体情况进行渐进式变革。

事实上,虚拟经济有限发展法学理论支撑下的虚拟经济渐进式完善将集中在以下方面:虚拟经济领域的市场准入制度、做市商制度、集中交易制度、公开交易制度、保证金制度、涨跌停板制度、熔断制度、限量限价交易制度、信息公开制度、统一监管制度、异常处理制度、统一结算制度、主体资格限制制度、交易限额制度等,均是有别于实体经济制度的法律制度创新。[1]正是虚拟经济立法的不断完善与创设,为虚拟经济依法运行提供了基准。

(2)虚拟经济有限发展法学理论有利于推进虚拟经济立法的激进式变革。虚拟经济立法完善与变革并不局限于渐进模式,反而是在一定程度上离不开激进式变革。为了更形象地加以分析,此处不妨以现代科技背景下的虚拟经济立法为样本予以展开。

---

① 胡光志:《虚拟经济及其法律制度研究》,北京大学出版社,2007,第45页。

目前区块链等现代科技为虚拟经济的发展带来了全新的机遇，基于区块链技术的虚拟经济发展将提高虚拟经济效率、节省虚拟经济运行成本，但是，"区块链+虚拟经济"同样面临着一系列法律制度挑战和法制阙如的问题。也就是说，"区块链+虚拟经济"发展将受到国家法律制度的限制。从世界范围看，研究机构和金融机构正积极进行"区块链+虚拟经济"研究和实践探索。目前已有多个大型银行设立创新实验室，研究推出自己的加密数字货币，如花旗银行研发的"花旗币"和纽约梅隆银行在员工内部推出的虚拟货币 BK Coins。与积极探索和研究"区块链+虚拟经济"相随的，是国家发展"区块链+虚拟经济"的现行制度限制。一方面，区块链的"去中心化"和"自治性"特征淡化了国家及虚拟经济监管等概念，对现行体制带来重大冲击；另一方面，法律制度的滞后和缺失导致区块链金融缺乏必要的制度规范和法律保护，增加了市场主体的风险。区块链是技术，是工具，技术的开发和维护需要金融主体的组织、投入和信用背书。区块链的去中心化并不意味着去组织化和去主体化，也不意味着去监管化。受信用、成本投入、"区块链+虚拟经济"开发与维护等多方面限制，一般社会个体没有能力组成一个区块链平台。从"区块链+虚拟经济"的制度监管看，国家仍然可以制定区块链应用的原则规定，规范具有相应条件的金融服务主体和金融科技主体才能够开发区块链平台，开展"区块链+虚拟经济"活动。以加密数字货币为例，国家仍然可以规定加密数字货币以具备法定货币储备为基础，且价值与国家法定货币挂钩等。"区块链+虚拟经济"难以完全地去中心化，投资者投资主要基于对区块链平台的信任，而平台的信任机制需要通过监管完成，包括对中心平台内部从业人员的有效管理和规制。若缺乏对中心平台的有效监管，投资者的利益就很难得到有效保护。科学技术是把双刃剑，接纳区块链优势的同时，必须理性和辩证看待区块链存在的风险与挑战；利用区块链金融的同时，必须逐渐建立和完善区块链金融的法律规范。

面对诸如"区块链+虚拟经济"的新型虚拟经济发展范式的法律挑战，显然不能只依靠渐进式立法完善,而更需要一种"急救式"立法。之所以如此,一方面是因为在这种新的虚拟经济范式之下,全国乃至全世界的相关法律规则和监管规范处于空白期,在经济全球化不断深化的背景下,我国如果抓住机遇、勇立潮头,采取激进式立法,不失为提升虚拟经济国际竞争力的一项重要举措。另一方面是因为这种新型虚拟经济模式对传统法律制度的挑战可能是颠覆性的、破坏性的,对此仅寄希望于小修小补式的渐进立法,恐将难以为虚拟经济的规范发展提供有效的法律制度,唯有面向未来、立足长远,对"陈规旧章"进行"大刀阔斧"的变革才能为虚拟经济发展提供前瞻性的、有效的制度保障。此外,面对新型虚拟经济发展范式,较少有可以渐进式变革的法律制度样本基础,更多的是需要一种立足全局的前瞻性立法,换言之,从可行性角度看,虚拟经济立法在一定程度上离不开激进式变革。

然而,不论是渐进式的虚拟经济立法变革,还是激进式的虚拟经济立法变革,都必须建立在虚拟经济有限发展法学理论基础之上。概括而言,理由有三:其一,虚拟经济有限发展法学理论以虚拟经济自身的特点和运行规律为依据。虚拟经济有限发展法学理论有着坚实的经济学土壤,即这一理论的提出,是以虚拟经济自身运行规律为依据的。这具体又体现在,该理论对虚拟经济基本特征的切实把握和对虚拟经济核心价值的维护。正因为如此,在虚拟经济有限发展法学理论指导下的虚拟经济立法,才能最大限度契合虚拟经济发展过程中产生的法律需求。其二,虚拟经济有限发展法学理论以法律自身的宗旨和价值诉求为法理依托,该理论旨在借助自由、正义、安全、秩序等法律规范之价值意涵,来对虚拟经济运行安全过程进行正向影响,从而为虚拟经济市场安全运行构筑良好的法律环境。比如,法律对自由价值的追求,要求我们完善虚拟经济市场运行机制;法律对正义价值的追求,要求我们重视虚拟经济消费者权益之保护;法律对安全价值的追求,要求我们建立起虚拟经济风险预警机制;法律对秩序价值的追求,要求我们对虚拟经济风险进行协同治理。正因为如此,在虚拟经济有限发展法学理论指导下的虚拟经济立法,才能不脱离法律自身的宗旨和价值诉求。其三,虚拟经济有限发展法学理论侧重保障虚拟经济运行安全和可持续发展。发展是第一要义,虚拟经济有限发展法学理论并不是要扼杀虚拟经济发展,相反,其更加强调要保障虚拟经济发展,但发展又不能野蛮生长,必须以实体经济发展为限,在法治框架内规范运行。因此,虚拟经济有限发展法学理论既要求保障虚拟经济发展,又要求将虚拟经济置于可控的安全范围内运行。正因为如此,在虚拟经济有限发展法学理论指导下的虚拟经济立法,才能防范治乱循环的问题。

（二）虚拟经济有限发展法学理论是虚拟经济立法传统之优化的理论因应

虚拟经济立法既不能视虚拟经济如魔鬼,谈虎色变而过度限制虚拟经济的必要发展,也不能不管不顾,进而造成经济的脱实向虚,引发国家经济竞争力的跌落。换言之,虚拟经济立法需要检视自身,明确立法的应然转向。而理论是行动的向导,虚拟经济立法传统的优化急需一种理论的支撑与引领,而且这种理论必须能从法治层面对现有经济监管政策之精神进行总结、提炼;必须契合现代法治的安全理念;必须确保虚拟经济发展规模与实体经济相匹配。对此,虚拟经济有限发展法学理论无疑是不二选择。因为历次经济危机的法律应对,证成虚拟经济有限发展法学理论的合理性;虚拟经济有限发展法学理论的安全取向,契合现代法治的安全理念;虚拟经济有限发展法学理论可从法治层面对现有经济监管政策之精神进行总结、提炼,也是对这些精神的法学"映射"。

（1）虚拟经济有限发展法学理论契合现代法治的安全理念,形成对虚拟经济立法优化之安全理念需求的紧迫回应。在一般情况下,虚拟经济的发展会表现出三个定律:第一,随着货币的增加,虚拟经济创造的 GDP 也会随之增加;第二,即便在虚拟经济领域内流入的货币量不变,但随着金融杠杆率的增高,或者现实中叠加应用的金融杠杆链条不断拉长,虚拟经济所创造的利润也会随之增多,此时,虚拟经济创造的 GDP 也会随着增加;第三,随着虚拟经济总估量在一国经济总量中的份额不断增长,虚拟经济将促使经常性的国际收支向逆差方向发展,而金融项目的国际收支则向顺差方向发展。从经济稳健性的角度来看,只有两者保持大致均衡,虚拟经济才能健康运行。因此,流入虚拟经济的货币量、金融杠杆率以及国际收支平衡是决定和影响虚拟经济有限发展的重要因素。虚拟经济有限发展立法需要并且能够控制和规范这些关键性的影响因素,保障虚拟经济的有限发展和安全运行。虚拟经济有限发展法学理论着眼于加强金融等领域重大风险防控,坚决守住系统性经济风险的底线,这也将成为我国虚拟经济立法的基本要求。此外,任何一次虚拟经济领域的投资波动,都会造成一次就业的波动。[1] 虚拟经济有限发展法学理论指导下的虚拟经济立法,将吸纳传统路径,即除了要考虑虚拟经济发展必须遵循的基本经济规律,还必须考虑虚拟经济过度发展乃至酿成重大经济危机时可能对社会造成的巨大伤害。

(2)虚拟经济有限发展法学理论是对虚拟经济监管精神的法治凝练,形成对虚拟经济立法优化之法治精神需求的紧迫回应。虚拟经济立法的实践价值颇多,比如对金融主体的教育功能、对金融市场的规范功能等,但其中不能忽视的是为虚拟经济监管提供"准绳"。但是虚拟经济立法并不能进行"盲盒"操作,它仍然需要对现行监管实践的问题进行法治化的提炼,从而提升虚拟经济立法的针对性和有效性。一方面,虚拟经济的高风险性和风险传染性使虚拟经济对国家整体经济安全的影响更甚,因而获得了国家干预更多的关注。虚拟经济具有自身的市场特性和市场规律性,国家干预只有与虚拟经济的市场特性和市场规律相适应,才能促进虚拟经济健康发展。

---

[1] 约翰·梅纳德·凯恩斯:《就业、利息和货币通论(重译本)》,高鸿业译,商务印书馆,1999,第301页。

虚拟经济有限发展法学理论将其上升为虚拟经济发展中的"国家与市场"的二元向度。另一方面,虚拟经济有限发展立法有利于维护和发展具有可持续性的、和谐稳定的社会关系。危机爆发前经济空前繁荣,危机发源地政府采取放任自流的经济政策,收入分配差距过大、大众投机心理极端、相信一夜暴富的神话等,是 1929 年大萧条和 2008 年全球金融危机的共同特点。① 实体经济决定虚拟经济,实体经济发展的水平和质量从根本上决定虚拟经济的发展水平和质量,实体现经济发展不好,风险最终会集中反映在虚拟经济领域。虚拟经济缺陷和严重的"脱实向虚"现象会加大实体经济运行的风险,甚至以金融危机或经济危机的形式重创实体经济。虚拟经济有限发展法学理论将其上升为虚拟经济发展中的"底线思维"。总之,虚拟经济有限发展法学理论是对虚拟经济监管精神的法治凝练,形成对虚拟经济立法优化之法治精神需求的紧迫回应。

(3)虚拟经济有限发展法学理论旨在实现实体经济与虚拟经济的匹配性发展,形成对虚拟经济立法价值诉求的紧迫回应。虚拟经济的产生和发展是实体经济运行到一定阶段的必然结果。虚拟经济作为一种新型的经济形态,既与实体经济相似,也与实体经济有重大的区别。在运行过程中,虚拟经济一方面在自身完成财富积累的同时,给实体经济带来巨大的好处。另一方面,虚拟经济是一种高风险的经济,尤其是从根源上可能导致经济泡沫和泡沫经济,从结果上与近代以来世界各地的经济危机不可分割。纵观世界各国,虚拟经济立法的出台及完善总是与危机的爆发密切相关,各阶段都有各自的特点,但其发展轨迹并非无章可循,而是具有相应的演变规律。而之所以认为虚拟经济有限发展需要在规模上实现与实体经济的匹配,根本原因在于:一是虚拟经济在某种程度上是从实体经济衍生而来的,如果二者存在割裂,则预示着经济发展结构失衡,就需要进行制度性纠偏;二是实

① 刘鹤:《两次全球大危机的比较研究》,中国经济出版社,2013,第 7-10 页。

体经济本身存在极高的虚化概率,需要通过虚拟经济立法来设置安全线。而有限发展法学理论恰恰为虚拟经济立法的反思提供了一种参照标准。

综上所述,虚拟经济有限发展法学理论与虚拟经济立法的关系主要体现在以下三个方面。一是,指导思想与规范表达的关系。这主要体现在:前者是后者的指导思想;后者是以前者为基础的规范表达。二是,核心内容与外在形式的关系。这主要体现在:前者是后者的核心内容;后者是前者的外在表现形式。三是,立法变革与立法传统的关系。这主要体现在:前者促进虚拟经济立法变革,是虚拟经济立法传统之优化的理论因应。

第二章 虚拟经济传统立法模式及其历史作用

　　所谓立法模式,是指直接从立法原理派生的范畴,与立法本质、立法目的、立法任务和立法原则等同属第二层次。① 截至目前,我国学理研究上并没有清晰而准确的立法模式定义。有观点将立法模式的选择视为"立法技巧"。如《政府与社会资本合作(PPP)模式立法研究》以"基本理论是立法依据,制度设计是立法内容,模式选择是立法技巧"为逻辑,提出我国政府与社会资本合作(PPP)以统一立法为基础,相关法律、法规和规章相结合的立法模式选择。② 一般而言,立法模式,是指国家以某一类利益的保护或权利的生成和规范为出发点,通过立法规范某一类自然权利或基本权利的具体方式或策略选择。如《人格与人格权立法模式探讨》一文,将人格利益的立法模式归纳为以下几种:一是,法国民法典对纯自然理性的保护;二是,德国民法典对人的伦理价值的保护;三是,瑞士民法典将伦理人格法律化;四是埃塞俄比亚民法典正式使用人格权的概念;五是俄罗斯联邦民法典将人格权放置于权利客体部分规定。③我国民法典采用将人格权独立成编的立法模式,体现出对人的尊严和自由的高度重视。从立法模式的特点看,立法模式

---

① 周旺生:《立法学教程》,北京大学出版社,2006,第31-33页。

② 陈婉玲、汤玉枢:《政府与社会资本合作(PPP)模式立法研究》,法律出版社,2017,第312页。

③ 马俊驹:《人格与人格权立法模式探讨》,《重庆大学学报(社会科学版)》2016年第1期,第184-196页。

是可以在多个层面展开的体现立法的某种选择或安排的形式、方式和策略。进一步讲,立法模式不仅是技术层面的,更是立法原理层面的。立法模式理论的拓展,有利于立法模式选择价值的认识和具体立法模式选择的指引。立法模式影响法律的规范功能和权威性。有学者认为,刑事立法模式的一元化与多元化之争不是纯粹的立法技术之争,而是涉及了立法的价值取向等深层次问题。[①] 立法模式影响具体法律的实施效果。因对经济行为性质认定和立法基本模式选择不当导致经济法律制度实施偏离立法宗旨的情况时有发生。我国《农业保险条例》采用跨越商业性和政策性农业保险的立法模式。该立法模式的偏差不仅导致《农业保险条例》偏离农业保险立法的宗旨,产生实质不公平的后果,而且存在农业保险实践操作的困境和基于制度变迁的路径依赖甚至锁定,使农业保险立法模式的修改变更"难"上加难。[②] 我国交强险按照传统责任保险的立法模式予以构造,并在一定程度上融入了美国无过失保险的因素,确认了保险给付与侵权责任认定的相对分离。由于立法者进行规则设计时未明了无过失保险制度权利置换的核心意旨,只过分强调交强险的基本保障功能,我国强制汽车责任保险混合立法模式给投保人带来了较沉重的保费负担,出现了受害人保障程度低、道路交通事故侵权案件占据大量司法资源等问题。[③]《中华人民共和国民法典》(以下简称《民法典》)采用总分结构的立法模式,既能为学习和研究提供方便,也能保障民法典稳定和谐地发挥立法者赋予民法的功能。[④] 因此,选择什么样的立法模式,不仅影响立法发展方向的科学性,而且关系到法律的精准执行

[①] 李怀胜:《刑法一元化立法模式的批判性思索》,《江西社会科学》2020 年第 4 期,第 166-174 页。

[②] 李媛媛:《我国农业保险立法模式重构困境及其突破路径》,《法商研究》2017 年第 2 期,第 45-54 页。

[③] 张力毅:《论美国汽车无过失保险制度变革及对我国交强险混合立法模式的借鉴》,《保险研究》2017 年第 12 期,第 47-59 页。

[④] 孙宪忠:《如何理解我国〈民法典〉采取的总则与分则相区分的立法模式》,《探索与争鸣》2020 年第 5 期,第 4-8 页。

和社会治理的最终效果。①

一、虚拟经济传统立法模式的形成过程

虚拟经济从实体经济的虚化开始,在一定的基础法律环境中产生和发展。② 虚拟经济立法不仅是建立虚拟经济与实体经济之间的防火墙的需要,也是建立实体经济的良性助推机制,促进虚拟经济自身发展的法律体系的需要。正是因为虚拟经济立法对虚拟经济发展具有举足轻重的作用,所以从虚拟经济诞生之日起,各国对虚拟经济立法的探索就从未停止过,并逐渐形成了虚拟经济传统立法模式、立法体系。

20 世纪 70 年代后,各国的货币相继和黄金脱钩。"黄金的非货币化最终导致了全部资本的符号化,加速了资本主义经济的虚拟化和金融化进程,实体经济日益空心化,使发达资本主义国家经济结构呈现'倒金字塔'③的状态"④,这也预示着资本主义国家的经济结构存在着巨大的风险。与此同时,虚拟经济根植于实体经济,实体经济虚拟化的这一事实,使得虚拟经济不仅不能克服实体经济内生性的市场失灵,而且进一步放大了市场的缺陷,使市场失灵成为现实,而这就非常容易导致虚拟经济危机甚至是社会危机。历史上资本主义国家历次经济(金融)危机便是最好的例证。因此,虚拟经济的安全运行需要国家的干预,需要人为设计的制度来引导和纠正市场的缺陷。为了保障虚拟经济有限发展,防止经济的"脱实向虚""虚实分离",资本主义发达国家在本国发展的不同历史时期对虚拟经济市场进行了立法保障,制定了大量法律法规,规范、保障、促进、推动了虚拟经济的深化和发

① 李晓明:《再论我国刑法的"三元立法模式"》,《政法论丛》2020 年第 3 期,第 31-32 页。
② 胡光志、雷云:《法律制度供给与地方虚拟经济立法问题》,《重庆社会科学》2008 年第 9 期,第 55-60 页。
③ 倒金字塔经济结构的第一层和第二层是实体经济,第三层是债券、股票和商品期货等基础性虚拟经济,最顶层是金融衍生品之类的纯粹虚拟经济。
④ 朱炳元:《资本主义发达国家的经济正在加速金融化和虚拟化》,《红旗文稿》2012 年第 4 期,第 4-7 页。

展，也在一定程度上体现出了各国对虚拟经济发展由宽松监管到严格监管的态度转变。

(一) 虚拟经济传统立法模式的形成过程

立法实践中，不同立法主体依照法定立法权限进行虚拟经济立法既能解决国家虚拟经济法制的统一性问题，又能体现出不同层次、不同部门和不同地方从职责分配和地方实际出发的、虚拟经济有限发展的差异性。具体而言，中华民族共同体意识是国家统一之基、民族团结之本、精神力量之魄。依据《中华人民共和国宪法》(以下简称《宪法》) 和《中华人民共和国立法法》(以下简称《立法法》) 的规定，国家实行"一元两极多层次"①的立法体制。"一元"是指专属全国人民代表大会 (以下简称"全国人大") 及其常务委员会的国家立法权，立法结果的形式表现为宪法和法律。2023 年修正的《立法法》第十条②较为详细地规定了全国人大及其常委会的立法权。"两级"是指中央立法和地方立法两个立法层级，分别享有中央和地方的立法权。《立法法》第七十二条第一款规定："国务院根据宪法和法律，制定行政法规。"国务院各部委在本部门的权限范围内，可以制定部门规章。部门规章在全国范围内具有法律约束力，部门规章是一种特殊形式的中央立法。《立法法》第八十条③规定了省级地方人大及其常委会的立法权限；第八十一条规定了其他层级的地方立法权。地方性法规是地方立法权的表现形式。"多层次"，是指中央立法和地方立法又分为多个层次和类别。在"一元两极多层次"的立法体制下，我国最终形成了法律、行政法规、地方性法规、

---

① 阮荣祥、赵混主编：《地方立法的理论与实践 (第二版)》，社会科学文献出版社，2011，第 24-25 页。

② 参见 2023 年版《立法法》第十条："全国人民代表大会和全国人民代表大会常务委员会根据宪法规定行使国家立法权。全国人民代表大会制定和修改刑事、民事、国家机构的和其他的基本法律。全国人民代表大会常务委员会制定和修改除应当由全国人民代表大会制定的法律以外的其他法律；在全国人民代表大会闭会期间，对全国人民代表大会制定的法律进行部分补充和修改，但是不得同该法律的基本原则相抵触。全国人民代表大会可以授权全国人民代表大会常务委员会制定相关法律。"

③ 参见 2023 年版《立法法》第八十条："省、自治区、直辖市的人民代表大会及其常务委员会根据本行政区域的具体情况和实际需要，在不同宪法、法律、行政法规相抵触的前提下，可以制定地方性法规。"

自治条例和单行条例、国务院部门规章和地方政府规章等从中央到地方多个层次的立法外在表征。"一元两极多层次"的立法体制,不仅能保障我国社会主义法制的统一,而且"使我国的法律既能通行全国,又能适应不同地方千差万别的具体情况"。[①]

1.虚拟经济立法的宪法基础

我国现行的立法体制具有鲜明的国家特色。从立法权限划分的角度看,"我国是中央统一领导和一定程度分权、多级并存、多类结合的立法权限划分制度"[②]。国家立法权属于全国人民代表大会及其常务委员会,包括制宪权和立法权,在整个立法权限划分体制中处于领导地位。国家立法权只能由最高权力机关及其常设机关行使,其他国家机关不能行使,地方立法机关也无权行使。与此同时,行政法规和地方性法规都不得与宪法和法律相抵触。虽然民族自治地方的自治法规可以有同法律不完全一致的例外规定,但制定民族自治地方的自治法规时必须依据《宪法》《立法法》和《民族区域自治法》的规定,并报相关部门批准后生效。虚拟经济有限发展的国家立法是虚拟经济法律制度供给的基础,其不仅能提供虚拟经济有限发展的宪法基础,而且能构建虚拟经济法律制度的框架。

宪法的根本法地位首先体现在其规定了国家政治、经济、文化、社会和外交等方面的基本原则和基本制度。宪法规定的基本经济制度,具有相当重要的地位。现代国家的基本任务和经济职能,决定了宪法中必然有大量的经济条款。"基于从传统宪法向现代宪法的转型,许多国家宪法都大量增加经济条款,我国宪法亦复如是。"[③]我国《宪法》第六条至第十八条,从不同角度和不同程度规定了经济内容,是宪法中重要的经济条款。《宪法》第十五条关于"国家实行社会主义市场经济。国家加强经济立法,完善宏观调

---

① 乔晓阳:《〈中华人民共和国立法法〉导读与释义》,中国民主法制出版社,2015,第 24 页。

② 周旺生:《立法学教程》,北京大学出版社,2006,第 162 页。

③ 张守文:《宪法问题:经济法视角的观察与解析》,《中国法律评论》2020 年第 2 期,第 76-87 页。

控"的规定,是虚拟经济有限发展的宪法基础,是虚拟经济法律秩序形成的最高规范。虚拟经济是市场经济发展到高级阶段的产物。"市场经济+经济立法+宏观调控"的规范结构,奠定了市场经济体制的宪法制度基石,①提供了虚拟经济有限发展的保障和前提。因此,虚拟经济有限发展的宪法基础,体现如下:

首先,宪法为虚拟经济有限发展提供了适宜的生长土壤。虚拟经济是国家经济系统的重要构成部分,受国家基本经济制度的约束和影响。1993年"社会主义市场经济"入宪,社会主义市场经济的宪法基础更加明确,为完善社会主义基本经济制度提供了宪法依据。2018年修宪将"发展社会主义市场经济"写入宪法序言,使之成为国家发展目标之一,强化了社会主义市场经济的宪法地位与功能。宪法将"社会主义市场经济"设定为国家经济目标,并在此目标的指引下对国家经济权力与市场主体的经济权利进行配置,从而框定了国家与市场的基本关系。其次,宪法为虚拟经济领域的宏观调控提供了依据,是虚拟经济有限发展的保障。《宪法》第十五条第二款规定:"国家加强经济立法,完善宏观调控。"该条在最高法层面直接明确了国家依法行使宏观调控权的依据,确定了社会主义国家依法干预的宪法基础。宏观调控是国家对宏观经济运行进行调节和控制的行为。金融调控是国家宏观调控措施中最符合市场经济规律、最契合市场特征的间接调控手段。金融调控的目标是预防和防范金融系统性风险的最有力措施。维护金融秩序、防范系统性金融风险的调控目标,符合虚拟经济有限发展的基本特性。当然,虚拟经济自身的发展过程需要遵循基本的经济规律,也会出现宏观调控目标上的偏差。此外,《宪法》第九十一条规定了国家审计机关对国务院各部门及地方各级政府的审计监督权。② 宪法专门规定国家对金融机构的

---

① 单飞跃:《中国经济法部门的形成:轨迹、事件与特征》,《现代法学》2013年第4期,第10-17页。

② 参见《宪法》第九十一条:"国家设立审计机关,对国务院各部门和地方各级政府的财政收支,对国家的财政金融机构和企业事业组织的财务收支,进行审计监督。"

审计监督,一定意义上揭示出作为虚拟经济重要组成部分的金融对国家宏观经济发展和安全的重要性。最后,宪法为国家干预经济危机提供了依据。我们知道的是,金融市场的发展健康与否对一国经济发展整体状况有着非常重要的影响,而经济制度的确立和运作便需要政府的确认与支持。现代国家为满足国民经济生活、维持市场秩序、积累国家资本等施政目的,必然会制定经济政策与制度干预市场经济活动。基于宪法的法治原则,法律已经成为现代国家干预经济活动的重要手段之一。国家的经济法制是否需要以宪法为依据,正是"经济宪法"的议题。我国宪法对经济事务采取了高度抽象性与相当原则性的规范模式,许多条款与经济和经济发展相关,并对虚拟经济及金融条款进行了较为宏观的规定。①

2.虚拟经济的中央立法

《立法法》规定,国务院根据宪法和法律制定行政法规;国务院各部委可依法在本部门的权限范围内,制定规章。国务院制定行政法规的形式主要包括执行性立法、职权性立法和受权性立法。在我国虚拟经济产生和发展的过程中,国务院和相关部委的行政法规、决定、命令和相关部门的规章发挥了积极重要的作用。虚拟经济有限发展的中央立法经历了从初期以"政策文件"为主的阶段向"行政法规+部门规章"阶段的转化。

(1)虚拟经济发展初期的中央立法

1978年2月23日,根据中国共产党十一届三中全会通过的《中共中央关于加快农业发展若干问题的决定(草案)》,国务院据此决定正式恢复中国农业银行,开启了我国设立国家专业银行的先例。中国农业银行的恢复打破了我国大一统的金融体制格局。1979年3月13日,国务院批转中国人民银行《关于改革中国银行体制的请示报告》,中国银行开始从央行中分离,并被赋予主司外汇业务的权力。1983年4月20日,国务院批转财政部《关于

---

① 王宏:《用经济宪法的解释弥补宪法对金融制度规定的笼统:从国家干预有问题的金融机构谈起》,《经济问题》2013年第4期,第27-32页。

建设银行机构改革问题的报告》,决定将建设银行改革为独立经营、独立核算的全国性金融组织,成为管理基本建设等投资的国家专业银行。1983 年 9 月 17 日,国务院发布《关于中国人民银行专门行使中央银行职能的决定》,标志着中国人民银行作为全国金融事业主管单位的确立,其集中力量研究和做好全国金融的宏观决策得以正式实施。1983 年 1 月 1 日,中国工商银行成立,从事原由中国人民银行办理的金融业务。自 1978 年开始的 6 年间,通过一系列政策性文件规定,我国形成了以中国人民银行为中央银行、以中国农业银行等为专业银行的银行业金融体系。银行金融体系架构完成后,国家开始制定相应的法律制度来规范社会经济活动。1982 年颁布的《中华人民共和国经济合同法》确立了借款合同制度;1986 年颁布的《中华人民共和国民法通则》第九十条明确规定"合法的借贷关系受法律保护"。这些基本法律制度虽然是规范虚拟经济活动的一般条款,但难以体现和适应虚拟经济活动的针对性要求。1986 年 1 月 7 日,国务院发布的《中华人民共和国银行管理暂行条例》,①成为新中国成立后中国银行业的首个法律规范,标志着我国虚拟经济立法的开端,开启了我国虚拟经济依法监管的时代。1988 年和 1992 年国务院又先后发布《现金管理暂行条例》②和《储蓄管理条例》。③ 此外,1988 年 9 月 23 日和 1993 年 1 月 12 日,中国人民银行先后发布《现金管理暂行条例实施细则》和《关于执行〈储蓄管理条例〉的若干规定》等。

（2）虚拟经济中央立法的完善

我国明确实行社会主义市场经济体制后,为保障和促进虚拟经济发展和金融秩序稳定,中央立法开始大量以行政法规和部门规章的形式呈现。1993 年我国开始实行社会主义市场经济体制后,为适应社会主义市场经济

---

① 该条例已于 2001 年 10 月 6 日被《国务院关于废止 2000 年底以前发布的部分行政法规的决定》废止。

② 该条例已于 2011 年 1 月 8 日被《国务院关于废止和修改部分行政法规的决定》修订。

③ 该条例已于 2011 年 1 月 8 日被《国务院关于废止和修改部分行政法规的决定》修改。

的发展,我国加快了经济体制、金融体制以及外汇管理体制等一系列改革。
我国虚拟经济立法快速发展,国家在银行、证券、保险、信托、外汇等多个领
域进行专门立法,初步奠定了我国虚拟经济法制的整体框架,为保障社会主
义市场经济发展的资金要素来源提供了有力支持。1995 年我国先后颁布虚
拟经济有限发展的多部法律,包括《中华人民共和国中国人民银行法》(以下
简称《中国人民银行法》)、《中华人民共和国商业银行法》(以下简称《商业
银行法》)、《中华人民共和国保险法》(以下简称《保险法》)和《中华人民共
和国票据法》等。1996 年国务院发布《中华人民共和国外汇管理条例》(以
下简称《外汇管理条例》)。① 1997 年 11 月 14 日和 12 月 25 日,国务院证券
委员会先后发布《证券投资基金管理暂行办法》②和《证券、期货投资咨询管
理暂行办法》。2000 年 4 月 4 日,中国证券监督管理委员会和财政部联合发
布《证券交易所风险基金管理暂行办法》③和《证券结算风险基金管理暂行
办法》。1998 年 12 月 29 日,我国通过了《中华人民共和国证券法》(以下简
称《证券法》)。2001 年 4 月 28 日,我国通过了《中华人民共和国信托法》
(以下简称《信托法》)。不到 10 年的时间里,我国快速搭建了规范传统四大
金融支柱的虚拟经济法律框架。虚拟经济专门立法是虚拟经济法律制度的
核心内容,是保障虚拟经济有限发展的基础。我国虚拟经济专门立法严格
按照虚拟经济的不同业别进行分类立法,既与我国虚拟经济业别不同的产
生和发展阶段相关,也与我国采取分业经营和分业监管的制度相关。虚拟
经济的分业立法在一定历史时期对促进和保障我国虚拟经济健康发展发挥
了重要作用。2000 年 11 月 10 日,国务院发布《金融资产管理公司条例》。

---

① 该条例先后于 1997 年 1 月 14 日和 2008 年 8 月 1 日修订。

② 该办法已于 2007 年 3 月 6 日被中国证券监督管理委员会发布的《关于废止部分证券期货规章的通
知(第六批)》废止。

③ 该办法经国务院批准后,2000 年 4 月 4 日由中国证券监督管理委员会和财政部联合发文颁布,法律
性质上属于部门规章。该办法于 2001 年 1 月 8 日由《国务院关于废止和修改部分行政法规的决定》
修改,将其视为行政法规。

2000 年 12 月,我国正式加入世界贸易组织,虚拟经济领域全面对外开放和融入世界虚拟经济体系的步伐加快。虚拟经济业务逐步对外开放,我国虚拟经济领域制定和修改了多部行政法规和部门规章。2001 年 12 月 12 日,国务院公布《中华人民共和国外资保险公司管理条例》(以下简称《外资保险公司管理条例》)。① 2004 年 1 月 15 日,中国保险监督管理委员会发布《外国保险机构驻华代表机构管理办法》。② 2006 年 7 月 31 日,中国保险监督管理委员会发布《保险公司设立境外保险类机构管理办法》。③ 2006 年 11 月 11 日,国务院公布《中华人民共和国外资银行管理条例》(以下简称《外资银行管理条例》);④2007 年 1 月 23 日,中国银行业监督管理委员公布《信托公司管理办法》;2007 年 3 月 6 日,国务院公布《期货交易管理条例》。⑤

　　2008 年美国次贷危机对全球虚拟经济市场和经济发展造成重大不利影响,引起学界和实务界对虚拟经济领域诸多具体制度和实践操作的强烈反思。我国虚拟经济中央立法进一步完善。2008 年 8 月 1 日,国务院第 20 次常务会议修订通过《外汇管理条例》。2008 年 4 月 23 日,国务院公布《证券公司风险处置条例》和《证券公司监督管理条例》。⑥ 2010 年 5 月 4 日,中国保险监督管理委员会公布《保险公司股权管理办法》。⑦ 2011 年 10 月 26 日,中国证券监督管理委员会公布《证券公司融资融券业务管理办法》。⑧

---

① 该条例已于 2013 年 5 月 30 日和 2019 年 9 月 30 日先后两次修改。
② 该办法 2004 年 3 月 1 日施行时,中国保险监督管理委员会 1999 年 11 月 26 日发布的《外资保险机构驻华代表机构管理办法》同时废止。
③ 该办法于 2015 年 10 月 19 日依据中国保险监督管理委员会《关于修改〈保险公司设立境外保险类机构管理办法〉等八部规章的决定》修订。
④ 该条例 2006 年 12 月 11 日施行时,2001 年 12 月 20 日国务院公布的《外资金融机构管理条例》同时废止。该条例已于 2014 年 7 月 29 日、2014 年 11 月 27 日和 2019 年 9 月 30 日先后三次修订。
⑤ 该条例根据 2012 年 10 月 24 日《国务院关于修改〈期货交易管理条例〉的决定》修订。
⑥ 该条例根据 2014 年 7 月 29 日国务院公布的《国务院关于修改部分行政法规的决定》修改。
⑦ 该办法于 2014 年 4 月 15 日修订,2018 年 4 月 10 日废止。
⑧ 该办法是对 2006 年 6 月 30 日中国证券监督管理委员会发布的《证券公司融资融券业务试点管理办法》的修订。该办法 2015 年 7 月 1 日被中国证券监督管理委员会发布的《证券公司融资融券业务管理办法》废止。

2012 年 10 月 24 日,国务院决定对《期货交易管理条例》进行修改。2013 年
5 月 30 日,《国务院关于修改〈中华人民共和国外资保险公司管理条例〉的
决定》正式对外公布,对《外资保险公司管理条例》进行修改。2014 年 7 月
29 日和 2014 年 11 月 27 日,国务院先后决定对《外资银行管理条例》进行修
改。2012 年 11 月 12 日,国务院公布《农业保险条例》。2015 年 2 月 17 日,
国务院发布《存款保险条例》。2016 年 6 月 6 日,中国人民银行、中国银行业
监督管理委员会联合发布《银行卡清算机构管理办法》。2017 年 8 月 2 日,
国务院公布《融资担保公司监督管理条例》。2018 年 3 月 2 日,中国保险监督
管理委员会公布《保险公司股权管理办法》。2017 至 2018 年,中国证券监督管
理委员会制定或修改了 13 个部门规章和规范性文件。①

　　除虚拟经济的中央立法外,国家还通过具体的虚拟经济法律规范措施

---

①　具体包括:《期货公司资产管理业务试点办法》(2012 年 7 月 31 日公布;根据 2017 年 12 月 7 日中国
　　证券监督管理委员会公布的《关于修改〈证券登记结算管理办法〉等七部规章的决定》修改)、《证券
　　期货市场诚信监督管理办法》(2018 年 3 月 28 日公布)、《中国证券监督管理委员会行政许可实施程
　　序规定》(2009 年 12 月 16 日公布)、《外商投资证券公司管理办法》(2018 年 4 月 28 日公布)、《上市
　　公司国有股权监督管理办法》(2018 年 5 月 16 日,国务院国有资产监督管理委员会、财政部和中国
　　证券监督管理委员会联合公布)、《首次公开发行股票并在创业板上市管理办法》(2014 年 5 月 14 日
　　公布;根据 2018 年 6 月 6 日中国证券监督管理委员会公布的《关于修改〈首次公开发行股票并在创
　　业板上市管理办法〉的决定》修改)、《首次公开发行股票并上市管理办法》(2006 年 5 月 17 日,中国
　　证券监督管理委员会第 180 次主席办公会议审议通过;根据 2015 年 12 月 30 日中国证券监督管理委
　　员会《关于修改〈首次公开发行股票并上市管理办法〉的决定》修正;根据 2018 年 6 月 6 日中国证券
　　监督管理委员会公布的《关于修改〈首次公开发行股票并上市管理办法〉的决定》第二次修正)、《关
　　于改革并完善严格实施上市公司退市制度的若干意见》(2014 年 10 月 15 日公布;根据 2018 年 7 月
　　27 日中国证券监督管理委员会公布的《关于修改〈关于改革完善并严格实施上市公司退市制度的若
　　干意见〉的决定》修正)、《外商投资期货公司管理办法》(2018 年 8 月 24 日公布)、《上市公司股权激
　　励管理办法》(2016 年 7 月 13 日公布;根据 2018 年 8 月 15 日中国证券监督管理委员会《关于修改
　　〈上市公司股权激励管理办法〉的决定》修正)、《证券登记结算管理办法》(2006 年 4 月 7 日公布;根
　　据 2009 年 11 月 20 日中国证券监督管理委员会公布的《关于修改〈证券登记结算管理办法〉的决定》
　　修订;根据 2017 年 11 月 21 日中国证券监督管理委员会发布的《关于修改〈证券登记结算管理办法〉
　　等七部规章的决定》修正;根据 2018 年 8 月 15 日中国证券监督管理委员会发布的《关于修改〈证券
　　登记结算管理办法〉的决定》第二次修正)、《证券公司和证券投资基金管理公司境外设立、收购、参
　　股经营机构管理办法》(2018 年 9 月 25 日公布)、《证券期货经营机构私募资产管理业务管理办法》
　　(2018 年 10 月 22 日公布)。

来保障和促进虚拟经济有限发展。最高人民法院于 2013 年 5 月 31 日、2015年 11 月 25 日和 2018 年 7 月 31 日分别发布了三个《最高人民法院关于适用〈中华人民共和国保险法〉若干问题的解释》。① 为推进国家虚拟经济战略实施,健全完善金融审判体系,营造良好虚拟经济法治环境,促进经济和金融健康发展,2018 年 8 月 20 日,上海金融法院揭牌成立。上海金融法院的成立有利于虚拟经济法律规范的实施,由专门的金融法院开展司法活动也将有利于虚拟经济有限发展立法工作的完善。

3.虚拟经济的地方立法

在“一元两级多层次”的立法体制下,我国市一级(从较大的市逐渐过渡到设区的市)地方国家权力机关拥有地方立法权。然而,囿于以金融为核心的虚拟经济体制实际上长期由中央立法主导,虚拟经济有限发展的地方立法并不活跃。即使有地方进行了虚拟经济立法,但效果并不理想。《立法法》确定中央和地方立法的权限后,地方虚拟经济立法获得了明确的法定立法权限,为虚拟经济地方立法提供了可能。2001 年 8 月 9 日,广州市人民政府公布的《广州市促进风险投资业发展若干规定》②,是我国虚拟经济立法较早的地方政府规章。近年来,地方或区域金融促进立法、地方金融监督管理立法逐渐活跃,成为我国虚拟经济有限发展制度的重要补充。

(1)虚拟经济地方立法权的变迁

从地方立法权整体考察,省、自治区、直辖市的立法权限是相对比较固定不变的,《立法法》赋权省、自治区、直辖市的人民代表大会及其常务委员会根据本行政区域的具体情况和实际需要,在不同上位法相抵触的前提下,

---

① 这三个司法解释,根据 2020 年 12 月 23 日最高人民法院审判委员会第 1823 次会议通过的《最高人民法院关于修改〈最高人民法院关于破产企业国有划拨土地使用权应否列入破产财产等问题的批复〉等二十九件商事类司法解释的决定》修正。

② 该地方政府规章已经不适应广州市的社会实际情况,故已根据 2011 年 12 月 15 日广州市政府第 13届 162 次常务会议讨论通过的《关于废止〈广州市市区防洪工程维护费征收、使用和管理试行办法〉等 8 件政府规章的决定》废止。

制定地方性法规。而市一级地方政府权力机关的立法权经历了一个较大的变革,2015 年《立法法》修正前,市一级的立法权限仅限于 18 个较大的市,2015 年《立法法》将地方立法权限扩展到设区的市,即赋予设区的市在城乡建设与管理、环境保护、历史文化保护等方面的事项①制定地方性法规的权限。同时也进一步规定,法律对设区的市制定地方性法规的事项另有规定的,从其规定。经济特区所在地的省、市的人民代表大会及其常务委员会根据全国人民代表大会的授权决定,制定法规,在经济特区范围内实施。民族自治地方的人民代表大会有权依照当地民族的政治、经济和文化的特点,制定自治条例和单行条例。省、自治区、直辖市和设区的市、自治州的人民政府,可以根据法律、行政法规和本省、自治区、直辖市的地方性法规,制定规章。

虚拟经济地方立法机构可结合各自地方发展特点,在中小企业发展、风险投资促进、民间金融促进、地方金融促进、社会信用征信、地方金融监督管理等方面进行创制性立法。② 地方人民代表大会和人民政府制定促进中小企业发展、金融交易中心规范、区域金融促进、农村金融制度和地方金融监督管理等虚拟经济地方性法规时,尤其需要结合当地实际,防范金融风险,保障虚拟经济有限发展。同时,虚拟经济地方立法不应当限制虚拟经济的跨区域发展,否则会抑制虚拟经济的发展。虚拟经济地方立法可借鉴我国综合改革试验区和国家自贸试验区的经验,采用先行先试的方法,为得出可推广、可复制的立法结论贡献试验性力量。

从《立法法》的现行规定看,虚拟经济地方立法的基本功能在于执行、细化和补充虚拟经济法律和行政法规的具体规定。地方立法的内容范围限缩

---

① 2023 年修正的《立法法》将具体事项调整为"城乡建设与管理、生态文明建设、历史文化保护、基层治理等方面"。
② 胡光志、杨署东:《完善地方立法促进重庆虚拟经济发展的思考》,《中国西部科技》2008 年第 31 期,第 60-63,84 页。

后,依据《宪法》和《立法法》的有关规定,我国能够进行虚拟经济地方立法的机关及其立法权限主要有三类:一是省、自治区、直辖市的人民代表大会及其常务委员会制定虚拟经济地方性法规;二是省、自治区、直辖市的人民政府制定虚拟经济地方政府规章;三是经济特区所在地的省、市的人民代表大会及其常务委员会根据全国人民代表大会的授权决定,制定法规,在经济特区范围内实施。

　　从具体内容看,我国虚拟经济地方立法可大致分为三类:一是促进风险投资和信用征信管理类虚拟经济地方立法。2001 年 8 月 9 日,广州市人民政府公布的地方政府规章《广州市促进风险投资业发展若干规定》①,是我国虚拟经济地方立法较早的地方政府规章。② 2003 年 12 月 28 日与 2005 年 3 月 17 日,上海市人民政府公布的《上海市个人信用征信管理试行办法》和《上海市企业信用征信管理试行办法》是围绕个人和企业信用征信管理的地方虚拟经济制度。二是促进金融或区域金融发展类虚拟经济地方立法。如 2008 年 4 月 24 日,深圳市第四届人民代表大会常务委员会公布《深圳经济特区金融发展促进条例》。2013 年 12 月 27 日,厦门市第十四届人民代表大会常务委员会第十四次会议通过《厦门经济特区促进两岸区域性金融服务中心建设条例》。2014 年 8 月 4 日,上海市人民政府公布《关于促进本市互联网金融产业健康发展的若干意见》,是全国首个省级地方政府关于互联网金融监管的文件。2015 年 8 月 28 日,大连市第十五届人民代表大会常务委员会第十九次会议通过《大连区域性金融中心建设促进条例》。三是地方金融或地方金融监督管理类虚拟经济立法。2016 年 3 月 31 日,山东省第十二届人民代表大会常务委员会公布《山东省地方金融条例》。2017 年 12 月 1

---

① 该地方政府规章因已经不适应广州市的社会实际情况,已于 2012 年 1 月 13 日由《关于废止〈广州市市区防洪工程维护费征收、使用和管理试行办法〉等 8 件政府规章的决定》废止。

② 《广州市促进风险投资业发展若干规定》第三条第二款规定,风险投资公司是非金融性的、以直接股权投资为主要业务的投资性企业,但风险投资公司在一定程度上也具有连接资金来源与资金运用的金融中介的性质。

日,河北省第十二届人民代表大会常务委员会公布《河北省地方金融监督管理条例》。2019 年 5 月 30 日,天津市第十七届人民代表大会常务委员会第十一次会议通过《天津市地方金融监督管理条例》。2020 年 4 月 10 日,上海市通过了《上海市地方金融监督管理条例》等。值得注意的是,2020 年 12 月 24 日,浙江省还通过了《浙江省数字经济促进条例》。该条例第三十二条明确规定,县级以上人民政府及其有关部门应推进移动支付的应用,引导和支持现代信息技术在支付结算、信贷融资、保险业务、征信服务等金融领域融合应用,进一步推动金融行业朝着数字化的方向发展;第五十二条明确规定,实行有利于数字经济发展的金融政策。

虚拟经济是现代经济的核心。脱离实体经济的虚拟经济就是无源之水、无本之木,必须坚持虚拟经济服务于实体经济。虚拟经济和实体经济是现代化经济体系的有机构成部分,是与社会经济活动高度交织联系的经济形式。发展和创新虚拟经济的过程中,必须始终将安全性放在首位,防范化解虚拟经济领域的系统性风险。在虚拟经济活动的深度和广度不断拓展的过程中,虚拟经济活动已经普遍地与社会主体的生产生活相联系。确定地方政府对虚拟经济监督管理和风险防范的职责十分迫切。2020 年 12 月 2 日,中国银行保险监督管理委员会(以下简称"中国银保监会")和中国人民银行起草的《网络小额贷款业务管理暂行办法(征求意见稿)》面向公众公开征求意见。该办法明确了省级金融监督管理部门对网络小额贷款业务的监督管理和风险处置职责。2021 年 1 月 26 日,国务院公布《防范和处置非法集资条例》,明确了地方政府及监管部门职责分工,完善了金融风险防控体系。

地方政府参与虚拟经济活动监管的同时,必须建立有效的虚拟经济法律规范扼制地方政府天然的"经济自利行为"。我国虚拟经济的国内市场是一个超大规模的共同市场,对网络小额贷款的监管标准理应基本统一。然而,各地方出于自身经济利益和情况的差异,监管尺度存在较大差别。在全国简政放权和审批时限缩短的背景下,加之网络小额贷款规则的缺失,互联网小额贷款公司自然就获得了全国范围内营业的机会。国家反思"脱实向虚"发展模式的同时,必然导致实体经济领域的竞争愈发激烈,地方经济竞争程度加剧。国内经济增长总体趋缓的背景下,招商引资,特别是招大商、大投资项目成为地方政府经济发展的重点工程。全国招商引资竞争趋于白热化,"投行合肥""经商环境天堂江浙"以及"科创中心深圳"等话题,都是地方政府竞争的产物。地方政府对资本有着天然的青睐态度。网络小额贷款公司成立的过程即反映出地方政府对虚拟经济创新的不同态度和标准。当地方政府有求于金融集团的投资时,往往会倾向于监管"合法合规即可",而对于公司成立后业务的监管和风险控制就会相应弱化。因此,虚拟经济地方立法除需要《立法法》规定的立法权限外,还需要尽可能地明确监管标准和风险控制职责。

(二)虚拟经济传统立法模式的基本特征

纵观我国虚拟经济传统立法模式与体系的形成过程,可以发现,与改革需求相适应的虚拟经济立法处于一个不断完善和革新的发展阶段,构建起了各国虚拟经济法制的整体框架。但这些虚拟经济传统立法模式与体系的形成过程,又主要体现出以下几个特征:总体"点式星状"立法模式;无统一的、普遍适用的概念、原则;立法体系的多元平行。

1."点式星状"的分别立法模式

从部门法的角度看,虚拟经济有限发展的立法模式可以分为统一立法模式和分别立法模式。虚拟经济有限发展的统一立法模式,是指国家立法机关采用法典化或单行法的形式,将虚拟经济关系统一规定在单一的法律规范中的立法模式。我国《民法典》是采用统一立法模式规范民事关系的典型实例。若按调整对象的具体内容将虚拟经济关系分为虚拟经济交易关系、服务关系和监管关系,那么统一立法模式即为立法机关将虚拟经济交易关系、服务关系和监管关系规定在同一部单行法中的立法模式。虚拟经济有限发展的分别立法模式,是指国家立法机关依据立法权限按不同虚拟经济业别进行虚拟经济有限发展立法的模式。若将调整对象按虚拟经济业别分为银行、证券、保险、信托、期货等,那么分别立法模式即为立法机关按不同业别单独制定银行法、证券法、保险法、信托法和期货法的立法模式。由此可知,我国虚拟经济立法模式属于分别立法模式,并且是一种"点式星状"的分别立法模式。虚拟经济"点式星状"立法模式,又被称为"分散、个别"的立法模式,是指不同国家立法机关依据立法权限,按不同虚拟经济业别进行虚拟经济立法的模式,具体由点式展开,呈星状分布。综合来看,各国在银行、证券、期货等多个领域通过专门立法,初步奠定了虚拟经济法制的整体框架,为保障市场经济发展的资金要素来源提供了法律制度保障。同时,虚拟经济立法在点式展开的基础上,又呈现星状分布格局。概括来看,各国虚拟经济立法主要涉及货币市场、资本市场(股票、债券交易)、期货买卖及新兴金融衍生品交易等领域。每一个领域彼此之间相对独立,但又存在内在的逻辑关联。

2.无统一、普遍适用的概念、原则

虚拟经济立法是国家虚拟经济法制整体中前提性和基础性的组成部分,是反映国家虚拟经济法制状况最直接和最明显的标志。立法体制的核心是立法权主体及其立法权限的配置,而立法的基本要素是概念、原则。并且,一项整体性、系统性的立法工程,必须建基于相关领域具有统一的、普遍适用的概念、原则之上。尽管从古至今中外各个国家都针对虚拟经济进行过积极的立法探索实践,并试图从本国的政治、经济体制等出发探索适合本国国情的能够保障虚拟经济安全运行的法律制度,然而,事与愿违,目前各国虚拟经济立法基本上没有形成统一的、普遍适用的概念和原则。这使得虚拟经济立法存在割裂问题,不同的虚拟经济立法立足于不同的概念、原则,不同立法结果之间也难以提炼出统一的、普遍适用的概念、原则。这样一来,看似严密和系统的虚拟经济立法,其实并不存在一以贯之的精神内核,导致虚拟经济立法体系多轨并存,进而为虚拟经济的过度发展打开了方便之门,最后引起严重的社会危机。对此,我们不得不进行深刻反思。

3.立法体系的多元平行

正是由于目前虚拟经济立法无统一的、普遍适用的概念、原则,所以虚拟经济立法体系自然会出现多元分割的局面,难以形成一个完整统一的体系。以美国、英国及日本为代表的资本主义发达国家在本国发展的不同历史时期制定了大量规范、保障、促进、推动虚拟经济深化发展的法律法规,但目前"世界上没有一部统一而系统反映虚拟经济的立法,当然也找不到以虚拟经济命名的法律。但正如虚拟经济不仅已经是一种客观存在,而且已经演化为当今市场经济的最高表现形态和世界经济运行的主要特征一样,虚拟经济法的存在也是一种不争的事实。"①近年来随着虚拟经济的不断发展壮大,虚拟经济开始在世界范围内的经济法治建设中占有一席之地,且地位不断得到提升,对现代法学基本观念和法律制度的供给体系产生了深刻而又长远的影响,针对虚拟经济进行立法成为各个国家进行虚拟经济治理的一种常态。我国在虚拟经济领域的立法基本表现为就事论事的"树木立法"或个别立法,即针对虚拟经济的某一类型单独立法,如我国针对银行、证券、期货等进行了分别立法,这样的立法模式具有机动、灵活、多变的优势,但长远来看缺少前瞻性,即缺少对于虚拟经济立法统一的、共同的规律性总结。同时,就当前我国经济法的体系构成来看,大多都把虚拟经济的立法置于金融法的范畴之内。

二、虚拟经济传统立法模式的形成原因

虚拟经济立法模式和立法体系的形成,并非一蹴而就,其是在多重因素

---

① 胡光志:《虚拟经济及其法律制度研究》,北京大学出版社,2007,第207页。

的共同作用之下演变而成的。虚拟经济立法本身需要契合虚拟经济自身的特点和运行规律,因此,虚拟经济立法模式和立法系统的形成,其背后必然存在经济诱因。其次,"法律作为国家制定或认可的强制性规范,是国家意志的一种体现",而且"法律所体现的国家意志,是掌握国家政权的社会阶级的国家意志"。[①] 因而,虚拟经济立法模式和立法系统的形成,其背后必然存在政治根源。最后,虚拟经济法作为宏观法律规范的一个组成部分,对其进行的分析同样离不开法律层面的分析。换言之,虚拟经济传统立法模式、立法体系的形成,其背后存在法律基石。这些经济、政治、法律层面的因素既是虚拟经济立法模式和立法体系形成的原因,同样也是我们认识虚拟经济立法模式和立法体系的钥匙。通过对这些根源的探讨,我们可以对虚拟经济立法模式和立法体系形成更深刻的认知。

(一)经济原因

从本质上看,虚拟经济立法实质上是一个国家对虚拟经济的监管在法律层面的反映,各个国家通过立法确定了本国的虚拟经济监管模式。虚拟经济监管模式是指一国或者地区对其虚拟经济监管客体、监管主体的制度及体制安排。虚拟经济立法模式的演进本质上反映了监管理念的演进。从美国、英国、日本等发达资本主义国家的虚拟经济立法实践来看,以小见大地,世界范围内虚拟经济立法模式的每一次演进,基本上都与虚拟经济运行和监管理念相关。20 世纪 30 年代以前,经济自由主义盛行,在亚当·斯密宣扬的"一只看不见的手"的指导下,市场的自我调节作用被充分发挥,政府对经济的干预被降至最低,很少涉及对虚拟经济机构经营行为的监管,以致后来虚拟经济的过度膨胀最终演化为"大萧条"。20 世纪 30 到 70 年代,"大萧条"的出现宣告了经济自由主义的破产,这一时期凯恩斯主义兴起,虚拟经济立法理念顺应了这一变化,美国等经济发达国家开始对虚拟经济进行

---

① 付子堂:《法理学初阶(第四版)》,法律出版社,2013,第 96-97 页。

国家干预,执行严格的分业经营、分业监管制度。自此,虚拟经济立法进入"强监管"模式,并建立起分业化的虚拟经济立法体系。20 世纪 70 到 90 年代,经济界新自由主义理论开始复兴,虚拟经济监管随之放松,混业经营、金融创新持续深化。在此背景下,虚拟经济立法迈向"弱监管""创新激励"模式,并且立法体系开始向混业式发展。"20 世纪 90 年代至今,一系列区域金融危机相继爆发,尤其是美国次贷危机引发国际金融市场动荡,使得政策制定者反思'市场化监管'的弊端,逐渐更加关注虚拟经济系统性风险防范,更加注重虚拟经济安全和市场效率之间的平衡。"①在此背景下,对虚拟经济的宏观审慎监管突出地表现了出来。

　　从另一个经济角度看,一个国家或地区生产的产品和劳务总量,即用货币形式表示的国民生产总值,总是不断增加的。有许多不同的策略可以实现国家经济的持续性增长。研究经济增长的经济学家们发现:"无论是穷国还是富国,经济增长的发动机必定安装在人力资源、自然资源、资本和技术进步这四个相同的轮子上。"②人力资源,即劳动投入,包括劳动力数量和劳动者的技能。很多经济学家认为,劳动力的质量,如劳动者的技术、知识和纪律性是影响经济增长最重要的因素。自然资源是经济发展的重要因素,但自然资源的拥有量并不是经济发展成功的必要条件。资本包括有形资本和无形资本。经济学史中的典型故事常常涉及资本积累。虚拟经济的产生和发展,正是高效率和大规模资本积累的典型形式。技术进步促进生产潜力的巨大增加。技术进步和变革一直被视为科学家和发明家赐予的神秘的东西,不断地改变经济增长的方式和商业模式。在推动经济增长的四大要素中,资本和技术进步是与虚拟经济发展联系最为密切的两个因素。一方

① 王松:《金融监管模式的演进及对我国监管体制改革的启示》,《中国市场》2017 年第 2 期,第 61-63 页。

② 保罗·萨缪尔森,威廉·诺德豪斯:《经济学(第 19 版)》,萧琛主译,商务印书馆,2013,第 456-459 页。

面,虚拟经济本身就是在资本积累形式和目标基础上产生且发展出来的经济形态,自然适用于加大资本投入、促进经济增长的分析模式;另一方面,不断变革的技术对利润率和实际利率的影响,反映出技术变革促进经济增长的中心作用。然而,人力资源、自然资源、资本和技术进步要素并不是时常处于合理配置之下,要素之间的配置也存在"此消彼长"。现代经济发展的虚拟化现象,实质上正是一种市场经济发展对各种要素的错配或者调整,使得资本要素在经济发展中的权重变大,成为推动经济增长的重要力量。虚拟经济立法就需要促进这些要素的合理配置,需要合理界分权义责的边界。与实体经济相比,虚拟经济发展对资本和技术无疑存在更大的依赖性,但这必须在不破坏各要素综合平衡的格局之上进行。

总而言之,虚拟经济传统立法模式和立法体系的形成,背后存在一定的经济原因。一方面,经济自由主义和国家干预主义理念下虚拟经济发展呈现出波动性,进而导致虚拟经济传统立法的波动性。另一方面,虚拟经济发展对资本、技术和其他经济增长要素的平衡格局带来冲击,虚拟经济立法之所以时严时宽,其实是立法在资本、技术和其他经济增长要素之间进行动态调整的结果。

(二)政治原因

可以说,任何时代的经济发展都无法脱离政治干系,虚拟经济发展亦不例外。在虚拟经济发展过程中,政府通过监管手段,使整个国家的金融在有序竞争前提下,保证虚拟经济市场的长期稳定和经济体系的有序发展。[①] 无论是分业监管,还是统一监管,执行虚拟经济监管的主体都是国家,由国家经济监管机构的最高层制定标准和统一部署,对全国虚拟经济运行进行管理监督。[②] 政府通过政治监管的方式保障虚拟经济正常运转的需要,决定了

---

① 李成:《金融监管学(第二版)》,高等教育出版社,2016,第238页。
② 李成:《金融监管学(第二版)》,高等教育出版社,2016,第238页。

体现主权者意志的法律必须保持对虚拟经济发展的回应性。然而,政府并非万能,政府监管同样也会存在监管失灵、监管失败的情况。因此,防范政府对虚拟经济监管的越界,呼吁虚拟经济立法不断优化。下文将从这两个维度入手,对虚拟经济传统立法的政治原因进行分析。

(1)国家基于社会利益对虚拟经济进行政治监管。政府之所以利用行政权干预虚拟经济运行,是因为政府必须为社会整体利益考虑。换言之,社会利益为政府对虚拟经济进行政治监管提供了正当性基础。事实上,作为客观事物(客体)对主体需求的满足,逐利性是每个人与生俱来的属性。"天下熙熙,皆为利来;天下攘攘,皆为利往",便是对人性和利益关系的形象描摹。可以肯定的是,人们的这种逐利性行为聚合了社会,推动了各种社会力量的不断分化与重新聚合,优化了经济社会结构。社会力量的分化与聚合赋予了人类社会奔腾不息的生机与活力,汇聚成了人类改造自然与社会本身的力量,推动着社会历史的变革。[①] 在社会力量的凝聚过程中,利益机制就像各种力量庞大的磁场,会根据主体不同的利益追求、不同的利益获得能力和方式,将分散的社会资源、社会力量进行吸引与整合。而在各种不同社会力量各自逐利过程中,相互制约、合作等机制便得以产生和巩固,经过长期的发展最终形成一种相对稳定和可预期的社会利益结构和利益群体。虚拟经济是人类经济社会发展到一定阶段的必然产物,其利益冲突也并不鲜见,并呈现出时代性特征。信息化技术的高度发达,使虚拟经济风险扩散和共振加剧,影响和破坏的速度更快,传播的范围更广。虚拟经济的高收益和高风险性在互联网信息技术时代均被放大。社会公众参与互联网虚拟经济活动的便捷性也被大大提高。可以说,现代社会满足了人们参与虚拟经济交易活动的全部条件,越来越多的家庭和个人拥有了一定数量的可投资货币。因此,虚拟经济领域的自由竞争秩序对社会公众的经济生活影响巨大。

---

① 胡平仁:《法社会学的法观念》,《社会科学战线》2007 年第 3 期,第 236-243 页。

社会利益的后果具有公共物品的性质。当"一种物品具有公共物品的特征，即决策者不能获得全部收益或承担全部成本，市场便会因效率原因而失灵"①。在现代社会，处理个人利益和社会利益的关系，必须从社会利益出发。一般认为，社会利益的主体是"社会"或"社会公众"。这是经济法的社会本位和国家调制的经济观念基础。虚拟经济过度发展造成的虚拟经济危机乃至经济危机，是人类社会的灾难。虚拟经济有限发展立法能够保障自由竞争的秩序，最大化地防范和减缓虚拟经济过度发展可能带来的损害。放松金融监管和虚拟经济过度发展是1929年和2008年经济危机的共同特点之一。"大萧条"前的虚拟经济膨胀主要表现在股市，2008年经济危机则主要归结于与房地产泡沫相关的证券和金融衍生工具。与1929年"大萧条"相比，由于人们对经济规律认识的深化，各国政府干预意愿和能力的提高，以及相应的金融安全网和社会保障制度的建立等，2008年全球经济危机的影响和深化程度明显低于大萧条时期。这客观地证明："宏观经济管理制度的建立和完善，为经济和社会发展建立了稳定器和刹车系统。"②面对这些问题政府需要通过行政手段、经济手段和法律手段，来实现其干预目标。

由此可见，在虚拟经济运行发展中，国家必须着眼全局，基于社会整体利益考虑，对虚拟经济施以政治监管。虚拟经济立法有利于维护和发展具有可持续性的和谐稳定的社会关系。危机爆发前经济空前繁荣，危机发源地政府采取放任自流的经济政策，收入分配差距过大，大众投机心理极端、相信一夜暴富的神话等，是1929年大萧条和2008年全球经济危机的又一共同特点。③ 然而，在历史社会的发展过程中，个人利益和社会利益一直处于一种博弈的关系之下。作为国家干预虚拟经济运行的法律依据，虚拟经济立法自然也会受这种博弈关系的影响。而虚拟经济立法出现点式星状格

---

① 李昌麒、陈治：《经济法的社会利益考辩》，《现代法学》2005年第5期，第16-26页。
② 刘鹤：《两次全球大危机的比较研究》，中国经济出版社，2013，第6页。
③ 刘鹤：《两次全球大危机的比较研究》，中国经济出版社，2013，第7-10页。

局,实质上就是国家监管对个人利益和社会利益博弈关系的调和,也是虚拟经济立法对这种博弈关系的回应。

（2）政府干预失灵。虚拟经济失灵引发的风险、危机以及社会利益失调,为政府监管权的介入提供了正当性基础。也正是在政府监管权的有形干预之下,虚拟经济才能在正常的秩序之下实现持续健康发展。然而,在政府对虚拟经济进行干预的过程中也会出现干预失灵。所谓政府干预失灵,是指政府的行政活动或者对宏观经济的干预措施缺乏效率,或者说,政府在虚拟经济干预过程中做出了降低虚拟经济效率的决策或不能实施改善虚拟经济效率的政策。[1] 政府失灵主要表现在以下方面:政府运行效率低下、政府过度干预、公共产品供给不足、政府不受产权约束、预算分配偏离社会需求、权力寻租等。[2] 政府失灵的存在为政府干预的有效性带来了挑战,使人们对政府干预的边界产生忌惮。政府与市场是虚拟经济发展的两大驱动因素,市场失灵催生政府干预,而政府干预失灵却不能由市场来治疗,而必须借助法律工具,通过法律对政府干预的边界、目标、范围、权义责等进行明确规定。由此,虚拟经济立法必然存在第二重任务,即为政府干预虚拟经济运行提供制度边界,将政府的干预权纳入制度的约束范围。由于政府与市场也时常处于博弈之中,因此,虚拟经济立法会在政府与市场的张力中存在变动,进而在不同时期出现不同表征,这实质上也反映出虚拟经济立法对政府权力约束的价值衡量问题。在虚拟经济市场杠杆过度放大的情况下,虚拟经济立法会相应地增强政府干预虚拟经济的权力;在虚拟经济市场发展处于低潮时期,虚拟经济立法会相应地限缩政府的干预权,为虚拟经济的发展,提供比较宽松的制度环境。

总而言之,从政治的角度去考察,国家对虚拟经济的干预是伴随着国家

---

[1] 郑万军:《公共经济学》,北京大学出版社,2015,第 39 页。

[2] 李昌麒:《经济法学（第三版）》,法律出版社,2007,第 36 页。

的存在而存在的,只是在社会发展的不同时期,国家干预虚拟经济的目标、方式以及手段等不同而已。① 国家基于社会利益监管虚拟经济,虚拟经济立法出现点式星状格局。虚拟经济立法在政府与市场的张力中也会存在变动,表现为放松监管促进市场发展或增强监管防范风险。

(三) 法律原因

法是社会利益的调节器。从法的功能视角考量,法的一个重要功能便是对利益的调整。法律借助强大的国家机器,认可或者推行一定的价值标准和利益规则,使得法律所确认的这种价值和利益规则成为社会一定时期内的主流价值选择。法律凭借其强制、指引、评价、预测和教育等功能,向世人宣示什么行为是可以的,什么行为是禁止的,以及告诉人们应该怎么做才能实现法所追求的价值,以便规范人们的社会行为、安排特定的社会关系。作为利益整合的工具,法负载着根植于一定利益格局的价值偏好与选择,并将其外化为一定的权利、权力、义务和责任模式,进而能动地实现利益冲突的偏向性保护及利益结构的协调平衡。庞德认为,近代世界"法律成了社会控制的主要手段"②,是平衡经济社会利益和个人利益的社会控制工程。庞德此言意在强调法律对于社会经济的形塑功能。

从部门法的角度来看,虚拟经济发展的复杂性和风险的多重性,以及传统民法、行政法在调整虚拟经济关系上的局限性决定了虚拟经济立法的兴起和形成。③ 基于调整范围的不同,法律可以划分为若干部门。首先,民法调整平等主体之间的民事权益关系,其逻辑基础是个人利益的神圣性。个人利益与社会利益的协调是现代社会需要处理的重要问题。个人利益和社会利益的矛盾统一是经济法的目标定位。④ 资本主义自由竞争时期,个人利

---

① 李昌麒:《经济法学(第三版)》,法律出版社,2007,第29页。
② 罗斯科·庞德:《通过法律的社会控制》,沈宗灵译,商务印书馆,2011,第9页。
③ 李昌麒:《经济法学(第三版)》,法律出版社,2007,第32页。
④ 《经济法学》编写组:《经济法学(第二版)》,高等教育出版社,2018,第51-52页。

益是社会利益的基础,个人利益的最大化能够促进社会利益的最大化。这是民法的个人本位和意思自治的经济观念基础。但是虚拟经济的发展立足于意思自治,却不完全遵循契约自由。因为虚拟经济契约可以像资产一样在市场上进行交易,其风险将超越交易各方而形成系统性风险。这意味着传统民法的规制方法难以应对虚拟经济运行中的制度需求。行政法是调整行政主体与行政相对人之间的行政法律关系的制度规范。在政府和虚拟经济主体都作为虚拟经济活动的参与者时,行政法和民法在调整经济关系上的局限性决定了其难以从社会整体利益的角度出发实现虚拟经济主体的权利义务的均衡。[①] 社会整体利益是为了满足社会全体成员之需要,建立在个人利益基础之上的关系是社会成员整体福利的一种利益表现形式。经济法的诞生正是克服了民法和行政法的“私”与“公”的两极化,基于社会整体利益,凭借宏观调控和市场秩序规制,对市场经济运行进行法律规制。然而,经济法调整对象相当广泛,既有实体经济的内容,也有虚拟经济的内容。传统经济法将实体经济与虚拟经济进行统一的、融合的规制,这的确是一种符合成本与收益考量的法律规制方法,且有利于实现虚拟经济和实体经济的有机联动。但是与实体经济相比,虚拟经济中的价值规律被异化,虚拟经济扭曲了市场经济中的需求定律,放大了市场经济的非自洽性,存在“脱实向虚”的发展风险。这意味着,需要对经济法进行再一次优化,针对虚拟经济运行规律及其双刃剑性质,进行虚拟经济立法,建立虚拟经济法律体系。由此可见,虚拟经济立法旨在克服行政法与民法的固有缺陷,并在优化传统经济法规制模式的基础上不断勃兴。

　　虚拟经济立法在激励虚拟经济发展、防控虚拟经济系统性风险和规范政府的虚拟经济干预权之间进行综合协调,也将社会整体利益的调整放在一个较高位置。在虚拟经济法视域下,社会利益具体表现在三个方面:一是

---

① 李昌麒:《经济法学(第三版)》,法律出版社,2007,第 32 页。

自由竞争秩序;二是对特殊群体,尤其是社会弱势群体的利益的保护;三是维护和发展具有可持续性的和谐稳定的社会关系。① 自由竞争是经济秩序的基础,但维持自由竞争的条件或生产剩余价值的社会基础本身的再生产却不可能用资本手段来实现。只有当国家具有补充市场机制的功能时,才有可能通过私人对社会生产剩余价值的占有造成非政治统治②,自由竞争秩序也才有可能形成和维持。复杂化与高风险性是现代社会的两个突出特征。新技术的开发和应用带来的生产、消费和生活方式的变化,有助于进一步激发市场主体在各方面的供给与需求,进而使市场及其主体发现并追求更高的效率价值,而这些都需要政府的作用,需要政府提供诸如规划、信息、认证和救济等市场主体不能或不愿意提供的公共物品。"风险社会的出现和强化也引发了社会对政府介入风险控制、风险治理的强烈需求。"③总而言之,虚拟经济传统立法旨在对虚拟经济运行安全进行法律塑造。

三、虚拟经济传统立法模式的历史作用

法是社会利益关系的调整器。立法作为法产生的过程和结果,必然会触及一定社会主体的某些既得利益或预期利益。虚拟经济立法正是通过对利益的重构、调配,来实现其价值目标。从宏观、中观与微观层面考察,虚拟经济传统立法模式与体系的历史作用主要表现在:服务实体经济并促进国家经济整体发展;构筑虚拟经济有限发展的法制之墙;保护金融消费者的合法权益。

(一)促进国家经济的整体发展

虚拟经济有限发展立法应当反映现实的虚拟经济关系,规范和引导虚

---

① 《经济法学》编写组:《经济法学(第二版)》,高等教育出版社,2018,第57-58页。
② 尤尔根·哈贝马斯:《合法化危机》,刘北成、曹卫东译,上海世纪出版集团,2009,第58页。
③ 冯辉:《紧张与调和:作为经济法基本原则的社会利益最大化和实质公平:基于相关法律文本和问题的分析》,《政治与法律》2016年第12期,第22-32页。

拟经济可持续健康发展,服务实体经济并促进国家经济整体发展。正如马克思所言,"君主在任何时候都不得不服从经济条件,并且从来不能向经济条件发号施令。无论是政治的立法或市民的立法,都只是表明和记载经济关系的要求而已"。虚拟经济立法必须反映一定时期具体的虚拟经济关系,遵循特定国家立法的历史和传统。立法模式选择也受一国法律基础现实与文化的影响。比如遗嘱信托立法主要有信托法模式、继承法模式、债法模式、继承法与信托法交叉模式及单独立法模式等五种。"基于我国法律基础现实与文化需求,我国遗嘱信托采用继承法与信托法交叉的立法模式相对而言较为可行。"①

在人类漫长的历史进程中,实体经济的直观性、直接性、基础性等已经完整地形塑了实体经济立法的基本价值、基本原则和基本制度等。人类智慧创设的虚拟经济,从实体经济的逐步虚拟化开始,逐渐而缓慢地形成虚拟经济现象,再到虚拟经济系统。伴随虚拟经济形成的缓慢渐进化过程,虚拟经济立法规制表现出明显的因应性和被动性。我们总是在经济虚拟化现象或虚拟经济新形式、新问题出现后,才以风险控制为出发点进行被动的制度应对。虚拟经济立法的被动性和因应性特征,使虚拟经济有限发展立法形成了独立且分散的模式。

我国虚拟经济有限发展立法需符合我国《宪法》和《立法法》的规定。《立法法》规定的立法体制决定了我国虚拟经济立法权主体具有"一元两极多层次"的特点。一元是指虚拟经济的国家立法权主体是全国人民代表大会及其常务委员会;两级是指虚拟经济的立法权由中央和地方两个维度的主体享有;多层次是指国务院及其部委可以制定行政法规和部门规章;地方人民代表大会和政府可依法制定地方性法规和地方政府规章等。具体而

① 林少伟:《我国遗嘱信托立法模式的路径选择》,《河南财经政法大学学报》2017 年第 5 期,第 92-101 页。

言,国家最高权力机关可以制定虚拟经济运行的基本法律制度;国务院及其部委可以制定虚拟经济行政法规和部门规章;地方权力机关可以以虚拟经济运行的基本法律制度为依据,制定和创新能够促进虚拟经济发展的地方性法规,包括地方的实施性和创制性虚拟经济法规。① 我国不同立法主体依法行使虚拟经济有限发展的立法权,最终形成了效力层级、适用范围、具体内容等各不相同的虚拟经济法律规范群,为我国虚拟经济有限发展分别立法模式提供了可能。此外,我国虚拟经济"分业经营、分业监管"的模式由来已久,形成了虚拟经济按业别进行分别立法的模式,且成立了不同的虚拟经济监管机构。虽然在该模式下,我国虚拟经济监管存在一些问题,但虚拟经济分别立法模式总体上符合我国的立法体制和虚拟经济立法的历史和现实。

我国虚拟经济法制从无到有,从简单到复杂,从粗略到精细,已经形成了数量庞大的银行、证券、期货、保险和信托等不同业别以及数量众多的虚拟经济法律法规群。我国虚拟经济有限发展立法模式的改善不可能完全替代目前的分别立法模式,因为难以解决巨大的立法技术和成本问题。现行虚拟经济法律法规的废止、修改与整合耗时费力,会遭遇立法政策和技术上的多重难题。2019 年,仅中国证券监督管理委员会(以下简称"证监会")拟制定、修改的部门规章类立法项目合计就多达 28 项,其中列入"力争年内出台的重点项目"13 项,列入"需要抓紧研究、择机出台的项目"15 项。② 除部门规章外,2019 年证监会还配合全国人大有关部门做好《证券法》修改、《期货法》制定、《刑法》修改和《公司法》修改等工作;配合国务院有关部门做好《私募投资基金管理暂行条例》和《上市公司监督管理条例》制定等工作;配

---

① 胡光志、雷云:《法律制度供给与地方虚拟经济立法问题》,《重庆社会科学》2008 年第 9 期,第 55-60 页。

② 《证监会印发 2019 年度立法工作计划》,http://www.csrc.gov.cn/pub/newsite/zjhxwfb/xwdd/201903/t20190315_352229.html,访问日期:2019 年 3 月 20 日。

合有关司法机关做好相关证券期货领域司法解释立法工作;结合科创板试点注册制和《证券法》修订,积极开展对现有规章、规范性文件等制度规则的梳理和完善工作。虚拟经济部门立法的工作尚且如此繁杂,更遑论一国虚拟经济法律规范的完全否定和重建。同时,政策和法律的制定和修改需要耗费巨大的社会成本与经济成本。妄图简单地通过虚拟经济统一立法模式完全替代分别立法模式,或寄希望于虚拟经济统一立法模式解决分别立法模式的全部局限和难题,无异于痴人说梦,难以转化成虚拟经济立法实际。

(二)构筑虚拟经济有限发展的法制之墙

无论法律通过保护产权促进经济增长,还是法律作为一种制度结构直接影响主体间的行为及其策略性反应,法律制度与经济发展之间总是进行着互动。[1] 完善的虚拟经济法律体系能够为虚拟经济的安全运行提供强大的制度助力,促进和优化虚拟经济的整体功能。不同虚拟经济部门的分别立法无法完全保障虚拟经济整体运行赋予的使命。我国虚拟经济法制变革有三个使命:一是平衡虚拟经济安全与效率;二是调节社会财富分配;三是优化资源配置。[2] 虚拟经济有限发展立法不仅需要考虑虚拟经济的经济功能,而且需要考虑虚拟经济的社会功能,突出和强调虚拟经济与实体经济的关系以及虚拟经济发展的最佳路径。

虚拟经济法具有保障虚拟经济有限发展,防范虚拟经济风险的基本功能。虚拟经济形态是社会经济发展的必然产物,是一种更有效率的经济形式。市场经济活动中,交易关系与竞争关系具有不可分性,所有破坏竞争关系的行为都是为了获得交易机会。[3] 同样,所有的交易关系都伴随着竞争。虚拟经济主体为获得竞争优势或交易机会,必然以逐利性为基本追求。虚

---

① 柯提斯·J.米尔霍普、卡塔琳娜·皮斯托:《法律与资本主义:全球公司危机揭示的法律制度与经济发展的关系》,罗培新译,北京大学出版社,2010,第17-52页。

② 冯果:《金融法制的"三足定理"及中国金融法制的变革》,《法学》2011年第9期,第93-101页。

③ 侯利阳:《市场与政府关系的法学解构》,《中国法学》2019年第1期,第186-203页。

拟经济主体的逐利性行为既是促进虚拟经济发展的动力,又可能带来虚拟经济和社会整体经济风险。虚拟经济发展影响实体经济的方式及程度与虚拟经济自身的发展水平和状态密切相关。虚拟经济的不断发展导致其对实体经济产业结构的影响越来越强;而对实体经济增长的促进作用越来越小。虚拟经济发展超过一定水平后,甚至会抑制实体经济的增长,导致产业结构的深度调整,使产业结构空心化和服务化。[1] 虚拟经济过度增长易导致产业空洞化,造成金融危机,导致财政风险,甚至酿成政治动荡。[2] 虚拟经济与实体经济的分离会对实体经济造成巨大的破坏。[3] 因此,虚拟经济过度发展会导致泡沫经济的产生,不利于实体经济的发展,虚拟经济的发展要适度。[4]

为虚拟经济有限发展提供制度保障是虚拟经济法的基本使命。虚拟经济法具有保护虚拟经济关系主体权益的功能。法律是市场交易的准则,是投资安全的保障,是政府行为的尺度。虚拟经济立法必然要处理不同主体之间的利益关系,虚拟经济法律原则和具体制度的设计和安排必然深受虚拟经济主体利益关系的影响。我国虚拟经济活动主体宽泛。产业形态和制造业竞争范式的深刻变化导致经济活动主体和社会分工方式向网络化、扁平化、平台化、小微化转型,企业组织边界日益模糊。[5] 立法呈现出自市场主体规范向市场主体行为规范转变的趋势。市场规制法多将参与具体经济活

① 胡晓:《虚拟经济发展对实体经济的影响:增长抑或结构调整》,《财经科学》2015 年第 2 期,第 52-62 页。
② 张作荣:《基于国家倒金字塔结构扭曲下的虚拟经济过度增长及其后果》,《改革》2001 年第 2 期,第5-10 页。
③ 徐璋勇:《金融与实体经济"分离假说"及其政策意义》,《河南金融管理干部学院学报》2006 年第 4期,第 28-31 页。
④ 赖文燕:《虚拟经济与实体经济发展中存在的问题及对策》,《金融与经济》2009 年第 2 期,第 39-42页。
⑤ 王一鸣:《提升财政资金支持的技术成果转化率:关于科技创新培育产业竞争新优势的思考》,《北京日报》2019 年 4 月 8 日第 14 版。

动作为认定市场主体的基本条件。① 人民币国际化、自由贸易试验区和"一带一路"等国家战略的稳步发展,推动我国政府在虚拟经济领域的改革和市场开放步伐进一步加快。虚拟经济领域虽仍具有专业市场主体国家干预的市场准入前提,但市场主体类型不断增加,范围不断拓宽。② 在一般市场主体参与虚拟经济活动的可能性和能力呈现出不断扩大的趋势下,为保障有效和有序的虚拟经济市场,虚拟经济立法必须发挥好保护虚拟经济主体权益的功能。

首先,虚拟经济有限发展立法应建立利益受损者的权益保护机制。我国虚拟经济市场中编造财务数据、虚假陈述、内幕交易、操纵市场和欺诈客户等违法行为时有发生。这不仅严重影响虚拟经济活动的交易秩序,而且损害虚拟经济活动参与主体的权益。虚拟经济活动中违法者与守法者利益冲突现象明显:一是违法者众则市场效率低;二是违法者猖则监管者辱;三是违法者富则守法者穷。③ 我国以国家主义为中心,采取以行政控制为主导的虚拟经济制度强制性供给模式,导致我国虚拟经济活动中违法主体主要承担行政责任,而一般市场主体的民事损害很难弥补。虚拟经济以信用为基础,市场主体的信心对市场健康发展至关重要。甚至可以说,市场主体的信心是虚拟经济活动存续和发展的前提。建立虚拟经济活动中利益受损者权益保护机制,是虚拟经济市场发展和繁荣的前提。2010 年美国依据《多德-弗兰克法案》(全称《多德-弗兰克华尔街改革和消费者保护法》)创立旨在保护消费者利益的联邦机构——消费者金融保护局。2011 年以来,消费

---

① 2017 年修订的《中华人民共和国反不正当竞争法》第二条第三款将经营者的法律定义修改为:本法所称的经营者,是指从事商品生产、经营或者提供服务(以下所称商品包括服务)的自然人、法人和非法人组织。

② 2018 年 2 月 24 日,中国银行业监督管理委员会修改《中国银监会外资银行行政许可事项实施办法》,包括增加外资法人银行投资设立、入股境内银行业金融机构的许可条件、取消多项业务审批、统一中外资银行市场准入标准等。

③ 胡光志:《虚拟经济背景下构建和谐社会的法律制度变革》,《法学家》2006 年第 4 期,第 94-100 页。

者金融保护局已向 2700 万在虚拟经济活动中受损的消费者退还了 120 亿美元。由于银行误导客户购买不需要的身份盗窃保护,消费者金融保护局迫使花旗银行提供 7 亿美元的赔偿。富国银行员工为达到销售目标,在客户不知情的情况下为数百万客户秘密开设了未经授权的存款和信用卡账户,并转移了资金。消费者金融保护局要求富国银行向受害者支付全额赔偿金,并对其罚款 1 亿美元,还要求它向其他监管机构支付 8500 万美元。[①]

其次,虚拟经济有限发展立法应确立不同身份和不同规模的市场主体享有平等权利。虚拟经济除具有实体经济的一般特性外,更易受信用和投资者信心的影响。培养理性投资者并坚固其信心最有效的方法即是保障其交易和维护其利益。虚拟经济市场主体权益保护的利益冲突还表现在大型投资者与中小投资者之间、专业市场主体与普通社会公众之间、国内投资者与国外投资者之间,以及虚拟经济市场整体利益与个体利益之间等。虚拟经济立法应考虑不同身份和不同规模的市场主体的特点,保障其平等权利。

再次,虚拟经济有限发展立法应考虑虚拟经济活动的国际化趋势。我国社会经济改革开放不断深化,虚拟经济市场中国内投资者与国外投资者之间也存在利益冲突。虚拟经济立法应对虚拟经济活动的国际化趋势进行预测和规范。一方面,我国虚拟经济市场整体上还缺乏国际竞争力,难以抵御国际资本的资源掠夺与风险攻击;另一方面,开放虚拟经济市场已经成为我国高层次对外开放的重要内容。由于我国虚拟经济市场主体参与国际虚拟经济活动的深度和广度不断拓展,我国虚拟经济立法既应考虑国内经济安全的内生性因素,也应考虑国际虚拟经济活动导致的外生性因素,平等保障国内投资者和国外投资者的权利。

最后,虚拟经济有限发展立法应加强对虚拟经济领域违法犯罪行为的规制。国家对实体经济虚拟化现象和虚拟经济领域的违法犯罪行为的规制

---

① Kimberly Amadeo:"Ways the CFPB Protects You and You Don't Even Know It",https://www.thebalance. com/kimberly-amadeo-3305455, accessed on February 10, 2019.

由来已久。虚拟经济的专业性、高风险性、风险传染性及其对市场信心和经济整体的巨大影响,加剧了虚拟经济领域违法犯罪行为的破坏性后果。除虚拟经济领域的民事责任和行政责任外,通过追究虚拟经济领域犯罪行为的刑事责任也是虚拟经济立法规制的重要内容。在我国发展虚拟经济的过程中,虚拟经济的高风险性特点应被充分考虑,以通过虚拟经济刑事责任立法保障虚拟经济的安全运行和发展。

（三）保护金融消费者的合法权益

金融消费者相对独立于一般消费者的嬗变过程,是互联网信息技术时代金融不断深化的必然结果,是回应金融活动深化背景下一般消费者在金融领域寻求特别保护需求的时代产物。传统金融的不断创新和互联网信息技术的广泛运用不仅推动了虚拟经济总量的急速增加,而且促进了虚拟经济表现形式的深刻变化,加重了交易相对人之间的不平衡,最终改变了虚拟经济市场主体的权义结构。作为虚拟经济交易主体的"金融消费者"的权利保护已经成为虚拟经济创新和监管目标改革的焦点,成为虚拟经济立法的重要方面。2008 年金融危机后,金融监管机构的结构性变革为全球金融机构带来前所未有的无数的法律、规则、准则和条例,[1]金融消费者保护立法就是其中的重要内容之一。

虚拟经济有限发展立法的宗旨之一即构建有序的虚拟经济市场与实现虚拟经济监管终极目标,而是否为虚拟经济市场交易弱势主体,尤其是金融消费者提供充分的权益保护关涉虚拟经济市场是否有序和虚拟经济监管终极目标是否能够实现。因此,以虚拟经济市场中金融消费者权益保护立法为例展开对虚拟经济有限发展立法宗旨的讨论具有典型性。尤其是在互联

---

[1] Daniel Lamb:"A Specter is Haunting the Financial Industry-The Specter of the Global Financial Crisis: A Comment on the Imminent Expansion of Consumer Financial Protection in the United States, United Kingdom, and the European Union", *Journal of the National Association of Administrative Law Judiciary* 31, Issue 1,（2011）:214.

网金融时代,金融消费者需要保护的利益与传统金融监管所保护的利益之间的错位,导致金融消费者权益保护不充分的问题更加突出,直接影响虚拟经济发展的根基。研究表明,我国金融消费者保护水平整体较低,金融消费者保护程度的提高会显著促进家庭股票的投资参与;具有低信任度和低不确定性厌恶特征的人群,受到金融消费者保护时对股票投资参与的促进作用更大。[1] 同时,互联网金融时代,金融消费者怠于行使权利,在很大程度上源于权利受损的出资人的自利性考量。因为标的数额相对较小,基于趋利避害的本性,金融消费者权益受到损害后,只会升华出以后不再从事同类投资的理性,而不见得会通过诉讼等方式去积极维护自身的权利,即金融消费者坚决维护权利的内发动力不足。[2] 为更好地保护金融消费者的权利,有学者提出了制定金融消费者权益保护法的建议;[3]有学者则试图在金融监管目标与金融消费者保护之间寻求一致性。[4] 无论是针对虚拟经济的长期可持续性发展,还是积极维护虚拟经济的市场竞争和交易秩序,都需要加强金融消费者保护的立法,整合现有制度,增强虚拟经济立法的系统性和协调性。虚拟经济有限发展立法要更好地保护金融消费者的权利,首先就需要厘清保护主体的概念。对主体的清晰界定是进行法律保护的基本前提。

金融消费者保护问题既是现行法律制度对金融消费者保护不足的产物,也是虚拟经济深化发展的必然结果。金融消费者保护问题的根本仍然是金融产品和金融服务交易关系中交易双方实质的不平等。金融消费者保护的主要理路通过设定金融机构的法律义务来实现。《中华人民共和国消费者权益保护法》(以下简称《消费者权益保护法》)第二条规定,消费者权

---

① 江婕、高尚、王正位:《金融消费者保护对家庭股票投资参与的影响研究》,《新金融》2020 年第 5 期,第 55-59 页。

② 李莉:《论金融消费者权益保护视角下股权众筹的监管》,《北京社会科学》2019 年第 9 期,第 107-115 页。

③ 鲁钊阳:《论 P2P 网络借贷中金融消费者权益保护法律制度的完善》,《金融理论与实践》2019 年第 2 期,第 55-60 页。

④ 袁远:《监管视角下互联网金融消费者保护研究》,《经济纵横》2019 年第 6 期,第 122-128 页。

益受本法保护,本法未作规定的,受其他有关法律、法规保护。该法第二十
八条①仅是关于金融服务经营者信息提供义务的规定,是从普遍性出发进行
的制度构造,无法就金融机构和该领域消费者的具体交易行为作出详细的
规定,更难对金融机构的业务行为作特别规定。结合《消费者权益保护法》
第二条、第二十八条的规定,金融消费者首先是消费者,但其也具有一定的
特殊性。《消费者权益保护法》规定的权利和义务,是消费者和经营者的基
本权利和义务。金融消费者保护的问题,若《消费者权益保护法》未作规定,
则适用其他有关法律法规的规定。由此,我国形成了金融消费者保护既受
《消费者权益保护法》的规范,又受金融消费者特别法规范的立法模式。

我国金融消费者保护的专门立法经历了一个从无到有、从模糊到相对
清晰的过程。2006 年 12 月,中国银行业监督管理委员会发布的《商业银行
金融创新指引》首次使用"金融消费者"概念。然而,该指引并未明确界定金
融消费者的具体含义,也未对"客户""金融消费者"与"投资者"等概念进行
区分。② "金融消费者"概念的提出虽难以在短时间内对"金融消费者"的法
律界定提供完整的框架性和实质性指导,但它让金融消费者立法进入了立
法者和公众的视线,反映出金融消费者保护的重要性。2013 年,《中国人民
银行金融消费者权益保护工作管理办法(试行)》首次明确地对"金融消费
者"概念进行立法界定,这是我国最早的专门保护金融消费者权益的部门规
范性文件。2020 年,《中国人民银行金融消费者权益保护实施办法》规定:

---

① 参见《中华人民共和国消费者权益保护法》第二十八条,采用网络、电视、电话、邮购等方式提供商品
　 或者服务的经营者,以及提供证券、保险、银行等金融服务的经营者,应当向消费者提供经营地址、联
　 系方式、商品或者服务的数量和质量、价款或者费用、履行期限和方式、安全注意事项和风险警示、售
　 后服务、民事责任等信息。
② 参见 2006 年中国银行业监督管理委员会发布的《商业银行金融创新指引》第四条:"金融创新是商
　 业银行以客户为中心,以市场为导向,不断提高自主创新能力和风险管理能力,有效提升核心竞争
　 力,更好地满足金融消费者和投资者日益增长的需求,实现可持续发展战略的重要组成部分。"第十
　 八条:"商业银行开展金融创新活动,应遵守职业道德标准和专业操守,完整履行尽职义务,充分维护
　 金融消费者和投资者利益。"

"金融消费者是指购买、使用银行、支付机构提供的金融产品或者服务的自然人。"这一规定明确了金融消费者是购买、使用金融产品和服务的自然人,同时明确了为金融消费者提供金融产品和服务的交易相对主体是银行和支付机构。我国"一行两会"也分别设立了各自的金融消费者权益保护部门。①

我国金融消费者立法对金融消费关系的界定经历了一个逐渐明确的过程。从 2006 年笼统提出"金融消费者"概念起,到 2020 年中国人民银行明确将金融消费关系中的金融消费者界定为"购买、使用金融产品和服务的自然人",并且将金融消费者的交易相对人界定为"银行和支付机构"的立法思路可见,我国金融消费者立法规范的变化主要表现为:一是明确了金融消费者概念的体系化归属,即金融消费者首先是消费者,依法享有一般消费者应当享有的基本权利,包括财产安全权、知情权、自主选择权、公平交易权、依法求偿权、受教育权、受尊重权,以及信息安全权等。金融消费者权益受《消费者权益保护法》的保护。二是明确了金融消费者作为消费者的特殊性。《消费者权益保护法》第二条规定:"消费者为生活需要购买、使用商品或者接受服务,其权益受本法保护,本法未作规定的,受其他有关法律、法规保护。"金融消费者的特殊性主要表现为,认定一般消费者角色时为"生活需要"消费的前提性有所弱化。金融消费者权益保护的规定针对的主体是"购买金融产品或接受金融服务的自然人",而购买金融产品或接受金融服务是否为"生活消费"目的,则在所不问。或者说,金融消费者购买或使用金融产品或金融服务时不再需要具有直接的为"生活消费"的目的。同时,金融消费关系中,金融消费者与交易相对人在信息和专业性方面差距悬殊,权利受

---

① 目前来看,中国证券监督管理委员会设立"投资者保护局",中国人民银行和中国银行保险监督管理委员会分别设立"金融消费者权益保护局"。投资者与金融消费者实质上存在内涵外延的较大差别,主体范围并不一致。2018 年,《中国人民银行 中国银行保险监督管理委员会 中国证券监督管理委员会 国家外汇管理局关于规范金融机构资产管理业务的指导意见》(银发〔2018〕106 号)专门规定了资产管理市场上"合格投资者"的界定,即风险识别能力、风险承受能力,以及家庭金融(净)资产规模和平均收入达到一定条件的自然人,亦是"合格投资者"。

损害的可能性和权利被救济的难度更大。因此,金融消费者权益保护立法的重要内容是规范金融消费交易中金融机构的行为规范,并突出金融消费者权益保护的特殊性。2020年中国人民银行发布的《中国人民银行金融消费者权益保护实施办法》就主要包括金融机构行为规范、消费者金融信息保护、金融消费争议解决,以及监督与管理机制等部分。三是明确了金融机构的具体内容。我国立法最初对金融机构的界定是笼统的、最宽泛意义上的金融机构,包括银行、证券和保险三大金融体系。2013年,《中国人民银行金融消费者权益保护工作管理办法(试行)》规定的金融机构主要是从事金融业务的银行业、证券期货业、保险公司及其他保险组织。2016年,《中国人民银行金融消费者权益保护实施办法》规定,“金融机构,是指在中华人民共和国境内依法设立的为金融消费者提供金融产品和服务的银行业金融机构,提供跨市场、跨行业交叉性金融产品和服务的其他金融机构以及非银行支付机构”。2020年《中国人民银行金融消费者权益保护实施办法》则通过对金融消费者的法律定义,将金融消费交易相对人确定为“银行和支付机构”,而“商业银行理财子公司、金融资产管理公司、信托公司、汽车金融公司、消费金融公司以及征信机构、个人本外币兑换特许业务经营机构参照适用本办法”。中国人民银行规范金融消费者权益保护的过程中,不断对金融机构的范围进行限缩,既是我国虚拟经济业务分类监管体制框架使然,也反映出金融消费者保护立法的不断进步。

第三章　虚拟经济现行立法模式的时代局限性

　　改革开放 40 余年来,我国虚拟经济立法经历了起步、快速发展、调整与平稳发展、高质量精细化发展四个阶段。[①] 国家通过虚拟经济立法,运用虚拟经济法律法规引导、促进、巩固和保障等方式为虚拟经济乃至整个经济发展提供支持。从宏观层面来看,由于受传统的一元经济体制观念的制约,受传统法律按行业、按事项立法习惯的束缚,我国虚拟经济立法逐渐形成了一种"点式星状"立法模式。法的宗旨通常是指某一领域或部门的法的目的或意图,即具体法的领域或部门通过立法宗旨设定,并通过法的基本原则和具体制度所要实现的目标。法的宗旨通常鲜明地表明某个领域或部门的法所要维护的具体利益。虚拟经济有限发展的立法宗旨即是通过虚拟经济立法实现虚拟经济有限发展所要维护的具体利益。作为规范一国整体经济构成部分的立法,虚拟经济有限发展的立法宗旨具体在于维护虚拟经济市场秩序、保障虚拟经济市场主体的权益、落实虚拟经济监管主体的职权。然而,虚拟经济立法的板块分割化与星状分布,存在诸多缺陷,不仅存在点线发展的不足、立法理念的缺憾,而且存在板块分割的内耗,这些问题的存在,直接对虚拟经济立法宗旨带来消解。事实上,这些问题充分证明,虚拟经济立法

[①] 　徐孟洲:《金融立法:保障金融服务实体经济——改革开放四十年中国金融立法的回顾与展望》,《地方立法研究》2018 年第 6 期,第 62-73 页。

从点、线、面到部门整合都是一种必然选择。

一、点线发展带来的不足

虚拟经济"点式星状"立法模式是在一定历史条件与现实条件共促下形成的,点线式立法凸显出一定的立法针对性,在分业监管立法时代曾发挥重要作用。具体来说,其积极意义集中体现在以下方面。首先,虚拟经济点线式立法可以通过规制货币流入体量、流入条件以及流入渠道等实现对流入虚拟经济的货币量的规制。其次,虚拟经济点线式立法可以通过监督金融创新,规制金融杠杆率规制虚拟经济运行中的风险,保障虚拟经济高质量发展。创新是金融较为典型的特征,是金融发展的不懈动力,金融创新的本质在于不断创造出可以使用金融杠杆的新技术和方法,以此创造出更多的金融资产。金融杠杆跨银行、跨金融机构、跨行业、跨期叠加和延长,风险被分散到虚拟经济的各个角落且不断积累。这可能就是从《巴塞尔协议》到各国央行,甚至银行自身一直严格限制使用金融杠杆的情况下仍难以避免金融危机的原因之一。[①] 金融创新拓展了虚拟经济风险的深度和广度,金融风险的控制同时超出了金融创新者和金融监管者的控制能力。2015 年,我国中央经济工作会议把"去杠杆"作为经济结构性改革的重点任务之一。党的十九大报告指出,必须把发展经济的着力点放在实体经济上。2020 年中央经济工作会议明确提出"防止资本无序扩张"。加强金融等领域重大风险防控,坚决守住不发生系统性风险底线仍是我国虚拟经济有限发展的基本要求。最后,虚拟经济点线式立法有助于调整和实现国际收支平衡。虚拟经济的介稳性特征决定一国虚拟经济安全所需的国际收支平衡不是一般的国际收支平衡,而是国家虚拟经济达到一定总量后,国际收支经常项目逆差能

---

① 刘骏民:《经济增长、货币中性与资源配置理论的困惑:虚拟经济研究的基础理论框架》,《政治经济学评论》2011 年第 4 期,第 43-63 页。

与资本项目顺差长期保持平衡。虚拟经济条件下的国际收支平衡，是一种特殊的国际收支平衡，并非任何一个国家都能满足该条件。当然，虚拟经济发展日益国际化的今天，国家仍然可以通过立法确定贸易制度、税收制度、外汇制度、虚拟资本投资制度等对国际收支经常项目和资本项目的状态施加重要影响，实现国家虚拟经济的国际化和健康发展。

然而，虚拟经济点线式立法存在诸多问题：一是前瞻性欠缺，虚拟经济立法无法对未来虚拟经济发展提供系统性预测，从而滞后于甚至阻碍虚拟经济发展；二是无法将整个实体经济立法作为镜鉴，导致实体经济立法与虚拟经济立法之间存在关联性问题，虚拟经济立法存在脱离实体经济运行规律的危险；三是齐头并进之间存在协调性难题，不同的虚拟经济部门法"各自为政"、缺乏关联性，从而产生法律空白或法律冲突。虚拟经济立法作为稳预期、利长远的重要法律供给，事关社会主义市场经济稳健运行，一旦虚拟经济发展偏离安全轨道，势必波及整个经济安全。因此，我们必须刀刃向内，把脉虚拟经济立法的症结，开拓创新，着力变革原有的点式星状。

（一）前瞻性欠缺

当下，互联网信息技术的飞速发展极大地改变了虚拟经济的交易形式、盈利模式、信息披露方式等，在促进虚拟经济创新发展的同时，也极大地累积着虚拟经济领域的风险，对社会整体经济安全带来威胁。而法律作为回应社会风险与危机的一把利剑，必然会随着社会转变而与时俱进。[1] 然而，法律又必须要保持相对稳定性，这要求立法具有一定程度的前瞻性与超前性。[2] 因此，虚拟经济立法必须保持前瞻性，虚拟经济立法至少要与虚拟经济的日新月异同频共振，才能保障虚拟经济的安全运行和不断创新。

---

[1] P.诺内特、P.塞尔兹尼克：《转变中的法律与社会：迈向回应型法》，张志铭译，中国政法大学出版社，2004，第10页。

[2] 李昌庚：《中国社会转型的路径依赖及其法治回应》，《青海社会科学》，2016年第2期，第67-76,85页。

不可否认的是,前瞻性是一个相对抽象的概念,我们不易具体把握其界限。但是我们仍然可以从以下几个角度入手把握立法前瞻性的判断标准:首先,在基本理念上,立法不能局限于当下,必须具有一种开放的系统性思维;其次,在规则架构上,立法必须具有一定的弹性空间,当未来发生了当下无法预期的事情时,能有现行规则进行原则性规制。最后,立法需要设置一种回应机制,以便克服法本身的封闭性和僵化性弊端。但是,就虚拟经济立法而言,其点线式立法尚存在前瞻性不足的问题。

第一,虚拟经济点线式立法主要关注当下虚拟经济运行现状,存在开放性不足的问题。目前我国虚拟经济立法散见于《商业银行法》《证券法》《保险法》《信托法》等法律法规之中,各个专项立法主要根植于当下虚拟经济运行。以银行立法或货币立法为例,无论是中央银行法还是商业银行法,银行立法均主要着眼于传统货币形态的立法,其面对当今日新月异的数字货币发展时,明显表现出法制阙如问题,其前瞻性欠缺问题可想而知。出于"紧急立法"需要,我国也采取了虚拟经济软法规制,例如,2013年12月3日,中国人民银行、工业和信息化部、中国银行业监督管理委员会、中国证券监督管理委员会、中国保险监督管理委员会等五部门联合印发《中国人民银行 工业和信息化部 中国银行业监督管理委员会 中国证券监督管理委员会 中国保险监督管理委员会关于防范比特币风险的通知》(以下简称《通知》),2017年,中国人民银行等七部门发布《中国人民银行 中央网信办 工业和信息化部 工商总局 银监会 证监会 保监会关于防范代币发行融资风险的公告》(以下简称《公告》)。但是《通知》和《公告》并未注重立法的前瞻性探索,而是企图将数字货币限定于传统的银行立法框架内进行规制,即用传统的虚拟经济立法思维来监管数字货币。囿于虚拟经济监管部门和社会公众对区块链金融创新监管制度和专业创新知识的匮乏,国家现有的法规制度对以比特币等数字货币为代表的区块链金融基本持禁止态度。《通知》明确比特币等数字货币是非由货币当局发行的具有法偿性和强制性货币属性的虚拟商品。《公告》要求立即停止各类代币发行融资活动。其实，不论传统虚拟经济立法是否适应数字货币这种新型货币形态，单就点线式立法"各自为政"导致的虚拟经济立法的系统宏观性缺失，进而难以应对新兴事物的挑战，就值得我们反思。事实上，不光银行立法领域，证券法、保险法等所有虚拟经济立法都存在点线式发展而引发法律规制欠缺宏观性和前瞻性的问题。主要关注当下虚拟经济运行现状，虚拟经济点线式立法在面对新兴情况时容易采用"一刀切"的方式，打压创新。总而言之，我国虚拟经济发展过程中，虚拟经济立法基本上是虚拟经济实践创新的被动因应型反应。每出现一种新的虚拟经济形式，国家立法机关就制定相应的虚拟经济法律规范，设置或明确相应的虚拟经济监管主体。如此往复，渐次形成我国的虚拟经济法律规范整体。虚拟经济渐进发展过程和虚拟经济立法的被动因应型特征直接决定了我国虚拟经济立法存在开放性不足的问题。

第二，在规则架构上缺乏弹性空间。我国互联网金融立法明显滞后于互联网金融创新实践；互联网金融规范体现出从零散规定向专门立法规制发展的趋势，其结果，自然会是现有规则架构在规制互联网时代的虚拟经济运行时，缺乏弹性空间。其实，不仅是互联网金融领域，我国社会主义市场经济的多个领域都面临互联网经济活动的法律适用问题。即使交易结构和商业模式的本质没有发生根本性变化，互联网经济活动的自身特征仍是非常明显的。以互联网小额贷款的法律规制为例，作为一种在一定程度上有所创新的金融形式，互联网小额贷款在符合一般贷款规范的前提下，很快形成了一个全国性的大市场。然而，互联网小额贷款全国性市场的潜在风险和监管难题，使国家将省域限制设定为互联网超时空特征的重要立法规制特点之一。目前，互联网领域的相关规定零散体现在多部法律法规中，专门法律相对单一、缺乏体系，难以应对互联网发展带来的诸多新问题，必须建立互联网领域独立的法律体系,才能适应当前瞬息万变的新情况和新问题。① 互联网金融规制的情况亦是如此。

第三,立法回应机制欠缺。虚拟经济作为一种衍生自实体经济的重要经济形态,本身具有发展迅速、裂变剧烈和传染力强的特征,是现代市场经济发展的"主动脉"。在区块链、大数据、人工智能时代,虚拟经济更是获得了一种强大的进化技术,跑出了"加速度"。这种演变发展将使机遇与风险并存,一方面其会促进虚拟经济发展模式进行颠覆式变革,促进虚拟经济往更高质量方向发展。与此同时,在技术加持下的虚拟经济更加具有风险传染性,会打破原有边界,使得原本分属于不同虚拟经济业务板块的风险出现交叉感染、相互渗透。对于风险治理而言,最怕的就是风险交叉感染。因为其会提升风险预判的难度、弱化风险治理措施的针对性。之所以会出现这种隐患,很重要的原因就是虚拟经济点式星状立法缺乏应有的风险回应性。点式星状立法囿于自身业务领域形成立法的"领域孤岛",每个部门法都局限于单一领域的风险预判、风险治理,难以从整体上进行风险规制,从而看似建立起了比较严密的虚拟经济法律体系,实际上很难从整体上、系统上、全端上进行虚拟经济风险监管。虚拟经济立法或所谓的严密的虚拟经济法律体系,终究不是依靠点式星状的简单"一加一大于二",相反,虚拟经济立法必须打破路径依赖,从系统化、统一化抑或法典化角度出发,构建完整而开放、有力而又充满回应性的虚拟经济法。

(二)关联性较弱

首先需要说明的是,此处的关联性,即虚拟经济立法与实体经济立法的关联性,而关联性弱是指虚拟经济点线式立法无法将整个实体经济立法作为镜鉴。理论上虚拟经济立法需将整个实体经济立法作为镜鉴,来进行基本制度和规制的设计,从而防范虚拟经济的过度发展。但综观现行虚拟经

① 吴志攀:《"互联网+"的兴起与法律的滞后性》,《国家行政学院学报》2015 年第 3 期,第 39-43 页。

济立法,其与实体经济立法的关联性并不强。

虚拟经济容易滋生泡沫经济并导致经济危机。[①] 相对于实体经济而言,虚拟经济名称中的"虚拟"二字,很容易让人们联想到"水中花、镜中月""海市蜃楼","给人一种不踏实的感觉,虚无缥缈,使人产生不信任感,这一点,泡沫经济的名字听起来与虚拟经济给人的感觉也一样。更为本质的是虚拟经济与泡沫经济、与世界经济史上的历次经济危机,都有着密切的牵连关系"。[②] 学界对泡沫经济的定义没有统一的说法,但人们在使用这一概念时,往往将其与虚拟经济中的过度投机及虚拟经济中的虚假繁荣等联系在一起。[③] 正是考虑到虚拟经济衍生于实体经济,虚拟经济发展得益于并服务于实体经济,所以虚拟经济立法需要将整个实体经济立法作为镜鉴,即在应然层面上,虚拟经济立法与实体经济立法之间存在紧密的关联性。

的确,虚拟经济立法离不开对实体经济立法的关切。因为虚拟经济是基于实体经济法律制度设计的。虚拟经济的运行机制、盈利模式、规则设定等都具有明显的人为因素和想象创设因素。无论是基于对实体经济立法的监管套利,还是基于实体经济立法催生的实体经济衍生物——虚拟经济,都无不说明虚拟经济的产生和发展与实体经济立法脱离不了干系,同样虚拟经济立法也不能离开实体经济立法而自说自话。虚拟经济立法必须基于整体的视角,在镜鉴整个实体经济立法的基础上,不断优化和完善自身。只要明确了创设虚拟经济形式的基本目的——服务实体经济,设定虚实经济发展的协调关系——虚拟经济必须以实体经济发展为限而有限发展,我们就能够通过制度人为地规范和控制虚拟经济运行方式。

结合我国虚拟经济立法的体制模式和内容体系模式可知,我国虚拟经济立法的内容体系主要依据虚拟经济的具体形式而呈现出"分散、个别"立

---

① 胡光志:《虚拟经济及其法律制度研究》,北京大学出版社,2007,第89页。
② 胡光志:《虚拟经济及其法律制度研究》,北京大学出版社,2007,第89页。
③ 李多全:《虚拟经济基本问题研究》,经济日报出版社,2015,第52-62页。

法的特征:虚拟经济立法的发展变化取决于虚拟经济的发展变化;虚拟经济立法整体上是被动的、因应型的和滞后的;虚拟经济立法的每一次重大变革都以虚拟经济危机、社会经济秩序遭受严重破坏为代价。虚拟经济立法对虚拟经济发展具有能动作用,虚拟经济立法既可以促进虚拟经济发展,也能够促成虚拟经济危机的孕育和爆发;虚拟经济立法既可以一定程度上预防和遏制虚拟经济危机,也可以在虚拟经济危机到来时成为社会经济的救命稻草。

　　虚拟经济"分散、个别"的立法模式是虚拟经济逐渐发展和完善的历史过程决定的。从实体经济虚拟化现象开始,至作为实体经济虚拟化开端的货币,最后达到经济虚拟化的高级形态——虚拟经济,[①]是一个缓慢加速的过程。虚拟经济形成和完善过程中,不断出现虚拟资本形式的创新,尤其是互联网信息技术以及区块链金融科技等手段的出现,不仅重建了新的商业结构和模式,而且极大地创新和改善了虚拟经济的活动形式。时至今日,虚拟经济立法对虚拟经济的规范和调整仍呈现出亦步亦趋的跟随状态,缺少主动性、引导性和安全性。究其根本原因,虚拟经济立法多局限于个别虚拟资本调整的"分散、个别"立法模式,以应对和解决某一领域的问题为出发点,既未从国家经济系统以及实体经济立法的角度考虑虚拟经济与实体经济的关系,亦未考虑虚拟经济自身的特点,形成具有基本指导意义的虚拟经济基本法。虚拟经济立法与实体经济立法的关联性并不强的危害,可见一斑。其实,这种困境的背后隐含着传统虚拟经济点式星状立法模式的问题。俗话说,解铃还须系铃人,传统虚拟经济点式星状立法模式造成的问题,还需要从这种立法模式本身的变革来寻找突破口。点式星状立法模式使得虚拟经济立法本身就欠缺系统化和关联性,就更难对实体经济保持关联性了。困境的出路在于寻求虚拟经济统一立法模式,提炼出虚拟经济立法的基本

---

① 　胡光志:《虚拟经济及其法律制度研究》,北京大学出版社,2007,第51-59页。

思想、原则和方法，推动虚拟经济立法的有机整合或"法典化"，促进虚拟经济立法在客观维度实现与实体经济的关联，最终使得虚拟经济以实体经济发展为限而有限发展。

总而言之，虚拟经济法律的立法宗旨和基本原则对虚拟经济行政法规、部门规章、地方性法规以及地方政府规章等具有重要的指导作用和约束效力，但是虚拟经济立法不能脱离实体经济立法，虚拟经济立法需将整个实体经济立法作为镜鉴。目前我国虚拟经济"分散、个别"的立法模式，导致虚拟经济立法体系的板块割据和问题导向，从而割裂了虚拟经济法在整体上与实体经济立法的关联性。虚拟经济立法与实体经济立法的关联性较弱，成了虚拟经济现行立法模式的一大局限。虚拟经济立法客观上需要从传统点式星状立法模式向现代统一立法模式深刻转变。

（三）协调性不足

从虚拟经济规范社会关系的视角和虚拟经济构成要素或功能的视角，可以对我国目前数量众多的虚拟经济法律规范进行梳理。从虚拟经济的构成要素和功能看，虚拟经济立法可以分为"虚拟经济组织法、虚拟经济监管法和虚拟经济调控法"。[①] 虚拟经济组织法，又称虚拟经济主体法，是国家制定的规范虚拟经济机构和业务活动的法律规范的总称。虚拟经济机构的业务活动不仅具有一般市场主体的经营性特点，而且具有风险更大、对国家虚拟经济秩序和整体经济秩序稳定性影响更大的特点。虚拟经济机构的业务活动性质决定了虚拟经济机构的设立通常需要以获得行政许可为前提，且设立条件较一般市场主体更高。虚拟经济机构的设立过程，融合了虚拟经济机构自愿申请设立市场主体的私法行为和虚拟经济监管机构依法审批的

---

① 徐孟洲：《金融立法：保障金融服务实体经济——改革开放四十年中国金融立法的回顾与展望》，《地方立法研究》2018 年第 6 期，第 62-73 页。

公法行为。① 同时,虚拟经济机构的业务活动比一般市场主体的业务活动受到更严格的国家监管。我国虚拟经济组织法主要有《商业银行法》《证券法》《保险法》《证券投资基金法》《信托法》《金融机构撤销条例》《金融资产管理公司条例》《外资银行管理条例》《企业集团财务公司管理办法》《金融租赁公司管理办法》《汽车金融公司管理办法》《消费金融公司试点管理办法》《融资性担保公司管理暂行办法》《金融资产投资公司管理办法(试行)》和《金融机构管理规定》等。② 虚拟经济监管法,是国家为规范虚拟经济监督管理机构的监管行为,依法制定的调整虚拟经济监督管理关系的法律规范的总称。除虚拟经济组织法中涉及的一般虚拟经济监督管理性规定外,我国虚拟经济监管法还包括综合性监督管理法和专项监督管理法两类:前者如《中华人民共和国银行业监督管理法》(以下简称《银行业监督管理法》)、《信托公司管理办法》、《外汇管理条例》;后者如《商业银行理财业务监督管理办法》《商业银行流动性风险管理办法》《信托公司净资本管理办法》和《证券期货市场诚信监督管理办法》等。虚拟经济调控法,是虚拟经济体系中国家为规范宏观调控机构的宏观调控行为依法制定的法律规范的总称。例如,为依法确认中国人民银行的中央银行地位,规范中国人民银行制定和运用货币政策,防范和化解金融风险的行为,国家制定了《中国人民银行法》。除银行、证券、期货、保险、信托等不同虚拟经济业别的一般规定外,《中国人民银行法》还集中规定了中国人民银行的宏观调控职能。另外,《外汇管理法》、《中华人民共和国反洗钱法》(以下简称《反洗钱法》)、《银行卡清算机构管理办法》和《金融机构大额交易和可疑交易报告管理办法》等也是与中央银行宏观调控职能和风险防范职能相关的虚拟经济法律规范。

　　虚拟经济立法要素或功能视角分类的优点在于,既可以反映不同类型

---

① 　强力:《金融法》,法律出版社,2004,第21页。

② 　该规定是1994年8月5日中国人民银行颁布的,已不适应今天我国金融业发展的现状,建议废止。

和不同业态的虚拟经济机构的共性,又可以反映各自的差异。其不足则在于,按要素或功能进行区分性立法后,虚拟经济法律规范的内容存在交叉与重叠。这至少会带来两方面协调性问题:执法的协调性问题和司法的协调性问题。第一,执法协调性问题。执法建立在近代国家权力的立法、执法和司法三种职能划分的基础上,是指国家行政机关和法律委托的组织及其公职人员依照法定职权和程序执行法律法规的活动。① 虚拟经济领域的行政执法,必然需要以虚拟经济立法为基础。但虚拟经济立法呈板块分割格局,当执法机关面对交叉与重叠的立法内容时,如何进行抉择,不仅考验执法者的法学基础,更加考验执法者的价值观或道德观。因为人性都是有弱点的,执法者同样会面临执法利益俘获问题。因此,执法者在面对立法内容交叉重叠情形时,通常会偏向于选择有利于自身利益最大化的法律法规;并且若虚拟经济法的不同板块就同一虚拟经济活动进行了不同执法赋权,则不同执法机构可能还会基于同一虚拟经济活动进行执法竞争。而无论是执法利益俘获问题,还是执法竞争问题,虚拟经济点线式立法都难以实现自我纠偏。第二,司法协调性问题。狭义上,司法是指有司法权的机关,如法院、检察院,实施法律的活动,要求司法裁决不能脱离现有法律规则。然而,虚拟经济"分散、个别"立法模式会产生多头立法、重复立法,而这些规定并不一致。如此一来,司法裁判就可能出现"同案不同判"的情形。要协调这种冲突就涉及立法模式的变革,单纯依靠司法机关的内部协调是难以完成的。

此外,虚拟经济"点式星状"立法模式还会引发虚拟经济安全与效率之间的协调性问题。资本天生具有获利的本性,虚拟资本尤其如此。虚拟经济运行过程中,虚拟经济主体为追求自身利益最大化,往往会通过虚拟经济产品和服务创新不断突破原有的监管框架,或者游说政府放松监管,②这暗

---

① 付子堂:《法理学初阶(第四版)》,法律出版社,2013,第227页。

② 邢会强:《金融危机治乱循环与金融法的改进路径:金融法中"三足定理"的提出》,《法学评论》2010年第5期,第46-53页。

含了创新对虚拟经济运行的巨大推动力。虚拟经济发展史上,正是创新不断推动着虚拟经济与实体经济的分离,促进了虚拟经济自身的发展。很大程度上说,虚拟经济发展的历史就是一部虚拟经济创新发展史。虚拟经济创新一定程度上反映了虚拟经济发展的效率。安全与效率的双重需求,带来虚拟经济有限发展立法的难题。虚拟经济"点式星状"立法会弱化虚拟经济立法的统一性和系统性。如此一来,每一部虚拟经济相关法的制定,都将基于其对特定问题的回应而在安全与效率之间做出不同的选择,从而进入选择循环圈,这显然不利于促进虚拟经济的持续稳定发展。过于强调效率,势必会松动安全"阀门",冲击虚拟经济市场的稳定性。反过来,过于强化安全必然会导致虚拟经济规制过于严格,且更多的诉讼会损害虚拟经济主体的利益,特别是中小型银行和非银行金融机构。美国消费者金融保护局通过履行职责建立了一系列有益于消费者的金融制度和提起金融诉讼后的保护机制,曾经特朗普政府却希望削弱消费者金融保护局,甚至废除《多德-弗兰克法案》。其实,2018 年特朗普总统签署的《经济增长、监管救济和消费者保护法》放宽了对"小型银行"的监管,一定程度上已经削弱了《多德-弗兰克法案》赋予金融监管部门的监管权力。虚拟经济安全与效率的双重价值追求,客观上会加剧虚拟经济的周期性波动。只有把握好虚拟经济的安全和效率价值的平衡,结合虚拟经济和整体经济发展的实际,才能更好地进行虚拟经济法律制度的灵活调整,更好地发挥虚拟经济法的功能。从这个层面也可以看出虚拟经济的点线式立法的时代局限。而虚拟经济有限发展法学理论以致力于防范虚拟经济风险为出发点,并不意味着对虚拟经济创新的全面禁止,也不意味着忽视虚拟经济的效率,它是致力于在效率和安全之间寻求一种动态的平衡。其要旨就在于:一是侧重统筹兼顾,力求二者之间的协调;二是侧重权衡或选择,根据具体经济环境突出重点。①

---

① 张忠军:《论金融法的安全观》,《中国法学》2003 年第 4 期,第 109-117 页。

执法和司法是现代法治的两个重要抓手,无论是虚拟经济风险监管还是良性虚拟经济市场秩序培育,都离不开这两个方面的有力挺进。然而,虚拟经济的点线式立法却带来了执法协调性问题和司法协调性问题,这显然不利于虚拟经济行稳致远。为了走出这种困境,我们必须审视虚拟经济的点线式立法模式,打破点线式立法自身"枷锁",走向虚拟经济立法的部门整合,以"大一统"为虚拟经济领域未来立法的基本方向,以制定虚拟经济基本法为立法模式转变的切入口,建立健全虚拟经济法律体系,促进虚拟经济法律的有效实施,守住虚拟经济系统性风险底线。

二、板块分割形成之内耗

虚拟经济是由法律规则不断建构、形塑出来的业态。虚拟经济是对传统实体经济运作模式的大改造,也是与实体经济的有机结合。虚拟经济降低了金融服务成本,极大地便利了社会公众的投资和消费,催生了一系列新的金融活动和金融形式,一定程度上激活了社会的经济活力。虚拟经济的核心是资本的信用化,从而又进一步发展出资本的金融化。而正是这一金融化的过程,造成了实体经济的空心化。法律要素的内生性决定了虚拟经济不可能是法外之地。[①] 而虚拟经济的立法,则是对其进行有效监管的基本前提。目前,虚拟经济立法立足于行业,进行行业立法,并按行业施以监管,这种板块分割格局具有很强的专业性和针对性。但是,其最大的缺陷在于容易形成监管漏洞和监管协调难题。

(一)监管漏洞存在

安全是虚拟经济法的核心价值。[②] 稳定的虚拟经济体系是经济可持续

---

① 沈伟,余涛:《互联网金融监管规则的内生逻辑及外部进路:以互联网金融仲裁为切入点》,《当代法学》2017 年第 1 期,第 3-14 页。

② 胡光志:《虚拟经济法的价值初探》,《社会科学》2007 年第 8 期,第 105-113 页。

增长的先决条件。① 安全不仅是虚拟经济自身运行的先决条件,而且是国家
整体经济安全和可持续增长的基础条件。世界范围内最有影响和破坏力的
经济危机或金融危机都与虚拟经济的系统性风险高度相关。2008 年,美国
次贷危机引发全球经济危机后,虚拟经济发展再一次聚焦于虚拟经济法律
制度的失范以及加强虚拟经济的立法规制与监管。因此,虚拟经济立法必
须建立一种严密的法律监管机制,为虚拟经济运行提供可靠的制度保障。
但是,目前虚拟经济"点式星状"与板块分割立法格局却容易形成监管漏洞,
进而威胁虚拟经济的运行安全。虚拟经济"点式星状"与板块分割立法格局
的弊端,主要在于:虚拟经济立法并无统一的概念、范畴和理论作指导,银行
法、证券法、期货法及其相关的立法,仍然是点式展开,星状分布,进而形成
银行业、货币业、证券业、期货业、金融衍生品等分别看待、分别研究、分别立
法的局面,结果是各自为政,多头规范,"九龙治水",在理念、原则及具体规
定方面多有脱节和冲突。虚拟经济分别立法模式不是立法者依据情势主动
选择的结果,而是虚拟经济发展过程中立法被动应对虚拟经济领域问题的
必然。

　　事实上,虚拟经济立法应当从宏观和微观的二元视角展开,为国家运用
虚拟经济工具进行宏观调控和开展市场监管、维护市场秩序提供思路。经
济学对虚拟经济的描述,"主要强调虚拟财产的性质、价格、收益、市场运行
和市场影响等方面的特殊性"②。法学除研究国家对虚拟经济的调控和监管
外,也强调国家规制以及市场主体之间的经济关系和权利义务规范。虚拟
经济有限发展的立法规制包括宏观和微观两个层面的内容。虚拟经济立法
板块分割格局引发的监管漏洞,也可以从这两个层面加以分析:

　　其一,国家可以通过立法从宏观层面规制和调整虚拟经济关系。如果

①　William C. Dudley:"Financial Stability and Economic Growth",*Remarks at the* 2011 *Bretton Woods Committee International Council Meeting*,Washington, D.C. September 23, 2011.

②　刘少军:《规范虚拟经济的法律思考》,载王卫国主编《金融法学家》,法律出版社,2010,第 214 页。

考虑一国整体经济系统中的虚实经济关系以及国家整体经济运行的效率和安全,虚拟经济有限发展制度可以分为虚拟经济有限发展宏观调控制度和虚拟经济有限发展市场监管制度。前者主要涉及与虚拟经济相关的国家宏观经济结构、产业结构、区域经济发展和资源配置等制度;后者则主要规范虚拟经济有限发展的保障体系架构,包括虚拟经济的监管模式、监管主体、监管内容和监管职责等虚拟经济监管制度体系。从广义上理解,虚拟经济的监管并不局限于对交易行为的监管,基于市场整体的宏观调控,其也是一种重要的市场监管。而目前的虚拟经济立法并无统一的概念、范畴和理论作指导,这对虚拟经济宏观调控带来了一定的挑战。例如,虚拟经济产业规划缺乏体系性、存在变动性等。其次,虚拟经济市场监管制度方面的挑战。虚拟经济特有的价值依附性、价值波动性、高风险性和专业性等特点,使虚拟经济有限发展立法必须规定虚拟经济主体的设立条件、设立程序、经营范围和经营场所等,必须设定内部控制制度、业务经营制度、危机处置制度、风险控制制度等。当下,虚拟经济分别立法对及时解决虚拟经济发展过程中的问题,防范虚拟经济的潜在风险,形成虚拟经济法律规范框架,促进虚拟经济和整体经济的发展具有重要贡献。然而,随着虚拟经济体系的不断发展、虚拟经济业务的不断创新、商业模式的深刻变化等,虚拟经济分别立法模式及其决定的部门监管模式,已经难以应对新时期虚拟经济运行的现实。虚拟经济的部门监管正面临着监管空白、监管空窗等诸多监管难题和问题。

其二,虚拟经济活动中市场主体的权义规范制度。虚拟经济以虚拟资本的"交易—再交易"为基本运动形式。虚拟经济活动的抽象性、高风险性、价值波动性和专业性等特点导致虚拟经济交易活动中不同参与主体的交易能力、对交易制度的理解、掌握和分析相关信息的程度、防范风险的能力和责任承担的分配等存在差异。因此,需要通过虚拟经济有限发展立法明确不同市场主体参与虚拟经济活动的权利、义务和责任,包括对弱势交易主体的基础交易需求的保护和对强势交易主体对策行为的治理等。虚拟经济主体的行为规范内置于主体的内容规范中,其行为导致职责和权义的变化。虚拟经济关系主体行为或交易活动主要表现为虚拟经济关系主体创设虚拟资本、申请和审批虚拟资本进入市场、虚拟资本交易和转让行为等。然而,银行业、货币业、证券业、期货业、金融衍生品等分别看待、分别研究、分别立法的局面,使得虚拟经济市场主体之监管,缺乏整体性制度建构。也就是说,板块分割式立法使得虚拟经济动态运行的准入、运行、监管和退出行为等缺乏统一的理念指引,难以反映和体现虚拟经济自身的特点,相应的监管制度的建构难免存在疏漏,也使得"治乱循环"一直或深或浅地存在着。

此外,我们认为,虚拟经济的交易对象是虚拟资本。从起源上看,虚拟经济起源于虚拟资本概念;从特征上看,虚拟资本主要用于投资,存在于"以钱生钱"的虚拟经济活动中,而虚拟资产或虚拟财产有更宽泛的外延,且容易与网络空间的虚拟财产相混淆。如今,在"互联网+金融"的时代背景下,金融消费者保护、互联网金融立法、区块链金融立法以及虚拟经济有限发展的刑事立法等已经成为我国虚拟经济制度有效运行的重要前提和保障。但是,传统立法诱导的法律规制板块分割局面,在法律规制理念、原则及具体规定方面形成的脱节和冲突,在一定意义上,难以回应互联网信息时代虚拟经济的发展;不利于适度的互联网金融创新;难以形成新时代有效的虚拟经济法律制度架构。有鉴于此,我们必须变革原有的点式星状虚拟经济立法模式,树立虚拟经济领域立法大一统的指导思想,构建整体性的虚拟经济监管法律制度,极大凝聚监管合力,突出虚拟经济监管的有效性。

(二)监管协调难题

政府与市场是市场法律制度建构中的重要两极。在现代经济活动中,当私法对市场主体都是"理性经济人"假设的两个隐含假设——"竞争自足"假设与"竞争充足"假设无能为力时,政府就获得了监管市场经济的充分正当性。无论是民法中的人法、物法、债法,还是竞争法和市场规制法中的制度设定,都体现和反映了政府监管经济活动的客观现实。不管是实体经济,还是虚拟经济,政府的监管莫不如是。差异仅在于政府在不同市场法律制度中的监管存在程度、范围、时延和强度等方面。随着市场经济的健康全面发展,政府对市场监管的程度会逐步降低,但只要基于市场的内生缺陷和外在影响因素客观存在,政府监管会持久且广泛地存在于市场经济法律体系的各个层面。① 虚拟经济的高风险性和风险传染性使虚拟经济对国家整体经济安全的影响更甚,因而获得了国家监管更多的关注。虚拟经济具有自身的市场特性和市场规律性,国家监管只有与虚拟经济的市场特性和规律性相适应,才能促进其健康发展。这些活动中,政府政策可能对该领域市场形成"利好",即政府政策是影响虚拟经济的重要因素之一。若虚拟经济只受政府干预影响,而不受市场因素影响或市场因素影响缺失,虚拟经济就丧失了市场的根本特性,很难可持续地健康发展。而虚拟经济的立法,能够在法律层面赋予政府相应的监管权力,明确其权、责、利,防止过度监管、监管冲突和监管竞争问题。

从历史来看,政府的过度监管、监管冲突和监管权竞争是 2008 年美国发生次贷危机的重要原因之一。美国政府为提高居民自有住房率、降低金融机构的购房贷款,要求金融机构将一定比例的贷款提供给低收入水平的人群。金融机构完成政府的指令性贷款任务后,通过高杠杆的次级贷款证券化寻求利润弥补通道,传递和进一步加剧金融风险,进而对整个经济造成相应的损失。虚拟经济主体机构为适应虚拟经济市场服务多元化的需求,不断创新和拓展虚拟经济业务范围,虚拟经济分业经营的要求和规则事实上已经被打破。1999 年,美国《金融服务现代化法案》通过后,我国开始试点不同虚拟经济领域的业务混合。② 该领域的立法也进入板块分割的格局,

①　侯利阳:《市场与政府关系的法学解构》,《中国法学》2019 年第 1 期,第 186-203 页。

②　郭道成:《我国金融行业的发展趋势:银行和保险业混合经营》,《四川经济研究》2005 年第 1 期,第 9、11 页。

建立起了银行法、证券法、保险法、金融衍生品法等在内的行业立法。虚拟经济竞争激烈背景下的混业经营及其立法的板块分割现实,导致某一虚拟经济机构只接受一家监管部门的监管,事实上已经不可能。如分属不同虚拟经济部门的金融机构推出基本具有同质性的理财产品,却接受不同监管部门和规则的监管问题突出。金融创新是一个事物由量的积累向质的飞跃转变的过程,必须在法律自由的框架下进行评判才有意义。[①] 随着互联网信息技术的快速发展,混业经营总体上已经成为不可逆转的趋势。严格按照虚拟经济机构提供的交易和服务实行分业监管,会出现监管重叠、监管真空、监管套利及监管竞次等诸多弊端。[②] 由此带来的问题便是监管协调难题。很显然,板块分割式虚拟经济立法格局无法将监管协调难题内化。

一方面,板块分割式虚拟经济立法易导致"部门利益"竞争,不利于监管协调。通常而言,部门利益是指以整个部门或机构为一个抽象整体的利益诉求。部门利益的形成与理性经济人假设存在紧密关系。实际上,理性经济人并不单纯指自然人,机构、利益集团也包含其中。换言之,机构也可以是理性经济人,也会存在理性经济人的缺陷。而板块分割式虚拟经济立法有可能放大监管机构的理性经济人缺陷。因为板块分割式虚拟经济立法将不同的监管权赋予不同的监管机构,并且虚拟经济监管尚缺乏统一的范畴和理论作指导,这使得不同监管机构之间形成利益单元。由于资源具有稀缺性,因此国家在不同机构之间进行资源配置时,不可能保持完全平等。这种资源配置上的"差序性"为不同机构之间展开利益或资源追逐提供了一种激励。例如,在 2008 年金融危机之前,美国金融市场上两大监管机构 SEC(美国证券交易委员会)和 CFTC(美国商品期货交易委员会),曾为了获得

---

① 黎四奇:《金融创新与金融法律创新互动关系的法理学视角分析:兼评我国的金融实践》,《湖南公安高等专科学校学报》2007 年第 4 期,第 55-61 页。

② 罗培新:《美国金融监管的法律与政策困局之反思:兼及对我国金融监管之启示》,《中国法学》2009 年第 3 期,第 91-105 页。

在信用衍生产品上的监管权而展开长期的监管利益竞争。虚拟经济的"树木式"立法容易导致"部门利益"竞争，不利于监管协调。因为实现监管协调的一个很重要的因素便是保持监管利益的一致性。利益的协调一致就需要监管权的统合，而监管统合又需要虚拟经济立法坚持统一立法模式。进一步推论，不难发现，虚拟经济"森林式"立法有利于实现监管协调，或者说实现监管协调需要虚拟经济立法进行模式转换。

另一方面，虚拟经济立法的板块分割不利于监管信息共享。可以毫不夸张地说，信息是虚拟经济监管的基石。监管行为于何时启动、监管强度在多大范围内、监管有效性如何衡量，都需要借助相应的信息予以考量。此外，信息也是对监管进行成本与收益考量的基础，只有在信息相对充分的情况下，监管机构展开的监管才是比较高效的。然而，现代社会是一个信息社会，同时也是一个信息不对称相对较严重的社会。在虚拟经济市场上，不同市场主体掌握的交易信息可能不尽一致，这意味着监管主体要收集到比较充分的市场信息，其付出的成本将是比较巨大的。因此，信息共享便是节约监管成本、提高监管有效性的重要途径。然而，在虚拟经济现行立法模式之下，加强监管信息共享并非一件简单的事情。如前所述，虚拟经济立法的板块分割使得不同监管机构之间形成利益单元，监管者之间共享监管信息，需要这些利益单元的协同。但显然，政府监管部门不易跨过监管利益的鸿沟，监管利益的不统一会弱化监管合作的意愿，如此一来，监管信息的共享自然会受到牵制。总而言之，从监管信息共享的角度，我们可以看出，加强监管协调需要虚拟经济立法进行模式转换，采用"森林式"虚拟经济立法，以"大一统"为虚拟经济立法的未来导向。要想解决监管协调性问题，就需要打破板块分割式虚拟经济立法格局，通过统一立法缝合监管协调难题、防范"部门利益"竞争、推进监管信息共享，从而将监管协调难题予以内化。

三、立法理念的先天缺陷

对于虚拟经济的立法,我国基本上是单纯地就事论事"树木立法"或个别立法。不难发现,这种立法模式和立法体系未形成虚拟经济与实体经济的二元概念,与此同时,其也难以为立法模式及立法体系的转型升级提供理论支撑。

(一)未形成虚拟经济与实体经济的二元概念

从外延角度可以对虚拟经济进行广义、中义和狭义的区分[1]。广义的虚拟经济泛指与传统物质资料生产和交换(实体经济)相对应的一切虚拟经济活动。中义的虚拟经济,试图在虚拟经济外延上取一个居中的范围,其有两个代表性观点:一种观点认为虚拟经济就是金融或金融业;另一种观点认为,虚拟经济系统是观念支撑的价格系统,虚拟经济一般包括金融、地产、无形资产和其他具有资本化定价方式的各类资产的经济活动。[2] 狭义的虚拟经济,是指虚拟资本的持有与交易活动。而法学领域界定虚拟经济的理论观点主要有:①虚拟经济是一种以虚拟资本交易活动为中心而形成的与实体经济相对的经济形态,其包含三层基本意思:一是虚拟经济仅限于马克思虚拟资本的范畴,必须来源于实际资本而本身又没有价值,也不参与生产和再生产过程。其二,虚拟经济的关键是虚拟资本的交易。其三,虚拟经济是一种与实体经济相对的经济形态。[3] 虚拟经济是指与实体经济相对的,以金融市场为核心的经济形态,其运行的外化形式是股票、债券、期货及其他金融衍生工具。[4] ②虚拟经济是指证券、期货、期权,尤其是各种新型金融衍生

① 胡光志:《虚拟经济及其法律制度研究》,北京大学出版社,2007,第16-19页。
② 丛正、谢长青、李小燕:《"虚拟经济"的内涵与功能研究》,《商业经济》2004年第10期,第58-59页。
③ 胡光志:《虚拟经济及其法律制度研究》,北京大学出版社,2007,第31-32页。
④ 单飞跃、卢代富等:《需要国家干预:经济法视域的解读》,法律出版社,2005,第214页。

产品等与虚拟资本的交易有关的经济活动,是与实体经济相对的一种经济形态。[①] 法学研究领域关于虚拟经济定义具有共性,即虚拟经济是一种相对于实体经济的形态;以金融市场为核心;是与虚拟资本交易有关的经济活动;虚拟经济的外在表现形式主要有股票市场、债券市场、外汇市场、期货市场及其他金融衍生工具市场等。信用体系的建立和金融手段的创新是虚拟经济产生的重要前提和核心因素,金融与虚拟经济密不可分。虚拟经济应当是以本身不创造价值却能带来价值增值的经济活动为基本出发点。[②]

根据对上述分析的概要梳理,我们可以发现一个基本的事实,那就是目前研究者大都试图将虚拟经济与金融之间画上一个等号,特别是用金融领域的相关立法来解释、分析、甚至取代虚拟经济的立法。可以肯定的是,金融业确实是虚拟经济范畴中的核心,但二者却不是完全相等的关系。从外延上看,虚拟经济的指涉范围要远远大于金融,是一个与实体经济对应存在的概念和经济形态,而金融则指向了各种形式的资金融通。然而,用金融立法替代或等同于虚拟经济立法,并未从虚拟经济的本质及其与实体经济互相依存和支持、互相影响的方面入手,形成"虚""实"的二元概念。事实上,虚拟经济与实体经济是对立统一的关系,虚拟经济产生的基础是实体经济,发展虚拟经济可以促进实体经济的发展,而过度发展虚拟经济又可能引发金融危机甚至是经济危机。

一方面,从具体的交易环节看,虚拟经济与实体经济之间存在巨大差异:交易客体从"实体物"到"虚拟物";交易目的从对标的物的"实际利用"到"再交易获利";交易过程从"为买而卖"到"为卖而买";交易对价从"反映价值"到"受心理影响"的等价到不等价;交易链由短到长;交易特点从随机

---

① 季奎明:《论虚拟经济的私法制度环境:以金融危机为视角》,《法学》2011 年第 6 期,第 74-80 页。

② 胡光志:《虚拟经济及其法律制度研究》,北京大学出版社,2007,第 4 页。

性到营业性;交易条件从任意到定型等。① 虚拟经济自身的独特性,蕴含着与实体经济不同的理念,需要用虚拟经济法律制度进行特殊保护。从抽象的经济系统看,虚拟经济区别于实体经济的重要特点表现为:①以金融业为核心的虚拟经济内部组织高度网状化且具有极强的负外部性;②虚拟经济领域存在严重的信息不对称;③虚拟经济具有更大的风险性和风险放大效应。负外部性和信息不对称是市场失灵的重要原因。政府对虚拟经济的依法规制表现出更明确和更严格的约束性,相应的虚拟经济法自然也应该反映这些特征。同时,政府规制虚拟经济的行为不仅是有代价的,而且会出现政府规制的失灵。无论政府规制失灵的根源是政府规制的越位和缺位,是政府规制机构信息和理性的有限性以及制度的时滞效应,还是政府规制机构被规制者所"俘虏",虚拟经济与实体经济的规制都存在本质差异。事实上,美国 2008 年次贷危机的根源是虚拟经济与实体经济失衡。② 这两种不同的经济运行模式,前者是以成本为基础的价格系统,后者则是以资本化定价为基础的价格系统。实体经济与虚拟经济关系的稳定论与背离论,说明虚实经济系统之间有一个均衡的临界点,虚拟经济发展超过一定的量,导致两者不协调,虚实经济关系就会从稳定向不稳定发展,出现危机和风险。③

另一方面,虚拟经济与实体经济之间存在密切联系。前者是后者虚拟化到一定程度的结果,从最初调剂资金余缺的经济活动到虚拟资本交易、资金筹集、虚拟资本获利、对冲风险等,虚拟经济最本源的制度设计目的成为服务实体经济发展的重要因素。虚拟经济的产生以富余资金的存在为前提,而后其又为实体经济的发展提供更多可用的资金,进而推动国家经济繁

---

① 王有志、石少侠:《民商法关系论》,载中国法学会商法学研究会编:《中国商法年刊》(创刊号),上海人民出版社,2002,第 93-94 页。

② 刘晓欣、宋立义、梁志杰:《实体经济、虚拟经济及关系研究述评》,《现代财经》2016 年第 7 期,第 3-17页。

③ 刘晓欣、宋立义、梁志杰:《实体经济、虚拟经济及关系研究述评》,《现代财经》2016 年第 7 期,第 3-17页。

荣,形成"实体经济发展—虚拟经济产生—提供更多资金—整体经济繁荣"的良性循环。经济发展推动虚拟资本和虚拟经济的形式不断创新,在整体经济第一循环层次外,形成了"获得虚拟资本—投资虚拟经济领域—获得虚拟资本—再投资虚拟经济领域"的第二循环层次,产生了一个基本独立于实体经济的虚拟经济循环系统。虚拟资本自身不能创造实体财富,因此还隐含着链接实体经济与虚拟经济"获得虚拟资本—投资虚拟经济—参与实体经济—获得收益—回报投资—获得虚拟资本—再投资"的第三循环层次。虚拟经济创新可以弥补市场的不完整,满足市场需求,包括融资需求和流动性需求;可以降低交易成本,促进技术创新;还可以规避和分散风险等。[①] 虚拟经济创新的金融衍生品本是为客户规避风险而创设的,但金融衍生品的不断创设和使用,却内含着更大的虚拟经济风险。2008 年美国金融危机的起因是房地产领域的次级贷款,但将 2008 年金融危机的爆发全部归结为次级贷款却是不公平和不准确的。信息不对称和虚拟经济创新的无限度才是引起金融危机的主要原因。美国金融危机结构性矛盾中就存在信息明显不对称的问题。银行等金融机构向信用不良的人发放贷款形成次级贷款的同时,为降低风险再将这种贷款业务打包办理信用违约掉期(Credit Default Swap,CDS)业务。CDS 的提供方在贷款者未能按时还款时替贷款者还款,本质上是收费担保。银行等金融机构向信用不良的人发放贷款,本应该遵守微观审慎原则,但次级贷款中,由于存在 CDS 收费担保的情形,银行为获取利润,就不断扩大贷款规模。因为经济形式恶化,贷款者集体还不上贷款,最终酿成危机。同时,在 CDS 传统的借款担保中,担保人应该是借方和贷方都熟悉并认可的主体,相互之间信息对称;而次级贷款中,发放贷款的金融机构掌握贷款者信息,但 CDS 产品的投资者却并未掌握,即存在信息不对称问题。次级贷款的风险有限,是投资银行过分避险趋利的资产证券化

---

① 蓝寿荣:《试析美国金融危机中的政府行政干预》,《太平洋学报》2011 年第 1 期,第 74-81 页。

业务极大地放大和累积次级贷款风险,才最终酝酿成虚拟经济领域的系统性风险。

虚拟经济依赖于实体经济,而又时刻显现出其脱离趋向的特征,要求对其立法必须考虑二者之间的整体关系,在有限的范围内鼓励和支持其发展,既要虚拟经济的发展,又要实现与实体经济之间关系的动态平衡与协调,防止失衡带来的风险。要实现这一目标,首要任务是在立法中将虚拟经济作为一个独立的概念,并将其作为与实体经济相对应的概念,在此基础上,再进行虚拟经济的统合立法。但是,目前针对虚拟经济的某一类型单独立法,单纯地就事论事"树木立法"或个别立法,并未形成虚拟经济与实体经济的二元概念,这也就意味着,难以实现虚拟经济与实体经济的整体性规制。

(二)难以促进虚拟经济立法模式及立法体系的升级

法律通过对具体社会关系的确认,成为某种具体社会关系发展的催化剂和推动力量。良好的虚拟经济立法既可以确认和促进虚拟经济发展,又可以规范和保障虚拟经济运行,防范和控制虚拟经济运行风险。但是,目前我国虚拟经济的立法缺少对虚拟经济立法统一的、共同的规律性总结。其实质,是传统的虚拟经济立法缺乏科学合理的理念支撑,反过来,缺乏科学合理的理念,又难以促进虚拟经济立法模式及立法体系的升级。

我国虚拟经济的立法模式,总体可以表达为按虚拟经济主体业别分别立法的模式,且在主体业别分别立法的模式下,还具有业别基本规范、交易行为和服务行为规范,以及监管行为规范的分别立法模式。概言之,我国虚拟经济的立法模式与我国虚拟经济产生发展的进程相适应,体现为"问题导向"型的立法,形成了数量众多、但缺乏有机体系的分散型立法模式。首先,我国已经制定了数量众多的虚拟经济单行法。从虚拟经济法的调整对象出发,可以将虚拟经济法分为三类:一是主要调整虚拟经济交易关系与服务关系的法律规范,如《商业银行法》和《信托法》;二是主要调整虚拟经济监督管理关系的法律规范，如《银行业监督管理法》和《信托公司管理办法》；三是既调整虚拟经济交易关系与服务关系，又调整虚拟经济监督管理关系的法律规范，如《证券法》和《保险法》。

虚拟经济立法体现为"问题导向"型立法，形成了数量众多的法律规范，不可否认，这在一定程度上，有利于虚拟经济发展初期的风险规制，即针对不同问题制定出相应的法规，以便回应当时虚拟经济运行所面临的最紧迫的问题。但缺乏有机体系的分散型立法模式，很难从顶层设计维度进行系统性的制度建构，当面对虚拟经济的不断发展及其数字化转型时，容易出现制度之间的混乱和冲突，最终使虚拟经济立法体系无法从更优化、更合理的角度进行建设。其实，我国虚拟经济立法之所以会形成点式星状模式，很大程度上是因为虚拟经济立法在基本理念上存在先天不足的问题。

此外，虚拟经济立法的价值选择常在"安全"与"效率"之间徘徊，也成了虚拟经济立法模式及立法体系升级的掣肘。客观上，法律应当蕴含多种价值，如正义、公平、效率、秩序、安全、自由等，这是所有法律的共性。作为法律的组成部分，虚拟经济立法同样具有以上价值，但与其他部门法不同的是，它更加注重并突出的是安全价值。因为"虚拟经济立法是虚拟经济在法律层面上的反映，是关于虚拟经济的法律规范，是虚拟经济法律规范的体系，是虚拟经济法律化的过程"①。在当下的经济学领域，经济稳定、系统性风险防范、经济秩序和安全等一直是研究的热点话题。一般而言，经济稳定主要指向了实体经济领域的物价稳定。但 20 世纪 80 年代以后情况迅速发生变化，随着经济自由化和金融深化，经济的虚拟化程度加深。进入 90 年代前后，在物价稳定的情况下，由房地产泡沫、股市暴跌、金融衍生品炒作引起的各类风险事件，在金融全球化条件下，通过传染机制迅速蔓延成"世界性"或"国际性"的经济动荡。可以说，"虚拟经济稳定是当代经济稳定与国

---

① 胡光志：《虚拟经济及其法律制度研究》，北京大学出版社，2007，第 207-208 页。

家经济安全的核心领域"①。因此,应当从传统法的正义、公平、效率、秩序、安全、自由价值中将"虚拟经济运行安全"确立为虚拟经济立法的核心价值,因为最能体现虚拟经济立法特有的社会功能价值恰恰是也只能是"安全"。然而,传统虚拟经济立法的核心价值总是在"安全"与"效率"之间左右摇摆,体现出自由主义与国家干预的交替变换。而且虚拟经济的"点式星状"立法,在同一时期内,还存在一部分行业立法偏重安全,而另一部分立法偏重效率的可能,从而偏离虚拟经济有限发展的宗旨,造成立法的冲突与失衡。虚拟经济的安全运行,需要立法上的保障,而法的创制,需要深刻的核心理念。立法理念是法的精髓和灵魂,主导法的形成、发展,奠定法的基本制度和体系。如今,虚拟经济在全球范围内取得了迅猛的发展,面临着很多新形势,出现了很多新问题,亟须虚拟经济在立法模式及立法体系的升级。这对传统虚拟经济立法理念带来了巨大挑战,因为传统的虚拟经济立法理念缺少对虚拟经济立法统一的、共同的规律性总结,它会使新形势下的虚拟经济立法模式及立法体系陷入伪升级状态,即虚拟经济在立法模式及立法体系方面的改变仍然在"安全"与"效率"之间左支右绌,其仍然是一种"新瓶装旧酒"的改变路径。如此一来,最终结果便可能是催生下一轮的"治乱循环"。

事实上,从法律发展的基本规律来看,点式星状的"树木立法"只是法律发展的一个阶段,并非高级形态。法律发展的高级形态是部门整合或法典编纂。"所有法典的最高功能是助力于法律秩序的体系建构。"②立法者通过立法技术实现虚拟经济法律体系的整体性和逻辑性,以此支撑虚拟经济法律体系的系统性,从而实现虚拟经济法的续造、法律适用等现实的法治需

---

① 刘骏民、王国忠:《虚拟经济稳定性、系统风险与经济安全》,《南开经济研究》2004 年第 6 期,第 32-39 页。

② 沃尔夫冈·卡尔:《法典化理念与特别法发展之间的行政程序法》,马立群译,《南大法学》2021 年第 2 期,第 151 页。

求,是虚拟经济立法运动的一个基本方向。不过,法典编纂并非从碎片化到体系化的简单线性运动,其间穿插着政治、经济、社会等诸多复杂变量。① 所以,虚拟经济法法典化不是现行立法的简单合并,而是通过"立法整合"来对现行立法进行全面梳理,实现从虚拟经济"分离法"到"整合法"的实质性转变。② 通过这一转变,能够从理论和实践两个方面,修补传统虚拟经济立法理念存在的先天缺陷,促进虚拟经济立法模式及虚拟经济立法体系的转型升级,使虚拟经济立法更具回应性,有效实现"安全"与"效率"之间的价值平衡。总而言之,无论是从立法模式和立法体系的转型升级考虑,还是从法律发展的规律考虑,虚拟经济立法从点、线、面到部门整合都是一种必然选择。

---

① 吕忠梅、田时雨:《环境法典编纂何以能:基于比较法的背景观察》,《苏州大学学报(法学版)》2021年第4期,第1-14页。

② 焦海涛:《经济法法典化:从"综合法"走向"整合法"》,《学术界》2020年第6期,第54-67页。

第四章　有限发展法学理论下虚拟经济立法模式的变革策略

　　虚拟经济之立法保障,必须立足有限发展法学理论,对虚拟经济的立法体制、立法模式等进行较为详细的探讨,对虚拟经济主要法律制度的变革和最热烈的虚拟经济现实问题进行回应,从而为提升国家虚拟经济领域的治理能力和我国虚拟经济法治的发展与完善,提出较为系统的对策与建议。比如,在互联网信息飞速发展的当下,虚拟经济有限发展立法需要对虚拟经济创新最急速的互联网金融及其问题予以回应。同时,社会生活的变化、社会矛盾的移转、社会观念的更新、社会理论的变革抑或更迭,令人应接不暇。在虚拟经济活动创新与立法规制的往来平衡中,虚拟经济有限发展法学理论下的虚拟经济立法模式之重构尤为重要。因为我们既不愿失去抓住虚拟经济创新的时机而落后于虚拟经济创新发展的时代大势,也不愿超越虚拟经济创新边界而滑向犯罪的深渊。总的来看,有限发展法学理论下虚拟经济立法模式的变革,需要做好以下方面:确定虚拟经济与实体经济立法的相对概念;树立虚拟经济领域立法大一统的指导思想;以制定虚拟经济基本法为立法模式的切入口。

一、确立虚拟经济与实体经济立法分离且对应的理念

　　客观而言,虚拟经济有不同于实体经济的特性,其运行机制也并不一致。因此,对于虚拟经济的法律规制,显然不能用实体经济立法的同一模

式,而是需要基于虚拟经济的特性,确立虚拟经济与实体经济立法分离性。同时,由于虚实二元的经济构造可以涵盖一国经济的基本形态,虚拟经济立法又离不开实体经济立法的相互关照,因此也要明确虚拟经济与实体经济立法的对应性。

（一）虚拟经济立法与实体经济立法的相对分离

虚拟经济依附说认为,实体经济是虚拟经济的基础,虚拟经济发展与实体经济之间存在依附性,形成虚拟经济是为服务实体经济。因为我们可以从虚拟经济、实体经济在社会价值上的作用机理看出二者的依附性。与虚拟经济相比,实体经济具有两方面的突出特征:一是实体经济深深"扎根"社会,对社会硬件和软件环境的依赖程度高。实体经济被看成社会环境和条件的测量仪。二是实体经济能创造真实而具体的社会财富。实体经济所创造的"产品"可以直接作用于生产、生活,而虚拟经济创造的 GDP 需要具备一定的条件才能转化为真实的社会财富。虚拟经济高度依赖于实体经济,虚拟经济必须为实体经济服务。虚拟经济相对独立说认为,"伴随虚拟经济总量增长、结构变化及功能转型,虚拟经济对实体经济的主导性不断增强,二者之间的关系发生了微妙变化,表现为虚拟经济作为实体经济的附着物逐步走向独立,摆脱对实体经济的依赖,并一定程度上影响和支配实体经济发展,最后在实体经济的终极制约下做收敛的周期运动。"[1]虚拟经济超越说认为,虚拟经济总量和规模能够超越实体经济。过去实体经济处于经济发展的中心地位,虚拟经济扮演促进实体经济发展的角色,但现在,虚拟经济依据自身的逻辑和规律运行,实体经济的运行不得不适应虚拟经济发展的运行规律。虚拟资本的数量越来越大,品种也越来越多。虚拟经济发展的速度和规模已经远远偏离了实体经济,并且在定价、运行周期、风险程度等方面表现出与实体经济不同的运行特征。虚拟经济已经偏离实体经济成为

[1]　季小立:《美国次贷危机的虚拟经济理论解读》,《经济纵横》2010 年第 1 期,第 35-37 页。

现代经济运行中一道新的独特风景线。①

　　虽然虚拟经济依附说、相对独立说和超越说一定程度上反映了虚拟经济产生、发展和相对经济规模变化的客观事实，但却不能反映出两者关系之实质。客观上，不管虚拟经济发展趋势如何，作为一种特有的经济形态，其与实体经济的二元并立都不以人的意志为转移。虚拟经济立法不能无视这种客观存在性，并要在行动上予以落实。换句话说，有限发展法学理论指导下的虚拟经济立法模式之变革，其前提是确定虚拟经济和实体经济立法的相对性。

　　一方面，虚拟经济与实体经济共存是现代经济发展的基本前提。虚拟经济和实体经济作为一国经济整体的不同板块，可谓互依互存，也相互独立。即使虚拟经济相对独立于实体经济的不同阶段又与实体经济相互影响，二者在现代经济社会的共存也是不容易彻底改变的。实体经济与虚拟经济必须同时发展，二者之间既相互分离又相互依存、既相互牵制又相互促进，并且二者还进行从均衡异化为非均衡，最后再向均衡复归的周期性循环。② 另一方面，虚拟经济发展的方向、程度等，需要以实体经济为基本标尺。虚拟经济根植于实体经济，虚拟经济以实体经济为基础。虚拟经济以实体经济的发展为基础，其适度发展能促进实体经济的发展，相反，其过度膨胀则会对实体经济带来巨大的消极影响。而在步入现代市场经济环境之后，只有确保虚拟经济以实体经济发展为基础，才能保证虚拟经济与实体经济的稳定与有序发展。因此，我国明确提出：要认真吸取金融危机的教训，处理好"虚拟经济与实体经济的关系。要始终重视实体经济的发展，使经济建立在坚实可靠的基础上。虚拟经济要与实体经济相协调，更好地为实体

---

① 刘晓欣、宋立义、梁志杰：《实体经济、虚拟经济及关系研究述评》，《现代财经》2016 年第 7 期，第 3-17 页。
② 季小立：《美国次贷危机的虚拟经济理论解读》，《经济纵横》2010 年第 1 期，第 35-37 页。

经济服务"①。虚拟经济以实体经济为基础,也会对实体经济发展产生一系列积极作用,如"开辟投资渠道,筹集社会资本"②;"促进资本集中,推动社会化大生产"③;"深化竞争机制,促进资源优化配置"④;"强化外部压力,促进企业改善经营机制"⑤;"变革分配方式,保障经济持续发展"⑥;"防范经济风险,维护市场稳定"⑦,"与实体经济一道,进行财富积累"⑧。

如何确定虚拟经济与实体经济立法的相对性? 我们认为,具体可从以下方面入手:一是要在虚拟经济上层立法中明确虚拟经济的概念和基本范畴;二是要明确虚拟经济立法的体系架构;三是要在立法中明确虚拟经济与实体经济的相互关系。首先,需要在虚拟经济上层立法中,明确虚拟经济的内涵、外延和基本架构。目前虚拟经济概念还仅限于学界,其尚未从立法层面予以界定,反而是将金融立法等同于虚拟经济立法。未来,我们应当在整体视角上明确虚拟经济的基本内涵及其范畴,确定虚拟经济的统合性与独特性。当然,虚拟经济的范畴并非一成不变,相反,它其实是在不断变化之中。虚拟经济会远远超出传统金融市场和产品的范围。我们认为,"虚拟经济是指在股票、债券、期货和金融衍生品等交易活动中产生的一种经济形态"⑨。这意味着,在有限发展法学理论下,对于相应概念及范畴体系的研究及其立法确认,应当是一种更加广阔的视角,也是一种对传统学术研究的突破与创新。

---

① 温家宝:《同舟共济,互利共赢——在第七届亚欧首脑会议上的讲话》,《人民日报》2008 年 10 月 26 日第 2 版。

② 胡光志:《虚拟经济及其法律制度研究》,北京大学出版社,2007,第 80 页。

③ 胡光志:《虚拟经济及其法律制度研究》,北京大学出版社,2007,第 81 页。

④ 胡光志:《虚拟经济及其法律制度研究》,北京大学出版社,2007,第 82 页。

⑤ 胡光志:《虚拟经济及其法律制度研究》,北京大学出版社,2007,第 85 页。

⑥ 胡光志:《虚拟经济及其法律制度研究》,北京大学出版社,2007,第 86 页。

⑦ 胡光志:《虚拟经济及其法律制度研究》,北京大学出版社,2007,第 86 页。

⑧ 胡光志:《虚拟经济及其法律制度研究》,北京大学出版社,2007,第 87 页。

⑨ 胡光志:《虚拟经济及其法律制度研究》,北京大学出版社,2007,第 1 页。

(二) 虚拟经济立法与实体经济立法的对应与联系

对于虚拟经济与泡沫经济的关系,胡光志教授认为,虚拟经济不能与泡沫经济画等号,因为虚拟经济本质上仍然与实体经济存在某种"血缘关系",二者之间并不存在严重背离。[①] 同时,由于虚拟经济独特的交易法则和运行规律,在运行中很容易出现经济泡沫,如果未能及时矫正,就可能形成市场风险。[②] 无论是虚拟经济发展的历史事实,还是虚拟经济立法同频虚拟经济发展"治乱循环"的周期性特征、"脱实向虚"的现象,都表明虚拟经济发展应当以服务实体经济发展为其使命与担当。虚拟经济以资本的信用化为核心,进一步发展到资本的金融化。而正是这一金融化的过程,造成了实体经济的空心化。在 20 世纪 70 年代以后,各国的货币相继和黄金脱钩。黄金的非货币化最终导致了全部资本的符号化,加速了资本主义经济的虚拟化和金融化,使资本主义国家的实体经济日益空心化,发达资本主义国家经济结构呈现倒"金字塔"的状态,这也预示着资本主义国家的经济结构存在着巨大的风险。同时,由于虚拟经济源于实体经济的虚拟化,它不但无法戒除实体经济内生的市场失灵,反而集中并放大了几乎所有的市场失灵,所以会导致经济危机甚至是社会危机,资本主义国家几次大的经济危机也印证了这种风险,因此必须运用国家权力对虚拟经济进行适度干预。我国在经济发展的不同历史时期对虚拟经济市场进行了立法保障,制定了大量法律法规来规范、保障、促进和推动虚拟经济的深化和发展,驱动实体经济发展,反映了我国对虚拟经济发展由宽松监管到严格监管的态度转变。法学是研究法律如何调整和规范社会关系的学问,虚拟经济立法是虚拟经济法律制度供给的基本形式,正是为了克服这种"治乱循环",我们在立法之初就要明确"虚实"二元经济立法之间的对应与联系。

---

① 胡光志:《虚拟经济及其法律制度研究》,北京大学出版社,2007,第 90 页。
② 胡光志:《虚拟经济及其法律制度研究》,北京大学出版社,2007,第 90 页。

有限发展法学理论要求虚拟经济不能无度发展,而应基于社会公共利益进行规范有序发展,并且这种发展是有限度的。在此理论下,虚拟经济之发展一方面要求其是一种制度约束下的适度型和约束型发展;另一方面要求虚拟经济立法必须以虚拟经济有限发展法学理论为基本理念,以社会主义市场经济的运行安全为根本目标,为虚拟经济的发展提供自由的限度与合理的约束条件,保障虚拟经济稳健运行和持续发展,从而为助推实体经济之发展而服务。虚拟经济有限发展立法需要从分析和研究虚拟经济关系入手,确定虚拟经济法律关系主体的职责和权义等。虚拟经济有限发展立法从虚拟经济法律关系出发,主要研究虚拟经济法律关系的主体、客体和内容。① 这就需要我们从单纯就事论事的"树木立法"或个别立法转向"林场立法"或统一虚拟经济立法。

首先,明确"虚实"二元经济立法之间的相互关系。在虚拟经济法律体系尚不完善的情况下,虚拟经济的过度发展是引发体系性或系统性经济危机的重要原因。因此,在有限发展法学理论下,虚拟经济立法模式的变革策略,必然需要明确"虚实"二元经济立法之间的相互关系,并且不仅要在虚拟经济专门立法、地方立法体系之中强调这种相互关系,还要在强调其他相关法律制度的配套与完善时,准确评价和认识二者的差异,有效防控风险。

其次,将虚拟经济概念、原则、理念等贯穿于虚拟经济立法的整体架构之中。虚拟经济立法的体制模式是国家虚拟经济立法机关及其立法权限配置的基本模式。不同立法主体依照法定立法权限进行虚拟经济立法既能解决国家虚拟经济法制统一的问题,又能够体现不同部门、不同地方、不同层面保障和促进虚拟经济健康发展的差异性。具体而言,虚拟经济立法的体制模式既包括专门立法,又包括配套立法;既包括地方立法,又包括国际立法。要确定二者在立法上的相对概念,就要将虚拟经济概念与范畴、基本理

---

① 刘少军:《规范虚拟经济的法律思考》,载王卫国主编《金融法学家》,法律出版社,2010,第219页。

念、与经济立法的相互关系,贯穿于不同部门、不同地方、不同层面的虚拟经济立法中。

二、以"大一统"为虚拟经济领域未来立法的基本方向

法治作为保障虚拟经济安全有序运行的牢固城墙,从长远来看,为适应新时代新形势,虚拟经济的立法模式需要进行改革,必须对有限发展法学理论下虚拟经济立法模式进行重构,必须树立虚拟经济领域立法大一统的指导思想,变革原有的点式星状立法模式,坚持虚拟经济统一立法模式,理由有几点:第一,从法制变迁的历史维度来看,法律从点、线、面到部门整合是法律发展的应然规律,虚拟经济和实体经济"二元经济"格局改变了原先我国单一经济形态的现实,经济基础的变化决定了上层建筑的变化,虚拟经济的立法也应遵循法律发展的规律,逐步由分散立法向统合立法过渡;第二,目前我国虚拟经济立法的点式星状立法分布,各自为政,缺乏统一性和协调性,存在各种不足(具体见第三章的论述),现实呼唤具备统领全局和普遍适用的立法宗旨、基本原则、管理体制和引领性的虚拟经济统一立法制度;第三,"当前,我国正在全面深化改革,推进法治建设。由于深化改革要于法有据,且重要改革成果亦需在法律上加以确认和定型,因此,在法治框架下不断推进改革,是实现国家治理体系与治理能力现代化目标的重要路径。在国家实现全面现代化的征途上,不断回应改革需要,持续推进各个领域的立法统合,已成为法治建设的重中之重。事实上,国家治理的现代化,离不开各类制度的体系化和相关立法的系统化"[①],进入新时代,在市场化、信息化、全球化迅速发展的当下,要有效处理虚拟经济与实体经济、监管市场、改革与法治、中央与地方等诸多复杂关系,就必须改变我国目前点式星状分散的立法模式,有效推动虚拟经济立法的立法统合,这也是经济、社会发展和法

---

① 张守文:《经济法的立法统合:需要与可能》,《现代法学》2016 年第 3 期,第 62-70 页。

治建设的现实需求①;第四,纵观国内外的司法实践,2008 年金融危机后,制定统一适用于所有金融服务的英国或日本式金融服务法成为学者们津津乐道的话题,似乎统一规制和统一监管能够成为化解和防范金融危机的灵丹妙药②。我国 2021 年施行的《民法典》整合了《中华人民共和国婚姻法》《中华人民共和国继承法》《中华人民共和国收养法》《中华人民共和国担保法》《中华人民共和国合同法》《中华人民共和国物权法》《中华人民共和国侵权责任法》《中华人民共和国民法总则》等部门法,被誉为"新时代人民权利的宣言书",为我国虚拟经济统一立法提供了蓝本,积累了立法工具和立法技术的参考经验。

综上所述,无论是历史规律还是现实呼唤,无论是司法实践还是立法技术,虚拟经济的统一立法改革都需具有充分的必要性及可行性。因此,我们认为,虚拟经济分别立法模式面临的局限和难题,可以通过虚拟经济统一立法和一体化监管解决。虚拟经济统一立法模式是指国家立法机关依法对虚拟经济服务和监管进行统一立法的模式。诚然,我们应勇敢承认,虚拟经济统一立法改革任重而道远,虽然不可能一蹴而就,完全放弃按照银行、证券、期货、保险和信托等不同虚拟经济行业进行规制的分业监管模式,但是必须树立虚拟经济立法大一统的指导思想,分阶段、分步骤逐步过渡到统一立法模式。

(一)虚拟经济立法"大一统"面临的挑战

我国数量众多的虚拟经济法律规范之间缺少关联性和协调性。首先,传统分别立法模式缺少对虚拟经济基本特征和整体状态的回应。无数单个的虚拟经济法律、行政法规、规章和地方性法规就如同毫不相关的"树木"孤独地站在虚拟经济法律规范的森林里,既看不到虚拟经济法的整体性特征,

---

① 张守文:《经济法的立法统合:需要与可能》,《现代法学》2016 年第 3 期,第 62-70 页。

② 冯果:《金融服务横向规制究竟能走多远》,《法学》2010 年第 3 期,第 129-134 页。

也不存在虚拟经济法律制度之间的关联。其次，虚拟经济法律制度内容非常宽泛，包括但不限于银行法、证券法、期货法、保险法、信托法、证券投资基金法以及其他金融衍生品法律制度等，但我国虚拟经济法律规范没有实现体系化和系统性。最后，互联网信息技术创新，既是虚拟经济发展的大好机遇，也是巨大的挑战。通过立法规避互联网领域虚拟经济创新和风险时，应考虑虚拟经济法制的整体特性，制定和完善专门立法，包括互联网金融立法、股权众筹立法、区块链金融立法以及虚拟经济的刑事责任立法等。为促进和保障虚拟经济有限发展，应当协调创新虚拟经济单行法，加强虚拟经济法律规范之间的联系和协调性。

当然，尽管虚拟经济有限发展立法模式的改善能够弥补虚拟经济监管的局限，但不能解决虚拟经济发展的全部问题。首先，虚拟经济市场、主体及其活动、行为本身的高风险性和复杂性远不是简单选取某种立法模式就能完全克服的。其次，虚拟经济的高风险性内生于自身机制，外部规制和监管仅具有一定程度的防范与化解功能和作用。再次，虚拟经济有限发展立法应当以服务实体经济为前提。虚拟经济就像中国传统文化中的孙悟空，既可以大闹天宫，也可以降妖除魔，护送唐僧取经成功。虚拟经济立法模式选择正是讨论如何为它打造并戴上恰当的"紧箍咒"，指引它"降妖除魔"的基本问题。正是基于以上考虑，我们认为，应以"大一统"为虚拟经济领域未来立法的基本方向。

然而，目前树立虚拟经济统一立法模式尚存在一些棘手的问题：虚拟经济一体化监管难以应对虚拟经济产品和服务的多样化；混业经营只是虚拟经济发展的总体趋势，而非最终目标；虚拟经济横向规范或一体化监管面临诸多难题；虚拟经济统一立法模式面临立法成本难题。

（1）虚拟经济一体化监管难以应对虚拟经济产品和服务的多样化。英国和澳大利亚实行一体化监管，但其监管机构和金融法规整合究竟是实质意义上的，还是形式意义上的仍值得探究。一方面其金融服务法中仍对不同的金融服务保留特有的规则，以确保规则的灵活空间。另一方面虽然采用单一监管机构，但监管机构内部仍按行业和交易行为设置不同监管部门，实行功能性监管。因此，简单地归并金融监管机构并非实质上的一体化监管。所以冯果教授认为真正能化解和消除不同监管原则和监管目标之间的张力和冲突，制定出针对不同金融产品和金融服务适用的相同监管规则，才是实质意义上的一体化监管。①

（2）混业经营只是虚拟经济发展的总体趋势，而非最终目标。为应对虚拟经济领域的激烈竞争，部分虚拟经济机构选择混业经营，这在一定程度上代表了虚拟经济发展的趋势和方向，但并非意味着全部虚拟经济机构都将采取混业经营的模式。相反，在部分虚拟经济机构集体化、综合化发展的同时，其他部分虚拟经济机构更愿意追求专业化。② 在虚拟经济市场高度发达，虚拟经济机构的形态、规模和业务不断丰富的背景下，混业经营或分业经营已不再是一个"非此即彼"的整体虚拟经济业态形式。金融市场被划分为资本市场与货币市场也非绝对，资本市场和货币市场之间并非"非黑即白"的泾渭分明。资本市场与货币市场提供的金融产品的自偿性高低和风险来源与大小存在相当大的不同，决定了两个市场的监管模式、监管手段和监管重心等方面存在差异。③ 虚拟经济机构完全可以根据市场需求、自身经营状况、经营规模和专业优势等确定和调整自身的业务方向，或专注于某一虚拟经济行业，或同时经营多个虚拟经济业务。

（3）虚拟经济横向规范或一体化监管面临诸多难题。一是虚拟经济行业横向规制存在技术性难题。虚拟经济产品复杂多样，产品规制的横向贯通需要破解不同产品自身的结构和交易风险，确立确定的交易规则。④ 二是

---

① 冯果：《金融服务横向规制究竟能走多远》，《法学》2010 年第 3 期，第 129-134 页。

② 冯果：《金融服务横向规制究竟能走多远》，《法学》2010 年第 3 期，第 129-134 页。

③ 冯果：《金融服务横向规制究竟能走多远》，《法学》2010 年第 3 期，第 129-134 页。

④ 冯果：《金融服务横向规制究竟能走多远》，《法学》2010 年第 3 期，第 129-134 页。

虚拟经济行业的横向规制面临行业的差异性难题。不同虚拟经济行业具有不同的监管目标:银行监管更关注银行系统的安全与稳健经营,强调银行资金的流动性和偿付能力;证券监管则侧重于维护市场的公平与秩序,强调信息披露与反欺诈行为规范;互联网金融监管则需要恰当处理虚拟经济创新、社会公众便利以及虚拟经济安全等多种价值之间的紧张关系。因此,对不同虚拟经济业别并非完全相同的差异性目标采取完全相同的法律规制,会产生逻辑和实践混乱。

(4)虚拟经济统一立法模式面临立法成本难题。虚拟经济分业经营和分业监管原则下,经过多年的发展,我国已经制定了数量庞大的银行、证券、期货、保险和信托等不同业别的虚拟经济法律法规,形成了较为完整有效的法律法规体系。现行法律法规的废止、修改与整合耗时费力,会遭遇立法政策和技术上的多重难题。同时,政策和法律的制定和修改具有巨大的社会和经济成本。试图通过虚拟经济统一立法模式完全替代分别立法模式,或寄希望于虚拟经济统一立法模式解决分别立法模式的局限和难题,无异于痴人说梦,难以转化成虚拟经济立法实际。

(二)树立虚拟经济领域立法大一统的指导思想

面对以上问题,以"大一统"为虚拟经济领域未来立法的基本方向,我们可以从以下方面入手:

(1)明确虚拟经济立法的基本目标和原则。虚拟经济的跨业性意味着其不会停留于某一特定的虚拟经济子领域,而是会在不同业务领域之间进行交叉与融合,由此,其所产生的风险也具有交叉性。传统虚拟经济立法针对不同业务领域建立起了分业监管模式,形成了不同的监管原则和监管目标,这些原则与目标并不是完全一致的,其内部仍然存在张力和冲突。要真正能化解和消除不同监管原则和监管目标之间的张力和冲突,就需要建立统一的虚拟经济立法,统合分割监管之局面。虚拟经济统一立法的核心在于基于整体性视角,对虚拟经济运行的一般规律进行把握,并在此基础上建立能够涵摄虚拟经济全域的监管原则和监管目标。当然,虚拟经济统一立法并不意味着要对事无巨细的虚拟经济运行事项进行涵盖,而是需要通过提取"公因式"的方式,确立整个虚拟经济法律治理的基本目标和原则。对于具体而细微的虚拟经济监管立法,可以基于这些原则和目标,进行适当的差异化立法。也就是说,虚拟经济立法大一统的出发点是筑牢虚拟经济法的整体性和系统性。

(2)强化虚拟经济立法的系统性。虚拟经济发展是多向度的,分业经营和混业经营都是其应然方向,但当今世界虚拟经济的混业化发展趋势更加明显,对虚拟经济立法也容易陷入一隅的混业式立法。然而,混业经营并不是虚拟经济的全部形态,混业化的虚拟经济只是虚拟经济发展的总体趋势,而非最终目标。事实上,混业经营与分业经营之间难分彼此,为了规避分业与混业的割据立法问题而带来的立法空缺问题,可以转而立足于"虚实"二元性来构建虚拟经济立法体系。虚拟经济立法的本质是国家通过法律制度对虚拟经济的运行进行监管、规制。一般来说,国家规制虚拟经济制度主要包括虚拟经济发展战略和虚拟经济发展监管制度两个层面。虚拟经济发展战略主要是从虚拟经济发展国家政策的宏观角度进行描述,主要涉及国家宏观经济结构、产业结构、区域经济发展和资源配置等。虚拟经济发展监管制度主要是对国家规范虚拟经济安全发展的保障制度体系进行描述,主要涉及监管模式、监管主体、监管内容、监管职责等。同时,虚拟经济立法应注重对虚拟经济活动中市场主体的权益保护。基于虚拟经济的抽象性、高风险性、价值波动性和专业性等特点,可能会造成不同的市场参与主体对虚拟经济交易内容的理解、相关信息掌握的程度、防范和化解风险的能力以及责任承担的分配等存在较大的差异性,从而损害市场参与主体的权益,进而危害虚拟经济市场秩序。因此,需要通过虚拟经济立法明确不同主体虚拟经济行为的权义职责,强化虚拟经济立法的体系性。

（3）注重虚拟经济横向规范或一体化监管。虚拟经济的"虚拟化"特征决定了虚拟经济的运行具有"敏感性强、波动性大、易滋生泡沫和稳定性弱等特征"①。从世界经济史维度观察,虚拟经济在促进社会财富增长的同时,也给人们的财富安全带来了极大的挑战。因为虚拟经济交易的客体是一种价值符号,脱离特定场景后,其可能一文不值;虚拟经济一旦形成便会相对脱离实体经济,最后演化为独特的运行机制;虚拟经济运行会脱离一般的价值规律,其价值会受制于人们对市场环境的信心和对未来获利的心理预期。② 虚拟经济运行中价格敏感性强、波动性大、投机机会增多等特征,容易加剧经济的脆弱性。虚拟经济的高风险性,主要表现为双价格系统风险,价格错位风险,非实体经济因素干扰的风险,以及人为控制的风险等。虚拟经济的高风险性,容易导致实体经济的巨大波动。虚拟经济有其独立性,其无法通过传统实体经济的规范制度和规则进行调整,需要通过专门的虚拟经济立法,加强虚拟经济横向规范或一体化监管。

（4）注重虚拟经济统一立法模式的立法成本问题。如前所述,目前我国虚拟经济立法并不完善,银行、证券、期货、保险和信托等不同业别之立法不仅内部存在缺憾,而且相互之间也缺乏系统性和体系性。我们与其治标不治本地各自修补,不如打破陈规进行重构。因为虚拟经济广度和深度的扩张与法律制度难以适配的尴尬现实是金融危机和经济危机周期缩短的实质。每一次金融危机或经济危机后通过制定应对性单行法律规范,能够解决虚拟经济某一方面的具体问题;基于虚拟经济自身特征及其可能导致的系统性风险,更长远、更系统地进行虚拟经济立法,才是保障虚拟经济发展和解决虚拟经济系统性风险问题的根本。因此,从长远来看,虚拟经济统一立法模式本身是一种符合成本与收益考量的立法模式。当然为进一步节省

① 胡光志:《虚拟经济及其法律制度研究》,北京大学出版社,2007,第23页。
② 胡光志:《虚拟经济及其法律制度研究》,北京大学出版社,2007,第71页。

立法成本,我们不应完全抛弃或无视已经形成的数量庞大的银行、证券、期货、保险和信托等不同业别较为完整有效的法律法规体系,相反,我们需要整合和凝练已有的立法基础,站在"巨人"的肩膀上腾飞。

三、以制定虚拟经济基本法为立法模式转变的切入口

立法制度是法治国家"制造良法"的重要规则保障。"立法体制是指由立法权、立法权运行和立法权载体诸方面的体系和制度所构成的有机整体。"[1]有限发展法学理论下虚拟经济立法模式的重构,必须以制定虚拟经济基本法为立法模式转变的切入口。

(一)通过虚拟经济基本法带动立法模式转变

虚拟经济是一种基于制度建构发展起来的经济形式,或者说是一种基于规则的经济形式。虚拟经济产生的初期,"传统的交易习惯具有重要的作用"[2]。但虚拟经济广度和深度的不断扩张,远远超越了传统交易习惯的调适范围。现代法治国家建设背景下,虚拟经济法律制度成为保障虚拟经济安全运行和有限发展最重要的形式。虚拟经济基本法对虚拟经济法律制度的供给和体系的建构具有重要影响。虚拟经济基本法是指国家虚拟经济的立法机关及其立法权限配置的基本体系和制度,是国家虚拟经济立法体制的重要组成部分。

虚拟经济产生和发展的渐进过程导致虚拟经济立法逐渐形成了分散化和个别化的特征,并自然生成了我国虚拟经济分散立法的框架模式。作为虚拟经济立法的被动选择,不同虚拟经济领域的分别立法及时地解决了虚拟经济创新发展过程中的诸多实践性难题。虚拟经济是国家经济系统的重要组成部分。虚拟经济立法模式选择与虚拟经济法律规范的实施效果密切

---

[1] 周旺生:《立法学教程》,北京大学出版社,2006,第157页。

[2] 吴秋璟:《虚拟经济制度与结构变迁的研究》,复旦大学博士论文,2004,第32页。

相关,直接影响虚拟经济的运行和发展。虚拟经济立法模式选择取决于不同国家和不同时期虚拟经济、实体经济以及国家整体经济的基本状况,具有明显的时空性特征。整体而言,目前虚拟经济立法主要有分别立法模式、统一立法模式、横向规制立法模式和综合规制立法模式等不同实践和理论观点。然而,如前所述,我国数量众多的虚拟经济法律规范之间缺少联系和协调性,不能反映虚拟经济区别于实体经济的特性,也不能反映虚拟经济不同领域的共性。对此,我们认为,可以通过制定虚拟经济基本法带动立法模式转变。

　　虚拟经济是国家重要的核心竞争力,虚拟经济安全是国家整体经济安全的重要组成部分,虚拟经济法是进行虚拟经济规制的基础性制度。虚拟经济立法应当立足于虚拟经济运行的基本逻辑和基本特征,遵循规范发展的基本原则:第一,虚拟经济应回归本源,服从服务于实体经济和经济社会的整体发展;第二,优化虚拟经济结构,完善虚拟经济市场、虚拟经济机构和虚拟经济产品体系;第三,强化虚拟经济监管,提高防范化解虚拟经济风险和整体经济风险的能力;第四,突出虚拟经济发展的市场导向,发挥市场在虚拟资本资源配置中的决定性作用。虚拟经济是实体经济的血脉,为实体经济服务是虚拟经济的天职,是虚拟经济的宗旨,是防范虚拟经济风险的根本举措。目前全球虚拟经济的总规模已经超过实体经济。"人类自从发展金融业以来,虚拟经济便成为各国 GDP 重要的组成部分。随着金融业的急剧裂变,虚拟经济规模扩张到了令人瞠目结舌的地步。根据数据统计,2018年底,全球 GDP 总量约 80 多万亿美元,而股票、期货、债券却超过了 3000 万亿美元。80 多万亿美元的全球 GDP 与 2017 年相比,全球实质财富仅仅增加 3%,即 2 万多亿美元。也就是说全世界约有 77 亿人,辛苦一年新增的财富也就 2 万多亿美元。但是这些与 3000 万亿美元的虚拟经济相比,简直是九牛一毛。"①由此可见,大量的虚拟经济一旦膨胀,实体经济必然遭受巨大的冲击。历史上,虽然美国、英国、日本等发达资本主义国家通过立法方式对虚拟经济的运行进行了制度保障,但这种方式往往是在金融危机发生之后的滞后反应,是被动的、被迫的,缺少前瞻性。而随着新时代的发展,虚拟经济又会呈现出新的表现形式,国家对虚拟经济运行安全的法律制度设计显得更为重要和急迫。

虚拟经济法律制度是从经济学家提出的"虚拟经济"概念出发建立的与实体经济法律制度相对应的制度构想。目前法学研究多将虚拟经济重要组成部分的证券、期货和金融衍生品等作为金融法律规范进行研究,亦不影响从更宏大的层面关注和研究与实体经济相对应的虚拟经济法律制度的构建。虚拟经济基本法一方面可以体现虚拟经济法的统一性,将证券、期货、金融衍生品等法律制度纳入统一的法律体系之中;另一方面可强调虚拟经济法的相对独立地位,即将虚拟经济法与实体经济法作为两个平行的构成部分,积极构建我国虚实二元的经济法制度体系。

通过制定虚拟经济基本法,准确把握其目标定位,对有效解决虚拟经济活动的基本问题能起到促进作用。我们认为,应制定法律位阶上地位仅次于宪法且作为虚拟经济单行法制定依据的虚拟经济基本法。虚拟经济基本法在制度功能上,对虚拟经济单行法律规范进行统一协调和指导,从而消除法律适用过程中各自为政的状态,缓和、消解法律适用的冲突。"托马斯·皮凯蒂撰写的《21世纪资本论》中一个重要的观点是,资本的回报率比 GDP 增加多几个百分点,不是一时发生的,而是在过去 300 年都是如此。"②导致这一现象的重要原因之一即是虚拟经济行业很大的"外部性、经济规模性,以及信息很大程度上的不对称性,容易导致市场失灵和巨大的市场风险(如

---

① 《警钟:全球 GDP 总量 80 多万亿美元,而虚拟经济已经超过 3000 万亿》,http://www.baisuu.net/cai-jingxinwen/20191116/166792.html,访问日期:2020 年 8 月 13 日。

② 田国强:《治理转型中虚拟经济的财富效应》,《国家治理》2015 年第 19 期,第 12-18 页。

欺诈、投资失败的风险),从而促成传统融资高风险下的高回报"①。

因此,新时代为了保障虚拟经济的安全有序发展,国家需要通过虚拟经济基本法律制度之建构,破除传统虚拟经济立法中点线模式之弊端,找到虚拟经济发展与实体经济发展的"限度",为虚拟经济的安全运行设定标准性、程序性规则和提供边界。但虚拟经济基本法,需要以虚拟经济有限发展法学理论为指导,从完善我国虚拟经济法律规范体系出发,坚持虚拟经济立法保障虚拟经济运行安全、服务实体经济发展的基本理念,提升虚拟经济立法的前瞻性、关联性、协同性,更加重视虚拟经济法律法规的统一与规范。②

(二)明确虚拟经济基本法之要旨

通常,虚拟经济立法之宗旨有三:一是维护市场秩序,包括竞争秩序和交易秩序;二是保障市场主体的权益,包括对市场弱势主体权益,尤其是金融消费者权益的保护,以及对市场强势主体对策行为的治理;三是落实监管主体的职权,从金融监管权设定的视角,明确虚拟经济监管主体的职权与职责。既然是制定虚拟经济基本法,那么在立法中就应当省思:其一,虚拟经济法律制度的架构是否有利于市场竞争秩序和交易秩序,是否有利于虚拟经济在创新基础上,实现社会整体经济的可持续发展。其二,虚拟经济法律制度对虚拟经济市场主体的权益保护是否充分,包括对弱势交易主体基础交易需求的保护和强势交易主体对策行为的治理是否有效。其三,虚拟经济法律制度对虚拟经济监督管理主体的职权配置是否恰当,是否具有明确的干预边界,包括对监督管理机构的职权配置是否科学和是否合理等。

① 田国强:《治理转型中虚拟经济的财富效应》,《国家治理》2015 年第 19 期,第 12-18 页。
② 2017 年 12 月 22 日,国务院修改《行政法规制定程序条例》。该条例明确规定,制定行政法规,应当贯彻落实党的路线方针政策和决策部署,符合宪法和法律规定,遵循《立法法》确定的立法原则。因此,金融立法要按照科学立法、民主立法、依法立法精神,使金融立法的内容更加科学,程序更加规范。

1.维护虚拟经济市场秩序

虚拟经济是社会经济发展到一定阶段的产物,其自身天然存在着功利性、投机性、波动性和高风险性,因此,虚拟经济是一柄"双刃剑"。理想状态下,"虚、实资本可以相互转化,相得益彰,使社会总体资本不沉淀、闲置,从而提高资本的营运效率。虚拟资本的存在,缓和了社会资本短缺的矛盾,进而促进资源优化配置。总而言之,它可以促使社会闲散资金转化为生产经营资金,促进经济、增长效益。但是,虚拟经济的功能是增加货币的流动性,是国家为维持宏观经济稳定,防范富余货币洪水般冲击实体经济而被迫开辟的泄洪渠。遗憾的是,虚拟经济唯一的目的在于保值和高额增值,在纸币制度环境中,哪里利大就流向哪里,即将通过贷款、股票、国债、保险等方式筹集的资金投放到实体经济中去,可能造成社会产能和商品过剩,爆发经济危机;反之,也可能从实体经济领域抽走资本,使实体经济出现资本严重短缺,生产规模缩减,增加失业,商品短缺,物价走高,导致社会危机"①。因此,虚拟经济基本立法必须维护虚拟经济市场正常的竞争秩序和交易秩序,确保虚拟经济在创新基础上实现社会整体经济的可持续发展。

与此同时,公平也是虚拟经济市场秩序良性运转的必备要素。虚拟经济基本法应当维护虚拟经济市场的公平性。我国虚拟经济法应立足于转型时期经济和社会发展中的现实问题,突破传统虚拟经济单纯着眼于规范虚拟经济活动的局限,将视野扩展到更为宏大的社会发展与制度变迁的背景中,强调虚拟经济公平理念的地位。② 虚拟经济公平,是指参与虚拟经济活动的各类主体不因自身经济实力、所有权性质、地域和行业等因素而受到差别对待,能够公平地参与虚拟经济活动,机会均等地分享虚拟经济资源,形成合理有序的虚拟经济秩序,并通过虚拟经济市场实现社会整体利益的最

---

① 冯学平:《过度的虚拟经济将引发巨大经济动荡和危机》,《中国经贸》2012 年第 20 期,第 11-12 页。
② 冯果:《金融服务横向规制竟能走多远》,《法学》2010 年第 3 期,第 129-134 页。

大化。虚拟经济公平的内涵表现为：一是市场主体公平地参与虚拟经济活动。虚拟经济市场固有的资本逐利性和资本嫌贫爱富的特性需要通过虚拟经济立法加以矫正和协调。① 二是市场主体公平地进行虚拟经济交易。三是社会主体公平地享受虚拟经济福利。虚拟经济公平本质上首先是一种"形式公平"。以金融为核心的虚拟经济活动中，无论是公平参与，还是公平交易，都只是一种机会的平等。虚拟经济活动的机会平等，很大意义上是指市场主体能够选择适合自己的虚拟经济活动。若缺少对虚拟经济典型特征的考虑，对多数社会主体而言，要么不具备参与虚拟经济活动的机会，要么参与虚拟经济交易活动后合法权益得不到保护或容易受到侵害，更不用说享受虚拟经济发展的福利。比如，即使在不考虑专业性的前提下，期货交易需要缴纳保证金，信托产品具有每份最低价格的限制，银行借贷须以较高信用或特定担保物为前提。虚拟经济交易活动存在的门槛会将很大一部分社会主体排除在虚拟经济交易活动之外。虚拟经济有限发展立法不应该也不可能完全剔除这些门槛，完全忽视不同虚拟经济产品的不同特质。相反，创设和保障能满足不同层次和不同市场主体需求的虚拟经济产品和服务体系才是虚拟经济有限发展的未来。虚拟经济基本立法需要满足虚拟经济运行的基本要求而不能完全消除虚拟经济市场的交易门槛。虚拟经济立法可以从虚拟经济主体的构成体系上设置能满足中小企业虚拟经济活动需求的小微型虚拟经济机构。

2.强化对弱势群体的权益保护

社会弱势群体直观表现为经济利益的贫困、生活质量的低层次、民主政治参与性差、承受力和竞争力弱等。社会弱势群体是一个相对概念，其可能是一个行业、一个区域或一类交易关系中特定主体相对整个社会主体或交

---

① 笔者认为任何虚拟经济法制都不可能也不宜改变虚拟资本市场的逐利性和资本嫌贫爱富的本质特性。

易相对人而言处于不利的地位,因而需要获得国家和社会更多的关注和支持,尤其是法律制度上的长期可持续的支持。在弱势群体保护的具体路径选择过程中发展起来的"包容性发展"理论,实质是社会资源在时空上的重新配置。

在虚拟经济交易活动中,弱势群体的交易能力不足导致交易风险增加,权利受损的可能性也随之增加。市场是由工具理性支配的场所,其追求效率的目标设定必然会导致优胜劣汰、适者生存的结果,与霍布斯描绘的"人人为敌"的局面非常接近。市场交易活动必须由法律保证和提供"游戏规则"。[1] 社会交易关系中,有天生的强势群体和弱势群体之分。由于社会经济的不断发展和通胀压力的存在,社会主体希望自己的财富通过虚拟经济交易活动能增值保值,成为一种更为普遍的社会现象。同时,互联网信息技术的运用和直接融资比例的加大,使虚拟经济交易活动的参与主体不断增多。然而,虚拟经济的一般交易主体面对金融机构时,由于金融知识匮乏,自我排斥及与金融机构的力量不平衡导致公平交易难以自动实现;加之虚拟经济监管从严和监管真空同时存在,金融交易活动中一般交易主体购买金融产品及服务过程中利益受损的问题时有发生。[2] 此外,一般市场主体参与虚拟经济交易的专业能力、暴富心理和投机心理等会带来更大的交易风险。遇到社会较大波动时,可能酿成更大的社会风险。由此可见,虚拟经济基本法之构造必须重视对弱势群体的权益保护。

3.落实监管主体的职权

在虚拟经济活动中政府监管可对虚拟经济市场形成"利好",即政府通过监管政策可以对虚拟经济发展形成导引。但2008年美国次贷危机同时表明,单纯依靠传统利率调节等货币政策已经难以有效地防范系统性风险。

---

[1] 张德胜:《儒家伦理与社会秩序:社会学的诠释》,上海人民出版社,2008,第175页。

[2] 李明贤、唐文婷:《农村资金互助社运营中的金融消费者权益保护分析》,《农业经济问题》2019年第12期,第99-107页。

在 2019 年 1 月 19 日施行的《中国人民银行职能配置、内设机构和人员编制规定》中，货币政策二司被取消，新设立宏观审慎管理局。宏观审慎监管是指单个金融机构的健康已经无法保证金融体系的健康时，金融监管应当着眼于维护金融体系的稳定。2019 年 2 月 15 日，《国务院关于在市场监管领域全面推行部门联合"双随机、一公开"监管的意见》要求，通过在市场监管领域全面推行部门联合"双随机、一公开"监管，增强市场自治能力，对市场上正常生产经营活动保持干预之谦抑性。此外，虚拟经济亦具有社会功能，即促进社会公平发展、公平配置社会资源的功能。虚拟经济立法亦应保障虚拟经济实现社会资源公平配置、促进社会公平发展的社会功能。一言以蔽之，虚拟经济有限发展法学理论指导下的虚拟经济立法，必须尊重市场规律，反映虚拟经济关系，合理配置虚拟经济监管主体的职责权限。

（三）确立虚拟经济基本法的构造路径

我国虚拟经济有限发展的分别立法模式，虽然具有灵活、务实、简便等优点，但由于目前缺乏总则的统率，还不能收到纲举目张之效果，因此单个的虚拟经济法变成了孤立、单一的法律，暂时不能形成虚拟经济法内在应有的体系。这既不利于我国虚拟经济的有限发展，也不利于虚拟经济关系的统一规制，更无助于对虚拟经济法律原则、基本制度和规则的统一理解，难以避免虚拟资本和虚拟产品设计过程中监管套利和风险放大等行为。虚拟经济运行机制和功能的特殊性决定了虚拟经济法律制度规范的特殊性，形成了数量众多的虚拟经济法律规范。因此，我们主张以"大一统"为虚拟经济立法变革的基本方向，努力尝试构建虚拟经济基本法。

虚拟经济基本法的构造应当是一个系统性工程，既要反映虚拟经济的特性，又要平衡安全、公平与效率等价值，还要立足新兴虚拟经济形态。因此，虚拟经济基本法的构造路径如下：一是制定虚拟经济基本法反映虚拟经济的特性，统合虚拟经济不同组成部分，形成与实体经济法律规范对应的虚拟经济法律规范体系;二是通过虚拟经济法律规范的立、改、废、释等多种形式保障虚拟经济安全、虚拟经济效率和虚拟经济公平的三者平衡;三是结合时代特征,尤其是互联网信息技术创新对虚拟经济发展的促进和挑战,制定和完善虚拟经济领域的专门立法。

(1)制定虚拟经济基本法反映虚拟经济的特性,统合虚拟经济不同组成部分,形成与实体经济法律规范对应的虚拟经济法律规范体系。通过虚拟经济立法的顶层设计,增强虚拟经济立法的系统性并提供虚拟经济法律规范的统合性。概括而言,制定虚拟经济基本法应当反映虚拟经济的高风险性、价值依附性、价值波动性以及活动专业性等特性。

首先,虚拟经济的高风险性。虚拟经济产生于实体经济,但虚拟经济的过度发展和创新可能导致虚拟资本的过度扩张,完全不受实体财产的影响。这一结果可能会让经济运行偏离基础支撑,从而形成经济空转,导致经济泡沫加大、聚集经济风险,冲击经济运行的稳定性。无论是说虚拟经济源于实体经济的虚拟化,还是说虚拟经济是金融深化的结果,虚拟经济都无法解除实体经济内生的市场失灵,反而会集中并放大几乎所有的市场失灵。[①] 虚拟经济的高风险性还表现在风险传导链条的长尾性和经济风险传染的高速性,风险可以在顷刻间通过债权人传至各个虚拟经济子部门。[②] 制定虚拟经济基本法就需要对这些风险进行全方位考量。

其次,虚拟经济价值的依附性。数据显示,主要发达国家的财富不再是由实际物质财富组成,而是由虚拟财富构成。然而,学界对虚拟财富究竟是不是财富,是什么性质的财富等问题仍持有不同的看法。一种观点认为,虚拟财富"也是真实的财富,可以用来交换和购买各种商品和服务,同实物财

---

① 胡光志、雷云:《法律制度供给与地方虚拟经济立法问题》,《重庆社会科学》2008 年第 9 期,第 55-60 页。

② 刘少军:《规范虚拟经济的法律思考》,载王卫国主编《金融法学家》,法律出版社,2010,第 216 页。

富没有任何本质的区别"①。另一种观点则认为,"虚拟资本要成为真正的财富,必须依赖于实体经济财富。一旦离开实体经济财富,虚拟财富就一文不值。因此,虚拟财富不是完整的独立财富,而是寄生性、依赖性财富"②,即真正能够起到价值增值作用的资本只是实体资本,"股票不过是对这个资本所实现的剩余价值的一个相应部分的所有权证书"③。无论虚拟经济领域的产品如何创新,如何衍生,从最根本的意义上来说都存在一个评估和衡量其具体价值的实体经济基础,虚拟经济价值具有依附性。制定虚拟经济基本法就需要对这种价值依附性进行充分考量。

再次,虚拟经济价值的波动性。"虚拟性决定了虚拟经济易受人们心理和观念等因素影响,从而具有波动性。"④同时,虚拟经济领域的产品创新一定程度上可以凭借自身的反复炒作创造财富,并最终计入一国的 GDP。虚拟经济不经过实际生产过程创造的财富,其价值很大程度上由人们的心理预期而非实际生产成本决定,具有很强的波动性。⑤ 因此,制定虚拟经济基本法需要充分考量价值波动性,并寻求价值稳定策略。

最后,虚拟经济活动的专业性。与一般物质商品交易的直观性相比,虚拟经济市场、产品、交易信息、交易条件以及价格形成和影响因素等具有高度的专业性,对虚拟经济市场主体提出了更为严格的要求。虚拟经济市场主体主要包括专业机构、一般投资者和消费者等,各类主体之间的差异巨大,往往导致相对弱势的交易主体权利更容易受到侵害。因此,制定虚拟经济基本法应当充分考量虚拟经济活动的专业性,对相对弱势的交易主体给

① 张国庆、刘骏民:《经济虚拟化、金融危机与政府规制》,《当代财经》2009 年第 10 期,第 16-20 页。
② 鲁品越:《虚拟经济的诞生与当代精神现象》,《哲学动态》2015 年第 8 期,第 14-19 页。
③ 中共中央马克思恩格斯列宁斯大林著作编译局:《马克思恩格斯文集》(第七卷),人民出版社,2009,第 529 页。
④ 李宝翼:《虚拟经济和虚拟财富的内涵:与刘骏民等学者商榷》,《南开经济研究》2005 年第 2 期,第 56-60 页。
⑤ 张国庆、刘骏民:《经济虚拟化、金融危机与政府规制》,《当代财经》2009 年第 10 期,第 16-20 页。

予适当倾斜保护。

(2)尊重我国虚拟经济法制现实,借助虚拟经济法的立、改、废、释等多种形式保障虚拟经济安全、虚拟经济效率和虚拟经济公平之间的平衡。从虚拟经济的市场经济功能看,安全和效率是虚拟经济法律制度追求的价值;从虚拟经济的社会功能看,虚拟经济具有调节社会财富分配和优化资源配置的功能,虚拟经济的公平也是虚拟经济法律制度追求的价值。同虚拟经济法律规制的价值目标及其相互配合机制相适应,[1]安全、效率和公平亦是虚拟经济立法追求的三大主要价值目标,只有形成三者的相互配合和良性互动,并同时强调对虚拟经济主体权益的保护,才能完善虚拟经济法律制度,促进社会经济整体健康发展。所以,我们应当通过虚拟经济法律规范的立、改、废、释等多种形式保障虚拟经济安全,促进虚拟经济创新发展与稳健运行。

(3)结合时代特征,尤其是互联网信息技术创新对虚拟经济发展的促进和挑战,制定和完善虚拟经济领域的专门立法,如虚拟经济背景下金融消费者的保障立法、互联网金融立法、股权众筹立法、区块链金融立法以及虚拟经济刑事责任法律规范等。以互联网金融立法为例,随着互联网技术发展的日新月异和金融行业的蓬勃发展,互联网金融作为一种新业态也取得了长足的发展。目前比较常见的互联网金融有网络支付、互联网保险与信托、数字货币、互联网基金销售、P2P 网络借贷、股权众筹、互联网消费金融等。[2]经过前些年的"野蛮成长",近年来互联网金融风险"暗流涌动",大规模的违约事件和欺诈跑路时有发生,造成互联网金融市场险象环生。由此,相关主管部门掀起了声势浩大、持续至今的互联网金融行业整治活动[3],并颁布了一系列指导性的政策性文件和部门规章制度。但"囿于法律固有的滞后

---

① 冯果:《金融法的"三足定理"及中国金融法制的变革》,《法学》2011 年第 9 期,第 93-101 页。

② 李海娟、佟雪:《互联网金融风险及防范的法律对策》,《对外经贸》2020 年第 5 期,第 78-80 页。

③ 刘志云:《互联网金融整治背景下的立法思考》,《企业经济》2018 年第 7 期,第 5-11 页。

特性,新兴的互联网金融尚无专门性系统化的法律规定。这导致互联网金融立法缺失进而难以全面、依法调控互联网金融行业,致使行政监管不全面,存在空白监管地带,也为洗钱、恐怖活动融资等违法犯罪行为提供了平台与便利空间,互联网金融业务经营者良莠不齐易诱发互联网金融违法违规行为与操作,互联网金融纠纷发生后互联网金融消费者取证困难导致维权救济难"①。作为一种具有重要特征的新金融形式,虚拟经济背景下的互联网金融立法,不仅需要一般规范性文件的阶段性引领,更需要制定和完善虚拟经济领域的专门立法,从交易结构本质和金融消费者保护的角度出发,为互联网金融创新提供强有力的制度基础,以立法保障互联网金融行业的规范有序发展。总之,技术创新与制度创新的交织推动着人类社会的进步,结合时代特征,面向技术创新对虚拟经济发展的促进和挑战,制定和完善虚拟经济领域的专门立法显然是一种应然之举。

总而言之,虚拟经济规范运行无法脱离现实的法制环境。虚拟经济安全运行和有限发展受实体经济运行各环节相关制度的制约。更为重要的是,虚拟经济运行虽然在交易对象、交易价格形成和交易收益模式等方面与实体经济存在很多区别,但虚拟经济运行的本质仍然是市场主体之间的经济活动,表现为各种各样的交易关系和委托代理关系等。虚拟经济运行的法律环境并不完全等同于直接规制虚拟经济关系的立法,两者有交叉部分,②但相比之下,虚拟经济专门立法的内涵和功能更为有限。虚拟经济市场主体法律制度、虚拟经济市场行为法律制度、交易标的制度、合同制度和信用制度等是虚拟经济法律制度的构成内容。③ 如《民法典》关于担保物权的创新性规定和新增的保理合同等制度,都为虚拟经济创新提供了空间;《公司法》允许股份公司以募集方式设立,为公司制私募基金开辟了道路;

---

① 李海娟、佟雪:《互联网金融风险及防范的法律对策》,《对外经贸》2020 年第 5 期,第 78-80 页。

② 季奎明:《论虚拟经济的私法制度环境:以金融危机为视角》,《法学》2011 年第 6 期,第 74-80 页。

③ 胡光志:《虚拟经济及其法律制度研究》,北京大学出版社,2007,第 147-187 页。

《合伙企业法》增加有限合伙的内容，为建立风险投资基金创造了条件。保障虚拟经济安全运行和有限发展的配套立法，是保障虚拟经济运行社会经济环境的基础法律制度[1]，如产权、合同、货币、现代企业制度，以及其他虚拟经济法律制度，包括规定虚拟经济主体、客体和监管等事项的法律制度。[2]虚拟经济立法改善，还包括宏观调控法的完善和弥补、金融监管制度的创新、中小金融机构和农村金融机构的促进制度、虚拟经济运行过程中金融类主体公司制度的重构、高管人员的任职资格和薪酬调控制度等。

---

[1] 该观点的背景是中央政府与地方政府制定虚拟经济的权力分置，从虚拟经济运行安全的整体要求看，虚拟经济运行安全保障的基本法律制度应由全国人民代表大会及其常务委员会制定。

[2] 胡光志、雷云：《法律制度供给与地方虚拟经济立法问题》，《重庆社会科学》2008年第9期，第55-60页。

第五章 有限发展法学理论下虚拟经济立法体系的升级方案

目前已经到了"点式星状"立法向统一立法转型的时代。在这一背景下,虚拟经济有限发展法学理论的提出,具有重要的意义,主要表现在两个方面:一是将以前分别看待、分别研究、分别立法的银行业、货币业、证券业、期货业、金融衍生品等统一起来,以实现虚拟经济立法概念的提升与整合,为统一、系统地研究和对待以上各行业提供了思维工具;二是虚拟经济有限发展法学理论,可以推进虚拟经济与传统的以劳动价值理论为基础的实体经济二元并行,使人们对人类社会历史上经济模式演变以及当今社会经济格局的认识实现法哲学化迈进。

一、升级之基本原则

有限发展法学理论下虚拟经济立法体系的升级,需要从基本原则的升级出发,需要从内部维度、外部维度、核心维度以及技术维度着手,建构虚拟经济与实体经济协调发展原则,秉持"大一统"的整合思想,坚持有限发展理念,促进针对性与前瞻性、原则性与灵活性相统一。

(一)外部:实现虚拟经济与实体经济的协调发展

虚拟经济原本是一种寄生并服务于实体经济的现代经济方式,但随着其不断发展日益摆脱了依附性而逐步走向独立,而独立性的获得使其高风险特性愈发明显,并同时对实体经济保持着相当程度的影响和支配。鉴于此,虚拟经济立法并不仅仅是为了规范虚拟经济本身的发展,同时也是为了确保虚拟经济的发展不会成为阻碍甚至破坏实体经济发展的不稳定因素。是故,有学者认为膨胀过后的虚拟经济日益脱离了对实体经济的依赖,两者能否保持良性的互动关系就变成了一个值得认真审视的问题。① 通常而言,对于实体经济,虚拟经济有两个维度的影响:一方面是为实体经济融资,降低其风险,间接刺激消费和投资以拉动实体经济发展等积极功能;另一方面却是虚拟经济中的风险累积既影响市场秩序和信用基础,也影响消费和投资,进而影响实体经济发展。对此,理论界就虚拟经济与实体经济之间的关系形成了稳定论与背离论两种观点:稳定论主张虚拟经济只有与实体经济发展规模和速度保持相协调的适度发展,整个经济运行方能保持最优状态;背离论则认为虚拟经济自身的财富创造功能致使虚拟经济会根据回报率决定资金流向,而虚拟经济自身的回报率较高时会诱导更多的资金流入而减少实体经济部门的资金供给,实体经济的负乘数效应便出现了,实体经济与虚拟经济也就相背离了②。

诚然,无论是稳定论,抑或是背离论,皆是虚拟经济对实体经济的影响或者虚拟经济的状态的呈现,其本质仍然是虚拟经济与实体经济发展能否保持协调的问题。金融危机的产生多半源自虚拟经济自身的过度发展,虚实协调说或适当比例说由此而提出谋求虚拟经济与实体经济的适当比例以保障二者的协调性③,即既不能抑制虚拟经济的发展,也不能放任其脱离实

---

① 苏治、方彤、尹力博:《中国虚拟经济与实体经济的关联性:基于规模和周期视角的实证研究》,《中国社会科学》2017 年第 8 期,第 87-109 页。

② 刘晓欣、宋立义、梁志杰:《实体经济、虚拟经济及关系研究述评》,《现代财经》2016 年第 7 期,第 3-17 页。

③ 张国庆、刘骏民:《经济虚拟化、金融危机与政府规制》,《当代财经》2009 年第 10 期,第 16-20 页。

体经济而自我膨胀。① 美国次贷危机已经用血的教训昭示了这一点：虚拟经济与实体经济的比例平衡被打破而进入过度膨胀状态将带来重重危机②。因此，在某个历史发展阶段，虚拟经济规模可能会超越实体经济，但这仍然不是我们放任虚拟经济超越实体经济膨胀式发展的理由。虽然在某个具体的国家，虚拟经济总量超越实体经济后，国家经济仍然健康发展，但并不意味着这是一个"放之四海而皆准"的真理。美国虚拟经济总量超过实体经济仍然是世界第一大经济强国，③且能够保持经济的适度增长。然而，虚实经济关系的美国模式远远超越了一个国家经济系统的内部构造。美国虚实经济关系稳定的决定性因素是美国这一庞大的经济体在国际经济贸易秩序和经济活动中的收支平衡，而非简单的虚拟经济必须有实体经济支撑，或虚拟经济和实体经济总量必须保持相当的问题。综观美国虚拟经济模式可以发现：虚拟经济总量在美国经济总量中份额的增长，促进了美国经常项目国际收支向逆差方向发展，而美国金融项目的国际收支向顺差方向发展，只要二者可以长期保持均衡，美国的虚拟经济就可以正常运行。正是由于虚拟经济的介稳性特征，④美国虚实经济关系才能够平衡。美国经常项目国际收支逆差与金融项目国际收支顺差的保持和均衡，主要得益于美国作为世界第一大经济体的保障以及美元的国际货币地位。简言之，"美国的虚拟经济是由全球实体经济支撑的，而非国际货币国家的虚拟经济却只能由本国实体经济支撑"⑤。因此，虚拟经济超越实体经济的美国模式很难成为其他国家

---

① 袁国敏、王亚鸽、王阿楠：《中国虚拟经济与实体经济发展的协调度分析》，《当代经济管理》2008年第3期，第12-15页。
② 刘骏民、张国庆：《虚拟经济介稳性与全球金融危机》，《江西社会科学》2009年第7期，第79-85页。
③ 《非偶然！美国连续124年GDP世界第一，这4点或许是根本！》，https://www.sohu.com/a/272677590_591132，访问日期：2021年12月20日。
④ 刘骏民：《经济增长、货币中性与资源配置理论的困惑：虚拟经济研究的基础理论框架》，《政治经济学评论》2011年第4期，第43-63页。
⑤ 刘骏民、李凌云：《世界经济虚拟化中的全球经济失衡与金融危机》，《社会科学》2009年第1期，第3-10页。

的蓝本。此外,2008年次贷危机后,美国除进一步完成全球实体经济的布局外,也采取了一系列措施稳定和加强实体经济在本国经济系统中的功能。如美国提出要发展先进的信息技术生态系统,并通过人工智能、机器人以及数字化制造,重塑制造业的竞争力。因此,为了保障实体经济的健康发展,政府应该采取切实行动确保虚拟经济不会过度发展而成为泡沫经济,也即虚拟经济只有保持为实体经济提供融资服务的基本目标方能实现两者的协调发展①。

(二)内部:秉持大一统的整合思想

虚拟经济的发展离不开法治的保障,而立法在其中处于一个基础性地位,其在稳定虚拟经济市场、防范虚拟经济风险等方面扮演了重要的角色。考虑到虚拟经济与实体经济协调发展的内在追求,虚拟经济立法应当坚持虚拟经济有限发展理论,遵循虚拟经济服务实体经济的原则,以虚拟经济和国家整体经济安全为基本价值,促进虚拟经济和国家整体经济的可持续发展。无论是基于市场内部缺陷还是外部影响因素,金融危机或经济危机是市场经济发展过程中难以完全避免的现象。因此,相关的虚拟经济制度设计和监管都只能通过制度的"逻辑自洽"以期建立"更好、更完善"的制度,防范和化解金融危机或经济危机。

虚拟经济有限发展立法模式的选择显然不取决于我们的理想化设计,而取决于国家虚拟经济法律规范的现状与实践。虚拟经济混业经营趋势无法根除虚拟经济业别,虚拟经济市场的单一化与绝对化也只是人们的一厢情愿。虚拟经济市场先天不成熟、市场化约束机制欠缺以及司法支持环境弱化等因素决定了我国难以选择虚拟经济统一立法模式。打破现有虚拟经济法律框架,完全重新创制一部统一适用于所有虚拟经济业务和活动的虚拟经济法是不现实的。同理,无视虚拟经济机构混业经营的总体趋势,人为

---

① 王守义、罗丹:《推进我国实体经济与虚拟经济协调发展》,《红旗文稿》2017年第12期,第19-20页。

地划定虚拟经济机构的产品和服务范围以分割虚拟经济市场的做法违背了法律制度应适应虚拟经济创新实践的基本要求。完善我国虚拟经济有限发展立法模式的可行思路是,保留虚拟经济领域分别立法的现有框架,针对银行、证券、期货、保险和信托等单行虚拟经济法的共性,通过功能性规范推进虚拟经济监管的协调和整合,制定一部超越银行法、证券法、期货法、保险法和信托法等虚拟经济业别的统一的虚拟经济基本法。从虚拟经济产品的无形性、专业性、收益性和风险性等特点入手,规范虚拟经济产品销售、提升虚拟经济服务品质和保护金融消费者的权利是制度安排的重要内容,基本构造出以虚拟经济基本法为统领、虚拟经济业别法为构成的伞形虚拟经济法律规范体系,进而形成实体经济法与虚拟经济法二元并列的经济法体系。有学者提出金融法法典化具有提高法律的系统化程度、促进立法精细化、改进监管能力、约束权力等现实功能[1],制定完备且体系化的虚拟经济法同样在提升法治化水平、规范市场行为上有着重要意义。

(三)核心:坚持有限发展的理念

法的理念是指人们对法的精神、宗旨、任务等的主观认知以及对法的价值的评价和理性判断。法的理念可能对立法、政策适用和司法判决等行为产生影响。虚拟经济的立法理念是指虚拟经济立法中人们对虚拟经济立法的精神、宗旨和任务等基础问题的主观认知和理性判断。虚拟经济立法理念是能够影响虚拟经济立法模式选择、立法宗旨和立法基本原则的观念。虚拟经济有限发展法学理论,是在承认虚拟经济作为现代经济系统组成部分及其相对独立性的前提下,强调虚拟经济自身发展及其对实体经济的促进和支持作用是有限的。

历史实践表明,随着世界范围内的经济社会发展的不断推进,虚拟经济的发展壮大不可避免,它一方面对实体经济有巨大的推动作用,另一方面也

---

① 邢会强:《论金融法的法典化》,《首都师范大学学报(社会科学版)》2016年第1期,第49-57页。

不可避免地存在风险性。但无论如何,虚拟经济目前已经是一种客观存在,是一种不随主观意愿发生改变的现实。"为了适应新经济发展的需要,尤其是经济日益发展国际化的需要,为了促进我国虚拟经济的发展,抑制虚拟经济风险,克服虚拟经济局限,保障虚拟经济健康、安全、快速和可持续发展,我们必须用法律的形式对之进行规范。因此,我们不仅需要虚拟经济立法,而且应当尽力去研究、改进和完善我们的虚拟经济法律体系。"[1]为此,我们提出了虚拟经济有限发展法学理论,这也是虚拟经济立法的基石。虚拟经济有限发展法学理论,是一种根据虚拟经济自身运行规律,从法律自身的宗旨和价值出发,主张法律在保障虚拟经济发展的同时,为预防和克服其负面效应,保障其运行安全和可持续发展,而将其置于法律约束下的安全范围内运行的法学思想。就其实质而言,它是一种将虚拟经济的发展置于法律制度约束下的安全范围内运行的制度解释范式。需要进一步指出的是,该理论并非我们单独创制的理论,而是在我们现行的法律制度及体系框架内,根据虚拟经济和实体经济的互动关系,从经济法的角度提出的法律制度约束虚拟经济并保障其安全运行的理论。

准确理解虚拟经济有限发展的关键是精准把握"有限发展"。"有限发展"可以看作"适当发展""适度发展"或者"可掌控发展"的同义词。其基本含义有二:一方面,虚拟经济应当是一种适度型、约束型发展的经济,即"虚拟经济的发展应当放在一个适当的笼子之中";另一方面,虚拟经济立法必须以整个经济的运行安全为根本目标,为虚拟经济的发展提供自由的限度及各种约束条件,即"虚拟经济立法的全部意义,就在于为虚拟经济定制一个安全、有效和可持续发展的笼子,抑制虚拟经济风险,克服虚拟经济局限",这也是虚拟经济立法的价值所在。有限发展法学理论下虚拟经济立法之所以需要坚持有限发展理念,不仅是因为虚拟经济的过度发展引发了数

---

[1] 胡光志:《虚拟经济及其法律制度研究》,北京大学出版社,2007,第206页。

次经济危机,这一现实要求我们寻求虚拟经济兴利除弊的约束条件,对虚拟经济的立法规制也就成为当下反思与解决实际问题的当务之事,[①]而且是因为:

第一,理论层面,适应虚拟经济自身的本质与特点。前文已然述及了虚拟经济自身的本质与特点,概括起来虚拟经济具有从属性(寄生性)、偏离性、投机性、掠夺(剥削)性、高风险性(风险放大性)、风险传导性等特性,在此不再具体展开论述。虚拟经济天然具有的以上本质与特点,往往带有贬义色彩,常常与风险、危机等词、事件相伴,在其无法克服自身缺点及解决由于自身缺点带来的负面影响的前提下,需要以借助外力的方式为虚拟经济套上法律制度的笼子。此外,虚拟经济既然是人们虚拟的,含有明显的人为因素和想象因素,那么其很大程度就应该是可人为控制的一种经济运行方式,如人们设计的任何一种玩牌的方法,只有按预先设计的规则才能玩下去,是一样的道理。在虚拟经济平稳发展、安全运行的过程中,这个规则就是法律制度,通过法律制度设计的规则使其在可控、可约束的范围内安全平稳运行。

第二,法律层面,打破虚拟经济立法态度的恶性循环。自由主义背景下和国家干预背景下,国家对虚拟经济的立法态度截然不同,当然也反映出国家对虚拟经济监管的态度不同。但历史发展总是交替循环,自由主义和国家干预主义倾向在一个国家中也呈现交替循环态势,投射在法律层面即为国家在虚拟经济立法领域的宽严交替,立法态度的宽严程度又会对虚拟经济的发展产生影响,其具体的演化和互动影响可概述为:宽松、放任的虚拟经济立法——虚拟经济过度发展——孕育、爆发经济危机——收缩、严格的虚拟经济立法,可见这是一种恶性循环。从这一恶性循环之中,我们至少可以总结出这样几层意义(或特点):①传统的虚拟经济立法的发展变化取决

[①]　宣蓓:《国际虚拟经济立法规制法律问题研究》,南京财经大学硕士论文,2010,第8页。

于虚拟经济的发展变化;②传统的虚拟经济立法是被动的、因应型的和滞后的;③传统的虚拟经济立法的每一次重大变革,都以虚拟经济危机、社会经济遭受严重破坏为代价,也就是说在这一循环过程中,虚拟经济立法其实一直是"失职的"和"无能的";④传统的虚拟经济立法具有能动作用(反作用):a.可以促进虚拟经济的发展;b.可以促成虚拟经济危机的孕育和爆发;c.可以在一定程度上预防和遏制虚拟经济危机;d.可以在虚拟经济危机到来时成为社会经济的救命稻草。可见,这些能动作用可能是积极的,也可能是消极的;而迄今为止的循环,最终都走向了消极面。能否走出这一陷阱,让我们的虚拟经济立法从因应型、被动型、被绑架型、风险型转向主动型、规范型、约束型、引导型和安全(可控)型,这是法学界面临的重大考验和重大历史课题。能否以兴利除弊为目标,适当干预或改变虚拟经济立法与虚拟经济运动的这一恶性循环进程,同样是法学界面临的重大考验和重大历史课题。

作为现代经济系统的组成部分,虚拟经济对实体经济有着重要的影响力,此种影响力的具体表现以及深度与虚拟经济的实际发展情况息息相关。虚拟经济的繁荣和发展强化了其对实体经济产业结构的影响力,同时也可能消解了其对实体经济发展的促进功能,甚至当其发展到一定规模后会出现抑制性的负面影响,进而导致产业结构的深度调整,使产业结构空心化和服务化。[1] 虚拟经济过度增长易导致产业空洞化,从而发生金融危机,导致财政风险,甚至酿成政治动荡。[2] 空洞化是指一个国家和地区在虚拟经济过度增长或过度增长破灭后,旧有产业严重衰退,而新的产业没有得到发展并及时弥补旧有产业衰退带来的影响,从而造成结构缺口迅速扩大,致使经济

---

[1] 胡晓:《虚拟经济发展对实体经济的影响:增长抑或结构调整》,《财经科学》2015年第2期,第52-62页。

[2] 张作荣:《基于国家倒金字塔结构扭曲下的虚拟经济过度增长及其后果》,《改革》2001年第2期,第5-10页。

极度萎缩的现象。意识到虚拟经济过度发展的不足和风险危害并进行相关研究,有助于更好防范虚拟经济的运行风险。曾有学者指出,"羊群效应"和"权益要求"的外生增加使投资者的兴趣更青睐于务虚的金融业务,使得金融资产在虚拟经济内部高度聚集而减少了对实体经济的供给支持,也就会制约实体经济发展,此乃虚拟经济与实体经济相分离后而冲击和破坏实体经济的情形。① 虚拟经济脱离实体经济的支撑而过度发展会孵化出泡沫经济,泡沫经济的盛行不利于实体经济的发展,所以应该将虚拟经济的发展控制在一个合理的范围内。②

美国虚拟经济高度发展的客观现实基础包括美元本位、知识创新和金融支撑等。③ 我国虚拟经济的发展受当前多方面客观现实因素的限制。我国是人口大国,需大力发展实体经济以提供更高质量的生活产品、改善人们的生活需求。即使是经济发达国家,虚拟经济发展亦须服务于实体经济,促进实体经济的发展。同时,我国虚拟经济发展目前并不具备作为国际货币地位的货币本位支撑,高科技企业虽取得了许多成绩,但与国际水平仍存在较显著的差距。

有研究发现虚拟经济脱离实体经济的支撑而过度发展会制约实体经济发展和扰乱产业结构,这是虚拟经济过度发展引发金融危机乃至经济危机的深层原因。④ 重视虚拟经济在现行经济运行系统中的重要作用,将虚拟经济发展控制在恰当的水平区间,使其有效服务于实体经济,应成为虚拟经济立法的基本理念。

---

① 徐璋勇:《金融与实体经济"分离假说"及其政策意义》,《河南金融管理干部学院学报》2006 年第 4 期,第 28-31 页。
② 赖文燕:《虚拟经济与实体经济发展中存在的问题及对策》,《金融与经济》2009 年第 2 期,第 39-42 页。
③ 马冀勋、肖金成:《虚拟经济对美国的影响及对中国的启示》,《中国金融》2009 年第 5 期,第 55-56 页。
④ 胡晓:《虚拟经济发展对实体经济的影响:增长抑或结构调整》,《财经科学》2015 年第 2 期,第 52-62 页。

综上所述,虚拟经济自身无法克服的负面属性曾经导致了多次重大的危机,给世界带来了无法估量的损失,而传统的虚拟经济立法虽然对虚拟经济的发展具有一定的积极能动作用,但是历史实践证明这种能动作用最终是消极的,需要我们在新形势下从立法的角度去思考、去探索、去寻觅,不断地完善立法,约束、促进虚拟经济的安全、有限发展。

(四)技术:针对性与前瞻性、规则性与灵活性相统一

有限发展法学理论下的虚拟经济立法必须具有针对性,这是对虚拟经济立法价值的基本考量,但针对性往往意味着其规则的滞后性,然而在瞬息万变的虚拟经济市场上,风险变化多端且传导速度极快,立法的滞后可能难以建立起有效的法律监管墙,对此立法的前瞻性就显得十分必要。所以,需要坚持虚拟经济立法之针对性和前瞻性的统一。与此同时,虚拟经济立法不能一味强化其规则的重要性,面对不断发展的虚拟经济市场,立法应当保持回应性,制定一些原则性条文,以便保持虚拟经济法律监管的灵活性。

第一,针对性与前瞻性的统一。毋庸置疑,虚拟经济立法需具有针对性。在有限发展法学理论下,虚拟经济立法更应该强调这种针对性立法的意义。然而,在另一个层面,有限发展法学理论指导下的虚拟经济立法,自然也不能仅强调针对性,因为前瞻性也是其题中之义。相对来说,虚拟经济立法的针对性比较好理解,但虚拟经济立法的前瞻性该如何理解,并且从哪些角度去衡量前瞻的度呢?这就需要考虑虚拟经济的创新性发展以及传统虚拟经济立法的被动性。其一,创新性。众所周知,资本天生具有逐利的本性,虚拟资本尤其如此。虚拟经济运行中,虚拟经济主体为追求自身利益最大化,往往会通过虚拟经济产品和服务创新不断突破原有的监管框架,[1]这暗含了创新对虚拟经济运行的巨大推动力。虚拟经济发展史上,正是创新

---

[1] 邢会强:《金融危机治乱循环与金融法的改进路径:金融法中"三足定理"的提出》,《法学评论》2010年第5期,第46-53页。

不断推动着虚拟经济与实体经济的分离,以及虚拟经济自身的发展。很大程度上,虚拟经济发展的历史就是一部虚拟经济创新发展史,这正是虚拟经济的价值。因此,虚拟经济立法绝不应完全遏制虚拟经济创新,而是应当保持适度的前瞻性,为虚拟经济的创新提供一定的制度空间。其实,虚拟经济运行的高风险性也是虚拟经济立法前瞻性要求的"策源地"。其二,被动性。人类漫长的历史进程中,实体经济的直观性、直接性、基础性等已经完整地形塑了实体经济立法的基本价值、基本原则和基本制度等。伴随虚拟经济形成的缓慢渐进化过程,虚拟经济立法规制表现出更为明显的因应性和被动性。我们总是在经济虚拟化现象或虚拟经济新形式、新问题出现后,才以风险控制为出发点进行被动地制度应对,这未免存在亡羊补牢之嫌。为了避免这一问题,立法的积极主动显然是非常重要的。换言之,增强虚拟经济立法的前瞻性是破解虚拟经济立法被动性及其风险的重要举措。

那么,我们应当从哪些角度去衡量前瞻的度呢?这可以从虚拟经济安全与效率的平衡中去探寻。虚拟经济立法致力于防范虚拟经济风险,不在于对虚拟经济创新和虚拟资本产品的全面禁止,而在于对虚拟经济安全与虚拟经济效率二者关系的准确把握,实现虚拟经济的有限发展。虚拟经济立法前瞻性也不能脱离二者的辩证关系。虚拟经济法的"基本价值是虚拟经济秩序与虚拟经济效率,核心价值是虚拟经济安全"[1]。因此,虚拟经济立法的前瞻性应当符合虚拟经济运行的秩序、安全之诉求。稳定的金融体系是经济可持续增长的先决条件,[2]虚拟经济安全既是虚拟经济自身运行的先决条件,也是国家整体经济安全和可持续增长的基础条件。虚拟经济形成以来,世界范围内最具有影响和破坏力的经济危机或金融危机都与虚拟经济系统的运行风险高度相关。近年的经济危机或金融危机基本都肇始于虚

---

①　胡光志:《虚拟经济法的价值初探》,《社会科学》2007 年第 8 期,第 105 页。

②　William C. Dudley, *Financial Stability and Economic Growth*, Remarks at the 2011 Bretton Woods Committee International Council Meeting, Washington, D.C. September 23, 2011.

拟经济运行风险的失控。2008 年美国次贷危机引发全球经济危机后,关于虚拟经济发展的讨论多数聚焦于虚拟经济的制度失范以及加强对虚拟经济的立法规制方面。即使是虚拟经济发展及其法律体系相对完备的美国,虚拟经济效率与公平价值之间的紧张关系也始终存在。虚拟经济的价值主观性、价格波动性、高风险性以及风险易传递性等,要求虚拟经济立法时,应将安全作为首要价值。而正确处理虚拟经济安全与效率之间冲突的要旨在于:一是侧重统筹兼顾,力求二者之间的协调;二是侧重于权衡或选择,根据具体经济环境突出重点。[①] 这为厘定虚拟经济立法前瞻性的度提供了参考思路:一是虚拟经济立法的前瞻性应当保持对安全与效率价值的统筹兼顾,并不能一味超前立法而脱离了虚拟经济立法的原意;二是虚拟经济立法的前瞻性需要权衡和选择,并不是所有立法都需要前瞻性,而是根据具体虚拟经济环境,进行特殊性考量。

第二,规则性与灵活性相统一。虚拟经济是现代经济系统的重要组成部分,是社会主义市场经济的重要因素。有限发展法学理论下的虚拟经济立法需要为虚拟经济的健康运行提供法治基础,从而促进我国社会主义市场经济的不断发展。由于有限发展理论及虚拟经济对实体经济的服务功能是虚拟经济安全运行的根本出发点和保障,所以虚拟经济立法应当以此为出发点和前提。因此,在我国市场经济建立之后,我国虚拟经济立法快速发展,国家在银行、证券、保险、外汇等多个领域通过专门立法,初步奠定了我国虚拟经济法制的整体规则框架,为保障社会主义市场经济发展的资金要素来源提供了法律制度保障,其意义重大。虚拟经济立法突出"规则"性条文对虚拟经济的规范价值固然正确,但是规则之外更需要"原则性"性条款,从而提升虚拟经济法律规制的灵活性,并实现规则性与灵活性相统一。

首先,虚拟经济的创新性需要虚拟经济法保持一定的灵活性。虚拟经

[①] 张忠军:《论金融法的安全观》,《中国法学》2003 年第 4 期,第 109-117 页。

济并不是一成不变地运行,相反其带有很强的包容性,特别在现代信息技术广泛应用的背景下,虚拟经济发展正在超越传统经济。例如,互联网技术与金融的结合,催生了一种全新的金融形式,并最终形成了"互联网金融"概念。① 人们可以通过互联网平台从大量个体或组织处获得小额资金以支持项目,基于网络技术的股权众筹应运而生,为商业、个人资金需求或其他资金需求的实现提供契机。② 这些创新无不为传统虚拟经济法带来了极大的冲击,如果基于传统的法律监管规则,显然难以有效地应对新型风险。对此,我们必须基于虚拟经济创新特征以及新兴虚拟经济形态的现有研究成果展开分析,以差异性分析为前提,建立虚拟经济开放性法律监管规则,保障虚拟经济法律监管介入的灵活性,以面对更加复杂和超前的虚拟经济发展局势。

其次,虚拟经济的安全性需要虚拟经济法保持一定的灵活性。实际上,虚拟经济作为一种统摄性概念,其牵涉的市场和业务十分广泛,与市场经济相关的制度均可直接或者间接地起到规范虚拟经济的作用,进而也在一定程度上维护虚拟经济安全。譬如治理虚拟经济中的违法犯罪行为、强化公众公司的治理结构和管理人员的义务、优化市场信用机制都可能贡献一份力量。显而易见,相关制度设计的初衷并非维护和保障虚拟经济安全,充其量只是相关制度运行中的额外影响或功能,所以也就呈现出具体、间接、微观和非全局的特点,故而在应对巨大的、全局性的风险时可作用的空间有限。对此,我们可以引入专门而系统的虚拟经济法律制度克服传统制度的局限,通过制度安排对虚拟经济的整体发展与安全作出灵活而有效的干预、调节与控制,以此构建维护虚拟经济安全最重要的保障,其中的灵活性特征

---

① 理论界一般认为,是中国投资公司副总经理谢平 2012 年 4 月 7 日在"金融四十人年会"上首次公开提出"互联网金融"概念。

② Eleanor Kirby and Shane Worner. *Crowd-funding: An Infant Industry Growing Fast.* Staff Working Paper of the IOSCO Research Department, No.17, 2014. p.8.

注定了制度的原则性属性突出。诚然,原则性制度主要通过两个方面发挥影响:一是通过事先的预防性举措预防虚拟经济领域的增量风险;二是借鉴应对性方案有效化解存量风险。具言之,强调灵活性的虚拟经济法主要任务有二:一是平衡市场中商品的总供给与总需求的矛盾;二是平衡实体经济与虚拟经济发展的安全比例。安全比例牵涉虚拟经济与实体经济的规模、速度以及协调性等诸多因素,有关的制度设计并不能一蹴而就,首先应该实现对虚拟经济发展规模的监测,然后在此基础上通过计划法、产业法、金融法、税收法等动态调节制度工具,引导虚拟经济与实体经济协调发展,尤其是要抑制虚拟经济的过度膨胀,使实体经济能够承载虚拟经济的发展规模。

二、建构虚拟经济法制体系

胡光志教授认为,"虚拟经济是一种与实体经济相对应的经济形态,而不同的经济形态需要不同的法律加以规制。从这一立场出发,我们应该重新考虑虚拟经济法在经济法中的地位,并重新构造我国经济法的体系"①。这就需要我们从单纯的就事论事的"树木立法"或个别立法转向"林场立法"或统一虚拟经济立法,即转向"实体经济立法与虚拟经济立法相对并协调"。

(一)制定虚拟经济基本法

虚拟经济是一柄双刃剑,在促进实体经济良好发展的同时也会对实体经济带来消极影响,存在导致经济和社会动荡的风险,完善虚拟经济立法是消除风险的必由之路。有学者的考证发现当前的法律实践尚未建立系统的虚拟经济立法,也没有冠以虚拟经济之名的专门立法,这与虚拟经济高度发达的客观现实难以匹配,故此主张虚拟经济法的应运而生正当其时,并将对

---

① 胡光志:《虚拟经济及其法律制度研究》,北京大学出版社,2007,第225页。

现行法学观念和法律体系产生深刻的影响。① 虚拟经济立法模式的选择显然不取决于我们的理想化设计,而取决于我国虚拟经济法律规范的现状与实践。正如虚拟经济混业经营趋势无法根除虚拟经济业别,虚拟经济市场的单一化与绝对化也只是人们的一厢情愿。虚拟经济市场先天不成熟、市场化约束机制欠缺以及司法支持环境弱化等因素决定了我国难以选择虚拟经济横向立法模式。打破现有虚拟经济法律框架,完全重新创制一部适用于所有虚拟经济业务和活动的虚拟经济法是不现实的。② 同理,无视虚拟经济机构混业经营及其创新的总体趋势,人为地划定虚拟经济机构的产品和服务范围以分割虚拟经济市场的做法违背了法律制度应适应虚拟经济创新实践的基本要求。目前虚拟经济法律制度的内容已经非常宽泛,包括银行法、证券法、期货法、投资基金法以及其他金融衍生品法律制度规范等,但虚拟经济法律规范并无体系化和系统性而言。

事实上,传统虚拟经济立法之所以出现这些问题,很重要的原因是缺乏一种客观而契合时代需求的法学理论予以指引。因为虚拟经济自身无法克服的负面属性曾经导致了多次重大的危机,给世界带来了无法估量的损失,而传统的虚拟经济立法虽然对虚拟经济的发展具有一定的积极能动作用,但是历史实践证明这种能动作用最终是消极的,需要我们在新形势下从法学理论及立法的角度去思考、去探索、去寻觅,不断地完善立法,约束、促进虚拟经济的安全、有限发展。我们于此背景下提出了虚拟经济有限发展法学理论,并以此为理论基础,指导我国虚拟经济立法的优化和完善。在虚拟经济有限发展法学理论下,虚拟经济立法应由独立、个别的"分散立法"模式向集中、统一的立法模式转变。虚拟经济法的统一立法模式,是指以国家立法机关制定虚拟经济的基本法律制度,国务院及其具体职能部门和地方立

① 胡光志:《虚拟经济及其法律制度研究》,北京大学出版社,2007,第 207 页。
② 冯果:《金融服务横向规制究竟能走多远》,《法学》2010 年第 3 期,第 129-134 页。

法机关制定不同行业和不同地方的虚拟经济法律规范的模式。虚拟经济立法应当从单纯的就事论事的"树木立法"或个别立法(银行、证券、期货等分别立法)转向"林场立法"或统一虚拟经济立法,并实现实体经济立法与虚拟经济立法的相对性与协调性。虚拟经济的健康发展与虚拟经济法律制度须臾不可分离。虚拟经济法律制度是构成虚拟经济运行的资源禀赋,也是影响虚拟经济发展的制度结构,虚拟经济法律制度与虚拟经济整体发展不断循环往复地进行着互动。[1] 完善的虚拟经济法律能够为虚拟经济的安全运行提供强大的制度助力,促进和优化虚拟经济的整体功能。分散的不同虚拟经济部门的分别立法无法保障虚拟经济整体运行。无论是通过保护产权促进经济增长,还是作为一种制度结构直接影响主体间的行为及其策略,法律制度与经济发展之间总是进行着互动。[2] 国家立法机关制定虚拟经济基本法律制度,可以统合具体虚拟经济部门的共有价值、安全运行基本原则和虚拟经济运行保障的基本制度等,实现虚拟经济效率、安全和公平等基本价值。当然,虚拟经济立法不仅须考虑虚拟经济的经济功能,而且须考虑其社会功能,突出和强调虚拟经济与实体经济的关系以及虚拟经济发展的最佳路径。一是平衡虚拟经济安全与效率;二是调节社会财富分配;三是优化资源配置。[3] 虚拟经济的风险性、内在波动性、功能辅助性、社会整体经济及其自身的安全性等都是虚拟经济立法应当考虑的因素。

总之,在有限发展法学理论下,完善我国虚拟经济立法模式的可行思路是保留虚拟经济纵向立法的现有框架,针对银行、证券、期货、保险和信托等虚拟经济法律制度的共性,通过功能性规范推进虚拟经济监管的协调和整合,[4]制定一部超越银行法、证券法、期货法、保险法和信托法等虚拟经济业

---

① 冯果:《金融法的"三足定理"及中国金融法制的变革》,《法学》2011 年第 9 期,第 93-101 页。
② 柯提斯·J.米尔霍普、卡塔琳娜·皮斯托:《法律与资本主义:全球公司危机揭示的法律制度与经济发展的关系》,罗培新译,北京大学出版社,2010,第 17-52 页。
③ 冯果:《金融法的"三足定理"及中国金融法制的变革》,《法学》2011 年第 9 期,第 93-101 页。
④ 冯果:《金融服务横向规制究竟能走多远》,《法学》2010 年第 3 期,第 129-134 页。

别的虚拟经济基本法。从虚拟经济产品的无形性、专业性、收益性和风险性等特点入手,以规范虚拟经济产品销售、提升虚拟经济服务品质和保护金融消费者的权利为出发点,制定一部统领性的虚拟经济基本法。①

我们认为,虚拟经济基本法的基本框架可"适度法典化",参考我国《民法典》模式,采用"总则—分编"结构,"总则编采取'提取公因式'方式,规定可以统领全局和普遍适用的立法宗旨、基本原则、管理体例和引领性制度等内容,分则编整合部分现行法律法规,对法典调整的事项进一步详细规定。"②以"基本法+单行法"模式构建虚拟经济法律体系,从而建构我国"虚实"二元性经济立法体系。

(二)完善虚拟经济相关法

从相关法角度看,有限发展法学理论下虚拟经济立法体系的升级,需要重点做好以下方面:完善虚拟经济的配套立法;完善虚拟经济刑事立法;规范虚拟经济地方立法;参与虚拟经济国际立法。

(1)完善虚拟经济的配套立法。虚拟经济根植于实体经济并以实体经济为基础。虚拟经济服务于实体经济的前提是存在充分有效的虚拟经济运行的法律环境。以虚拟经济时代金融市场的安全运行为例,其需要产权法律制度、合同法律制度、货币和信息法律制度、现代企业制度、担保法律制度和征信法律制度的支持和保障。③ 互联网金融创新时代,互联网金融创新和发展还需要互联网信息、通信、大数据、云计算、区块链等技术领域法律制度的保障。

宪政秩序是美国政府行政行为的行动框架。美国 1929 年的经济危机起源于金融危机,其后通过《1933 年银行法》《1933 年证券法》和《1934 年证

---

① 冯果:《金融服务横向规制究竟能走多远》,《法学》2010 年第 3 期,第 129-134 页。
② 吕忠梅:《中国环境立法法典化模式选择及其展开》,《东方法学》2021 年第 6 期,第 70-82 页。
③ 胡光志等:《中国预防与遏制金融危机对策研究:以虚拟经济安全法律制度建设为视角》,重庆大学出版社,2012,第 29-46 页。

券交易法》等,结束了联邦无权管理各州经济金融的历史,为联邦统一经济政策、严格经济金融监管提供了法律依据。然而,经济危机的应对措施并不仅仅局限在虚拟经济领域,美国1933年通过的《农业调整法》和《国家产业复兴法》为农业发展和企业生产提供了重要的制度支持。[①] 因此,防范虚拟经济风险是预防经济危机的重要内容,但遏制经济危机的"药方"仍深根于实体经济。

虚拟经济安全运行的法律保障制度不仅需要进行虚拟经济领域的基本立法和专门立法,还需要完善虚拟经济的配套立法,并实现虚拟经济法律规范体系的协调。以金融领域为例,各类金融机构和一般市场主体追求利益最大化的过程,首先表现为金融机构与一般市场主体之间的交易活动和服务行为。对于各类金融机构而言,要依法提供金融产品和服务,不可避免地需要遵守《民法典》、《公司法》、《中华人民共和国反垄断法》(以下简称《反垄断法》)、《反不正当竞争法》和《消费者权益保护法》等一般法律制度的规范。同时,不同的金融机构提供不同的金融产品和服务时,还需要遵守不同金融产品和服务领域的专门金融法律法规,如《证券法》《期货法》《投资基金法》《商业银行法》《中国人民银行法》《保险法》和《信托法》等。金融交易和服务活动需要遵守的一般法律制度和金融法律制度之间,以及金融法律制度自身之间的不一致、不协调不仅会导致金融交易和服务活动中个体利益难以实现,而且会影响和损害金融秩序和社会经济稳定等社会公共利益。同时,解决金融危机,也需要经济法的综合调整。金融危机会带来外需锐减、产能过剩、经营艰难、失业剧增等多方面的问题。[②] 解决金融危机的过程中,需要依据产业法调整产业结构;需要依据财政法进行预算调整;需要依据税法规范税收优惠;需要依据反垄断法和反不正当竞争法规范垄断和

---

① 这两部法仅实施了两年,就因为其授予行政部分的权力超出宪法规定的范围而被废止。美国1938年通过新的《农业调整法》。

② 张守文:《当代中国经济法理论的新视域》,中国人民大学出版社,2018,第190页。

不正当竞争行为;等等。总之,无论是虚拟经济运行的保障,还是虚拟经济领域危机的解决,都需要虚拟经济法及其配套法律规范的综合调整。

(2)完善虚拟经济刑事立法。虚拟经济领域的犯罪行为具有多样性、隐蔽性、技术性和传导性;犯罪后果更为严重,不仅可能造成巨大的经济损失,甚至可能诱发整个金融行业的风险。[①] 因此,我国虚拟经济领域民事诉讼机制和民事责任一定程度欠缺的情况下,虚拟经济刑事立法却由来已久。

虚拟经济自身受市场变化和心理因素影响的特点,以及虚拟经济风险的难以预知性和巨大破坏性,使虚拟经济刑事法律制度成为经济刑法的重要内容。与实体经济和社会管理诸多领域经济刑法不同,虚拟经济领域的刑事犯罪行为主要损害虚拟经济领域的竞争秩序和市场秩序。在我国虚拟经济不断发展和创新的过程中,虚拟经济刑事立法除需要处理好刑法规定的具体适用问题外,还需要处理好虚拟经济创新行为与违法犯罪行为之间的关系。虚拟经济的规范离不开刑法、行政法、经济法的共同作用,但刑法往往具有二次法的保障性,所以在其他法律规范存在缺位的状态下,刑法解释不得将该种行为纳入"兜底条款"的范畴。[②] 然而,我国虚拟经济创新过程中,一段时间里刑法似乎成了解决虚拟经济领域问题的主要手段和方式之一。现代法治国家,社会经济秩序的维护亦需遵守"刑法罪刑法定"的原则。对虚拟经济领域市场主体的行为而言,构成犯罪还需要行为以违反经济、行政法规为前提。若一种虚拟经济市场的行为尚无明确的经济和行政法律对此进行规定,就直接适用刑法进行处理不仅有违刑法属于保障法的属性,也不符合虚拟经济领域多种犯罪属于法定犯的本质,使刑法本不明确的兜底条款的适用变得更加不明确。[③]

[①]　胡光志等:《中国预防与遏制金融危机对策研究:以虚拟经济安全法律制度建设为视角》,重庆大学出版社,2012,第170-174页。

[②]　姜涛:《经济刑法之兜底条款应由司法解释予以明确》,《净月学刊》2017年第4期,第23-34页。

[③]　何荣功:《刑法"兜底条款"的适用与"抢帽子交易"的定性》,《法学》2011年第6期,第154-159页。

虽然社会急剧转型的背景下,刑法的立法观呈现出由"古典的防御型市民刑法"向"现代的预防型安全刑法"过渡的特点,刑法的立法规则模式也由实害导向与消极属性向危险导向与积极属性转变,但是虚拟经济领域大量行政法律法规缺位的情况下,刑事法律直接规定为犯罪不得不引发质疑和反思。① 同时,经济刑法兜底条款的不明性导致的"口袋罪"现象和同质于类推适用的司法实践也需要通过更具正当性和说服力的司法解释予以明确。正如有学者所言,在有针对性的司法解释缺位时,经济刑法中的兜底条款就会被激活来填补规范的缺憾,但对行为人是不正义的。②鉴于此,有学者主张通过司法解释填充操纵证券、期货市场罪兜底条款的具体内容是一个能够平衡合法性与效率性的最优化方案和路径。③ 因此,完善虚拟经济刑事立法需要处理好虚拟经济刑事立法体系规范,解决虚拟经济创新行为法律规范的协调性,更进一步明确虚拟经济刑事犯罪行为的司法实践标准等。

(3)规范虚拟经济地方立法。我国虚拟经济制度供给从主体上看,具有"以中央政府为主,以其他主体为辅"的明显特点。④ 虚拟经济潜在的风险性和我国政府长期的强制度供给模式,导致虚拟经济法律制度供给呈现出明显的中央政府主导立法模式。很长一段时间里,地方政府虚拟经济立法和社会组织虚拟经济的自律制度供给作用微乎其微。这一方面是因为虚拟经济存在诱发金融危机的必然机理,⑤对国家实体经济发展和宏观经济安全的影响甚大;另一方面是因为地方政府的虚拟经济立法存在追求地方利益而

① 邵博文:《晚近我国刑事立法趋向评析:由〈刑法修正案(九)〉展开》,《法制与社会发展》2016年第5期,第131-148页。
② 姜涛:《经济刑法之兜底条款应由司法解释予以明确》,《净月学刊》2017年第4期,第23-34页。
③ 刘宪权:《操纵证券、期货市场罪"兜底条款"解释规则的建构与应用抢帽子交易刑法属性辨正》,《中外法学》2013年第6期,第1178-1198页。
④ 胡光志等:《中国预防与遏制金融危机对策研究:以虚拟经济安全法律制度建设为视角》,重庆大学出版社出版,2012,第74页。
⑤ 胡光志等:《中国预防与遏制金融危机对策研究:以虚拟经济安全法律制度建设为视角》,重庆大学出版社2012,第15-23页。

与中央政府虚拟经济制度的价值目标不一致的情形。随着互联网金融创新的飞速发展及互联网金融领域的问题增多,近年来虚拟经济的地方政府立法有所增加,有力地推动了我国构建"多元、开放和法治的制度供给模式"。我国构建现代经济治理体系、完善虚拟经济法律保障制度,需要转变立法思路,实现"管理型"立法向"治理型"立法转变。我国地方政府虚拟经济立法有助于完善地方政府的虚拟经济治理能力。

（4）参与虚拟经济国际立法。在全球化经济浪潮中,一国的国内经济很难脱离国外经济而发展,[①]尤其是在虚拟经济领域。2008 年美国次贷危机中,我国多个金融机构受到影响并承受较大损失即是例证。虚拟经济立法需要国内虚拟经济立法和虚拟经济国际立法的二元结构对国内经济和国外经济的二元结构进行回应。

三、及时吸纳新兴虚拟经济立法

法律通过对具体社会关系的确认,成为某种具体社会关系发展的催化剂和推动力量。虚拟经济立法既可以确认和促进虚拟经济发展,又可以规范和保障虚拟经济运行,防范和控制虚拟经济运行风险。虚拟经济运行与风险如影随形。虚拟经济立法与虚拟经济运行风险控制密切相关,虚拟经济风险控制的角度和层面却大相径庭。虚拟经济风险防范理论有系统性风险说、动态性监管说、适度性监管说和相机调节说等。从制度构建层面看,只有通过虚拟经济立法建立高效的虚拟经济宏观调控制度、国家监管制度、信息披露制度、风险预警制度等,才能积极防范和化解虚拟经济内生的风险。这些制度可以通过制定虚拟经济基本法、虚拟经济相关法等予以确立。然而,在有限发展法学理论下,虚拟经济立法不仅需要对虚拟经济既有法制体系进行调整和变革,还需要面对现代性风险,积极回应新兴虚拟经济发展

---

① 张守文:《当代中国经济法理论的新视域》,中国人民大学出版社,2018,第 183 页。

趋势。也就是说,有限发展法学理论下的虚拟经济立法,需要加强金融消费者立法变革、加强互联网金融领域的专门立法、加强数字经济领域的立法变革,从更宽泛、更深入的范围考虑虚拟经济活动的基本法,体现虚拟经济法的价值和基本原则等。

(一) 加强金融消费者保护立法变革

金融消费者保护立法是近年来才逐渐兴起的话题。随着金融混业经营,金融服务界限日益模糊,使原先针对不同服务对象(如存款人、投资人等)的保护制度趋向融合,一些国家正式提出了金融消费者保护的概念与制度。金融市场的发展,离不开金融消费者的积极参与,而通过立法保护金融消费者的合法权益,是维护虚拟经济市场秩序、保障金融改革开放深化的题中应有之义。[1]

金融消费者保护立法的直接目标是保护虚拟经济市场弱势群体的利益。众所周知,弱势群体的贫困、低经济收入势必导致其更低的风险承受能力,进而使其在金融市场上很难获得有效的金融支持,金融支持的弱化又会进一步拉大弱势群体与社会平均水平的差距,[2]形成长期的恶性循环。从另一个角度看,虚拟经济与人类社会的互动呈现出虚拟经济推动人类社会经济发展和虚拟经济给人类社会经济发展带来灾难两个方面。经济危机爆发后,实体经济受到重创,企业裁员、拖欠工资、破产等行为,导致"富人的游戏"变成"穷人的灾难"。减轻弱势群体受到的影响,保障他们的基本生活,直接关系到能否化解经济危机,也关系到社会的持续稳定。经济危机对社会稳定的挑战主要表现在三个方面:[3]一是经济危机会加剧"优胜劣汰"效应,市场越不稳定,竞争越加激烈,弱势群体就更容易沦为竞争的失败者;二

---

[1] 吴弘、徐振:《金融消费者保护的法理探析》,《东方法学》2009 年第 5 期,第 13-22 页。

[2] 鲁靖、蔡则祥:《金融支持弱势群体的外部效应与制度安排》,《财贸经济》2007 年第 12 期,第 67-70页。

[3] 段金锁:《金融危机背景下社会弱势群体与稳定问题研究》,《前沿》2009 年第 9 期,第 168-171 页。

是经济危机会加剧正负"双重效应",经济危机背景下,机会均等和社会公平等原则更易受到挑战,效率优先原则的显著性大增,并最终导致强者愈强、弱者愈弱;三是经济危机具有"蝴蝶效应",虚拟经济对其他行业强劲的辐射效应必然会对整个社会相关行业引起连锁反应。对国家而言,金融支持弱势群体会推进社会公平,维持社会秩序稳定,降低政府管理社会的成本,还会增加财政收入,减轻财政负担;对社会而言,金融支持弱势群体,会促进经济增长,改善投资环境。① 由此可见,金融消费者保护对虚拟经济发展而言是相当重要的。

然而,金融消费者作为虚拟经济市场上的交易主体,其权益易受侵害且现行法律规范难以提供有效救济,面临保护力度不足的诸多问题,亟须完善我国的金融消费者权益保护立法。由于后文将通过专章形式展开研究,故此处不再赘述。

(二)加强互联网金融领域的专门立法

互联网技术和信息通信技术对虚拟经济的运行和发展提供了前所未有的机遇和挑战。互联网技术和信息通信技术既改变了虚拟经济运行的商业模式,也改变了虚拟经济运行的盈利模式,形成了以互联网金融为主体的互联网时代的虚拟经济。除具有传统金融活动的一般特点外,互联网金融通过信息网络化、云计算、大数据、移动支付等方式,极大地提高了金融活动的效率,改善了金融投资者和消费者的投资和消费体验,提供了金融投资和消费便利。互联网技术与虚拟经济的结合,使传统中以金融机构业务为主的虚拟经济活动正面临新型互联网企业业务创新的冲击,虚拟资本融通和交易的信息获得、交易和支付过程等都发生了深刻变化。虚拟经济行业的自有风险与网络信息技术风险的叠加,使互联网时代虚拟经济立法防范风险

① 鲁靖、蔡则祥:《金融支持弱势群体的外部效应与制度安排》,《财贸经济》2007 年第 12 期,第 67-70 页。

的特点更为明显。

国家为规范和应对互联网时代虚拟经济的创新和挑战,出台了一系列规范虚拟经济发展的政策法规,较为有效地引导了虚拟经济的发展,防范了虚拟经济创新过程中的部分风险。然而,互联网与虚拟经济结合产生的前所未有的多种可能性、市场主体的逐利本性和虚拟经济监管以及政策法规的被动性和滞后性等,仍未能完全有效遏制互联网时代虚拟经济创新的全部风险。P2P、网络众筹、比特币等互联网时代的虚拟经济创新中都曾积聚了大量风险,给市场参与主体和虚拟经济秩序造成了严重影响和损失。

因此,互联网时代虚拟经济立法也必须深究互联网与虚拟经济结合的优势和风险,基于虚拟经济特征的升级变化,合理预判互联网时代虚拟经济风险的特征,完善互联网时代虚拟经济金融领域的专门立法,具体包括互联网支付立法、网络小额贷款立法、股权众筹立法、区块链金融立法等。

(三)加强数字经济领域的立法变革

在区块链、大数据、人工智能时代背景下,虚拟经济发展也呈现出一些新的变化,即虚拟经济开始与现代信息技术融合,使传统虚拟经济开始迈向以数据生产要素为基础的数字经济。当下时代,国家对数字经济的高度重视,反映出国家在新时代对数字经济与实体经济良性互动的期待。数字经济发展使得传统虚拟经济可以实现以下改变:虚拟经济运行效率更高;虚拟经济运行成本更低;虚拟经济运行更具拓展性。

首先,虚拟经济运行效率更高。传统虚拟经济运行依靠一系列机制进行支撑。比如,通过备案审查实现对虚拟经济市场准入的监管;通过交易信息的披露实现虚拟经济市场透明度的规制;通过清算结算系统实现虚拟经济市场债权债务的交割。诚然,这些制度与机制的建立对虚拟经济运行效率的提升大有助益。但是传统虚拟经济运行是建立在一套相对成熟的人工运维系统和技术系统之下,其在当下的信息技术场域显然并不具备效率优势,相反,数字经济运行更能提升虚拟经济市场的效率。数字经济在现代信息技术赋能下,可以通过数字化交易平台实现对市场准入审查、市场透明度规制以及权利交割的秒级别的处理,实现市场运行效率直线提升。其次,虚拟经济运行成本更低。数字经济的运行立足于现代信息技术,而现代信息技术区别于传统信息技术之处在于技术的开源性、透明性和智能化。比如,区块链技术分布式记账模式为数字经济发展提供了透明度极高的技术机制,使得数字经济可以在高度公开和透明的条件下快速发展。正是数字经济的技术驱动性,使得虚拟经济的运行和监管可以借助智能技术来完成。现代信息技术的嵌入显然会极大解放虚拟经济运行中的人工成本,同时也可减少交易成本。最后,虚拟经济运行可以更具拓展性。虚拟经济的数字化运行使得虚拟经济可以开拓出更多传统虚拟经济无法涉及的领域。比如,基于区块链技术的数字货币的诞生,使得虚拟经济可以从物理世界扩展到网络世界。

数字经济时代所要求的技术基础、生产要素、组织结构、法律监管体系革新均已实现或正在实现,为虚拟经济创新发展带来了一剂良方。但任何创新都是有代价的,随着数字经济在国家经济发展和社会治理中的重要性不断提升,其在实践中遭遇的问题也越来越多,亟须进行法律治理,以使其在法治框架内规范运行。虚拟经济的数字化发展使得传统虚拟经济风险的深度和广度不断拓展,金融风险的控制同时超出了金融创新者和金融监管者的控制能力。而在有限发展法学理论下,需要通过加强虚拟经济立法,完善制度环境以释放数字红利、推动数字经济发展,实际上这无疑也是当前国际社会的共同选择。也就是说,及时吸纳新兴虚拟经济立法是有限发展法学理论下虚拟经济立法体系升级的应有之义,是虚拟经济立法体系升级的重要方案,不容忽视。

第六章　有限发展法学理论下虚拟经济创新及金融消费者立法变革

　　有限发展法学理论,是一种在肯定虚拟经济发展的前提下,基于社会整体利益的需要和发展的动态需求,在规模上强调虚拟经济的发展与实体经济相匹配,在价值上强调虚拟经济发展的实质公平,在理念上强调虚拟经济发展的边界性的法学理论提炼和总结。虚拟经济是自生自发市场秩序中最为活跃的力量,如果任由虚拟经济发展,就可能出现虚拟经济的过度发展。这不仅会直接损害实体经济的发展,而且会造成一国整体经济发展的停滞乃至倒退,还会危及一国社会公平的实现。具言之,一方面,创新是虚拟经济发展的主要推动力,没有创新的虚拟经济活动只能在同一业务领域或同一发展层次进行数量和规模的扩张;虚拟经济创新则可以实现虚拟经济活动由低向高的螺旋式的质的飞跃。另一方面,虚拟经济创新是虚拟经济危机的根源之一。[①] 对此,虚拟经济有限发展法学理论指导下的立法变革可以在一定程度上对虚拟经济创新与发展进行规范,为其提供制度保障。互联网金融、数字货币、股权众筹等是虚拟经济创新的重要组成部分,强调其有限发展,不仅是现实经验的总结,更是一国整体经济持久繁荣的重要保障。此背景下,推动虚拟经济创新及其风险承担者——金融消费者的立法变革,

---

① 王永钦、祁鼎:《金融创新如何影响新兴市场金融和经济:兼论中国金融改革》,《世界经济》2020年第7期,第146-169页。

对实现虚拟经济的有限发展具有重要意义。

一、有限发展法学理论下互联网金融立法变革

有限发展法学理论要求互联网金融立法变革合理预判互联网金融风险,及时回应互联网金融的规范需求。2008 年美国次贷危机形成的系统性金融风险和破坏力波及全球,对虚拟经济的多个领域和多家机构造成严重打击。受次贷危机影响,美国经济陷入衰退,美国经济政策在一定程度上向国有化方向转变;也在一定程度上通过完善相关制度强化金融监管,遏制金融创新。[①] 这成为虚拟经济有限发展法学理论下互联网金融立法迫切需要变革的最新注脚。互联网金融立法变革不仅需要一般法律制度和规范性文件的阶段性引领,更需要从交易结构本质和金融消费者保护的角度出发,为互联网金融创新提供依据,以互联网金融立法创新保障互联网金融行业的健康发展,最终实现虚拟经济的有限发展。

(一)有限发展法学理论下互联网金融立法变革背景

有限发展法学理论视角下的互联网金融立法改革需首先明确和厘清互联网金融的定义和实质,这无疑是探讨互联网金融立法改革及其相关问题的出发点。自互联网金融的概念产生以来,理论界对互联网金融的看法就不尽相同,较具代表性的观点主要有:第一,互联网金融是利用互联网技术和移动通信技术实现资金融通、支付和信息中介服务的新型金融模式,[②]并没有改变金融的本质。第二,互联网金融包括受互联网技术和互联网精神影响下的所有金融交易和组织结构,从传统的金融中介和市场——银行、证

[①]　蓝寿荣:《试析美国金融危机中的政府行政干预》,《太平洋学报》2011 年第 1 期,第 74-81 页。

[②]　郑联盛:《中国互联网金融:模式、影响、本质与风险》,《国际经济评论》2014 年第 5 期,第 103-118 页。

券和保险,到与瓦尔拉斯均衡相对应的交易所。① 第三,互联网金融是以移动互联网、大数据、云计算等技术为基础,实现支付结算、融资、风险防范和利用等功能的金融创新,具有快捷方便、效率高、成本低等优点,并具有非现场、混同、涉众等特点。② 第四,互联网金融是在一定环境下进行时空资源配置的新型金融形态,不包括金融企业等微观创新,也不包括互联网企业简单的"线下线上业务"。③ 第五,互联网金融是指建立在互联网平台上,具有金融功能链和独立生存空间的投融资运营结构。④ 第六,互联网金融是指互联网企业在金融行业开展的业务,包括互联网企业通过互联网平台开展的支付结算、融资、投资理财保险等金融服务。⑤ 第七,互联网金融有广义与狭义两个层面的含义。⑥ 互联网金融具有平等、普惠、去中心化等特点,是一种更加民主化的金融模式。

由于研究视角和研究重心的差异,互联网金融定义的不同观点存在较为明显的差异,却比较全面地反映了互联网金融定义需要解决的前提性和根本性问题,即互联网金融内涵的界定需要反映互联网技术、互联网精神、互联网金融特征和优势、金融互联网化和互联网金融的差异,以及互联网金融的创新性等。首先,互联网金融的出现得益于互联网技术和移动通信技术的发展和创新,大数据、云计算、社交网络、移动和第三方支付等互联网信息技术为互联网金融提供了可能。1997 年招商银行建立第一个开放的网上银行系统,由传统金融机构通过互联网提供第一批互联网金融产品和服务

---

① Ping Xie, Chuanwei Zou and Haier Liu, "The Fundamentals of Internet Finance and Its Policy Implications in China," *China Economic Journal* 9, NO.3 (2016),240-252.

② 杨东:《互联网金融的法律规制:基于信息工具的视角》,《中国社会科学》2015 年第 4 期,第 107-126 页。

③ 李张珍:《互联网金融模式下的商业银行创新》,中国社会科学院博士论文,2016,第 31-34 页。

④ 吴晓求:《中国金融的深度变革与互联网金融》,《财贸经济》2014 年第 1 期:第 14-23 页。

⑤ 高汉:《互联网金融的发展及其法制监管》,《中州学刊》2014 年第 2 期,第 57-61 页。

⑥ 汪振江、张弛:《互联网金融创新与法律监管》,《兰州大学学报(社会科学版)》2014 年第 5 期,第 112-121 页。

以来,互联网技术不断对金融业进行渗透,最终形成了互联网与金融业融合的不可抗拒的趋势。其次,互联网金融形式在部分国家和地区的理论研究中被称为"替代性金融",形成了替代性金融市场和替代性金融产品。互联网精神的核心体现为开放、共享、平等、去中心化、选择自由和有用性等。互联网具有的虚拟性、互动性、广域性和即时性①完全融入了互联网金融的特性之中,②使互联网金融具有便捷、低成本和低门槛等特征。最后,互联网金融与金融互联网化之间存在差别。金融互联网化是银行、保险、证券等传统金融机构通过互联网开展金融产品销售和提供金融服务,是一种技术创新而非产品创新;而互联网金融作为互联网技术与传统金融融合基础上的产品和服务创新,具有不同于传统金融的显著特征,是围绕信息展开的金融产品创新及产业链重塑。③ 鉴于互联网金融显著的创新性和风险性,亟待通过科学立法保障和促进互联网金融的健康发展。

（二）有限发展法学理论下互联网金融立法变革需求

有限发展法学理论视阈下,互联网金融是否具有颠覆性创新是互联网金融立法变革的前提。目前,关于互联网金融立法存在两种截然不同的观点:一种观点认为,互联网技术将对传统金融模式产生颠覆性影响。互联网金融不同于商业银行的间接融资和资本市场的直接融资。④ 同样,互联网金融的立法也不应该按照所谓的传统金融模式来实施市场准入限制。另一种观点认为,互联网金融虽改变了金融交易的范围、人数、金额和环境,但没有改变金融交易的本质。互联网金融创新只是金融销售和获取渠道意义上的

① 李雅文、李长喜:《互联网立法若干问题研究》,《北京邮电大学学报(社会科学版)》2013 年第 4 期,第 13-17,89 页。

② 吴志攀:《"互联网+"的兴起与法律的滞后性》,《国家行政学院学报》2015 年第 3 期,第 39-43 页。

③ 贾甫、冯科:《当金融互联网遇上互联网金融:替代还是融合》,《上海金融》2014 年第 2 期,第 30-35 页。

④ 谢平、邹传伟:《互联网金融模式研究》,《金融研究》2012 年第 12 期,第 11-21 页。

创新,而非支付结构和金融产品意义上的创新,应比照传统金融对互联网金融进行市场准入限制。[1] 我们认为,互联网金融是金融,自然不可能完全改变金融的本质属性。然而,互联网金融在手段、功能以及效用上的创新,亦是重大创新。从有限发展法学理论出发,互联网金融的显著特征及其风险控制需对相关立法予以变革。

1.互联网金融立法变革的逻辑演进

我国互联网技术起步较晚,但互联网技术应用发展却非常迅猛。互联网技术与金融融合取得了举世瞩目的成效。互联网货币基金余额宝发行9个月后就拥有超过8100万客户,比上海和深圳证券交易的散户投资者总数多出1800万。[2] 天弘余额宝2019年年报显示,截至2019年底,天弘余额宝资金规模达1.09万亿元,整体客户数达到6.42亿户,是全世界客户数最多的基金;个人投资者占比为99.98%,小额、分散的普惠金融属性比较明显。与我国互联网技术和互联网金融发展状况比,我国互联网立法和互联网金融立法都相对滞后。

我国互联网金融发展经历了三个阶段:[3]1990—2005年,传统金融业的互联网化阶段;2006—2011年,第三方支付业务逐步蓬勃发展的阶段;2011年以来,互联网金融业务进入快速发展阶段。与此相适应,我国互联网金融立法大致经历了三个阶段:2006—2009年是我国互联网金融立法的起步阶段。2000年12月28日,第九届全国人民代表大会常务委员会第十九次会议通过的《全国人民代表大会常务委员会关于维护互联网安全的决定》(以下简称《决定》),是我国保障互联网运行安全和信息安全的重要立法。《决

---

[1] 陈志武:《互联网金融到底有多新》,《新金融》2014年第4期,第9-13页。

[2] Peter Cai. "Alibaba's Yuebao gives China's banks a rude awakening", https://www.theaustralian.com.au/business/business-spectator/news-story/alibabas-yuebao-gives-chinas-banks-a-rude-awakening/2b13e82b935177db02bf2af0e1ff7723, accessed on September 10, 2019.

[3] 郑联盛:《中国互联网金融:模式、影响、本质与风险》,《国际经济评论》2014年第5期,第103-118页。

定》第三点第四项规定，"利用互联网编造并传播影响证券、期货交易或者其他扰乱金融秩序的虚假信息"构成犯罪的，依照刑法有关规定追究刑事责任。《决定》是我国首次将互联网与金融相联系的立法，但《决定》旨在规范互联网的安全使用，尚不具备互联网金融专门立法的意义。2006年，中国银行业监督管理委员会先后公布《电子银行业务管理办法》和《电子银行安全评估指引》。2010—2015年是我国互联网金融立法的发展阶段。2010年6月，中国人民银行公布《非金融机构支付服务管理办法》，对非金融机构支付服务进行规范。2010年12月1日和2011年6月16日，中国人民银行先后公布《非金融机构支付服务管理办法实施细则》和《非金融机构支付业务系统检测认证管理规定》。2011年1月，国家外汇管理局发布《国家外汇管理局关于印发〈电子银行个人结售汇业务管理暂行办法〉的通知》，对电子银行个人结售汇业务进行规范。2013年12月，中国人民银行等五部委发布《关于防范比特币风险的通知》。2015年7月，中国人民银行等十部门联合印发的《关于促进互联网金融健康发展的指导意见》，对我国互联网金融监管机构的规则理性化构建指明了方向。2015年7月，中国人民银行公布《非银行机构网络支付业务管理办法》对非银行支付机构以及支付业务进行规范。2016年至今是我国互联网金融立法的不断完善阶段。2016年4月，国务院办公厅印发《互联网金融风险专项整治工作实施方案》，明确了规范互联网金融业态和优化互联网金融竞争环境的具体要求。2016年8月，中国银行业监督管理委员会等四部门联合公布《网络借贷信息中介机构业务活动管理暂行办法》，对互联网金融产生以来"野蛮生长"的P2P网络借贷行为进行规范。为加强互联网金融机构的自律管理，进行自律机构的市场化探索，中国互联网金融协会2016年发布了《中国互联网金融协会章程》等五份文件。2017年9月，中国人民银行等七部门联合发布《关于防范代币发行融资风险的公告》。2019年1月，国家互联网信息办公室公布《区块链信息服务管理规定》，为区块链与金融的结合提供了基本规范。2020年7月，中国银行保险监督管理委员会公布《商业银行互联网贷款管理暂行办法》。

我国互联网金融立法为规范互联网金融业务提供了一定的规范指引,但我国互联网金融立法仍存在诸多不足之处,使得互联网金融面临诸多规范难题。2017 年 1 月 18 日,起源系旗下 8 家 P2P 平台聪明投、火牛财富、乐行理财、海新金服等同时爆雷。司法审判书指出,8 家 P2P 平台定位为互联网金融公司,但从未取得北京银监局颁发的金融许可证,却在 2015 年 5 月—2017 年 1 月,通过互联网等方式向社会公开宣传理财产品,以高额返利为诱饵,向不特定人群吸收资金,承诺在一定期限内还本付息。据统计,起源财富旗下 7 家平台的总充值金额为 9.54 亿元,总投资 11.45 亿元,未偿总金额 2.19 亿元。截至 2017 年 1 月 24 日,共涉及投资者 15180 人,未完成偿付投资 2.19 亿元。① 为解决互联网金融领域的类似问题,加快互联网金融立法变革已经刻不容缓。

2.互联网金融立法变革的现实需求

除立法演进逻辑外,从有限发展法学理论的角度对互联网金融立法进行改革亦有其现实需要。互联网金融是传统金融机构和互联网企业利用互联网和信息通信技术实现融资、支付、投资和信息中介服务的一种新型金融商业模式。② 除具有虚拟经济的一般特点外,互联网金融通过信息网络化、云计算、大数据、移动支付等方式,极大地提高了虚拟经济活动的效率,改善了虚拟经济市场投资者和消费者的投资和消费体验,提供了虚拟经济的投资和消费便利。然而,互联网金融生成发展过程中法律制度的缺失导致了我国互联网金融早期的"野蛮生长"。以 P2P 网贷为例,截至 2018 年 6 月,纳入中国 P2P 网贷指数统计的 P2P 网贷平台有 2163 家运营基本正常(2018

---

① 《非法吸收资金 11.4 亿的起源系 P2P 案件落幕 背后主使人被判刑 8 年半》,https://baijiahao.baidu. com/s? id=1675415843170130493&wfr=spider&for=pc,访问日期:2021 年 12 月 28 日。

② 参见 2015 年 7 月 18 日中国人民银行等十部门联合发布的《关于促进互联网金融健康发展的指导意见》。

年 6 月有 P2P 网贷交易数据），存在主动关闭、提现困难等问题的平台有 3593 家，在全国范围内失去联系和跑路。[①] 截至 2020 年末，全国被立案的网贷平台数量超过 460 个，仅 2020 年全国各地公安机关就对 60 余个 P2P 网贷平台立案侦查，依法查封、扣押、冻结涉案资产价值逾 200 亿元。[②]

2020 年 11 月 2 日，蚂蚁集团延缓上市事件的重要原因，亦是金融监管机构认识到蚂蚁集团上市可能存在的宏观经济风险，从宏观审慎监管的原则出发作出的决定。蚂蚁集团延缓上市事件反映出金融监管与互联网金融创新之间一定程度的不适应，其中的核心问题主要有：一是关于互联网金融创新的性质认识问题。互联网金融科技公司属于国家鼓励创新的企业，具有极为宽松的制度环境；而互联网金融服务公司则属于虚拟经济领域需要接受国家严格金融监管的行业。二是互联网金融服务法律规范相对缺失的情形下，如何开展金融监管工作的问题。蚂蚁集团的网络小额贷款是基于 ABS（Asset-Backed Securitization）业务展开的，实质是资产证券化。我国现行的资本管理规定并没有规定 ABS 业务的循环次数，最后蚂蚁集团网络小额贷款公司自有资本金仅 38 亿元的情况下，贷款余额近 3000 亿元，具有 100 倍的杠杆。这样毫无节制地开展 ABS 业务扩大小额信贷规模，会极大地加剧我国虚拟经济的风险。蚂蚁集团延缓上市事件带给虚拟经济有限发展立法的启示是：虚拟经济创新过程中，监管机构对创新行为的风险应当进行多元素的综合评定，不能被"创新"遮蔽双眼。目前，限制虚拟经济发展的立法重点是互联网金融的创新，立法机关需要从互联网金融的性质、典型表现形式、创新监管体制等方面加强对互联网金融的立法。三是与传统金融机构相比，金融企业更多依赖网购、贸易、物流等行为数据，缺乏基于消费和

---

① 《2018 年上半年全国 P2P 网贷行业快报》，https://www.sohu.com/a/239061872_351022，访问时期：2019 年 8 月 10 日。

② 冬弥：《重磅！超 460 家网贷平台被立案，警方要求主动投案、退赃》，https://www.sohu.com/a/443331135_348231，访问日期：2021 年 1 月 8 日。

借款人还款意愿和能力的有效评价,这往往导致过度信贷,进而导致一些低收入人群和年轻人陷入债务陷阱,最终损害消费者权益,甚至危害家庭和社会。为应对互联网金融领域的诸多问题,国家有关部门先后制定了一系列针对互联网金融的规章和规范性文件。如2020年6月22日,中国银保监会发布《关于规范互联网保险销售行为可回溯管理的通知》;2020年7月12日,中国银保监会公布《商业银行互联网贷款管理暂行办法》;2021年1月,中国银保监会、中国人民银行发布《关于规范商业银行通过互联网开展个人存款业务有关事项的通知》。同时,为通过行业自律确保互联网金融行业的透明度和披露义务,国务院还批准成立全国互联网金融协会,这是我国行业协会脱钩改革后,由民政部注册的第一个承担特殊职能的全国性行业协会。为适应金融监管和行业自律管理的要求,中国互联网金融协会建立了全国互联网金融登记披露服务平台,推动互联网金融规范发展。互联网金融立法变革必须及时回应互联网金融创新的规范需求,我国互联网金融创新与互联网金融立法变革的互动也需及时跟进。

(三)有限发展法学理论下互联网金融立法变革内容

有限发展法学理论下的互联网金融立法变革主要包括互联网支付立法变革、网络小额贷款立法变革、股权众筹立法变革等。互联网金融立法变革的主要内容,既包括传统金融互联网化过程中金融法律制度的制定、修改和完善,也包括新兴互联网金融法律制度的制定。

1.互联网支付立法变革

有限发展法学理论下互联网支付立法变革促进互联网支付规范化。随着互联网技术向传统产业渗透,国家明确提出"互联网+"行动计划,引导移动互联网、云计算、大数据等与传统产业结合。我国互联网金融创新的首要形式就是互联网支付。互联网支付跨越了传统货币和票据支付的时空范围,为互联网商业提供了信用保障,极大地降低了支付成本。我国与互联网支付相关的金融立法始于 2006 年。2006 年 1 月和 2 月,银行业监督管理委员会先后公布《电子银行业务管理办法》和《电子银行安全评估指引》,对我国传统金融机构利用互联网开展电子银行业务进行监督管理,其实质是规范金融互联网化。我国对新兴互联网金融形式的最早立法是 2010 年 6 月 14 日中国人民银行公布的《非金融机构支付服务管理办法》,其重要意义在于:明确了非金融机构开展传统金融机构业务重要组成部分的支付业务亦需接受金融监督,依法取得《支付业务许可证》,成为支付机构。《非金融机构支付服务管理办法》规定,非金融机构支付服务是指非金融机构作为收款人与付款人之间的中介机构,提供中国人民银行确定的网络支付、预付卡发行与受理、银行卡收款等支付服务。《非金融机构支付服务管理办法》及时规范新兴金融形式的第三方支付和移动支付,明确新兴互联网公司在互联网金融背景下作为非金融机构开展传统金融支付服务的条件和要求。2015 年 12 月,中国人民银行公布的《非银行支付机构网络支付业务管理办法》,为非银行机构网络支付业务的健康发展提供了制度基础。

2.网络小额贷款立法变革

有限发展法学理论下网络小额贷款立法变革保障网络小额贷款交易安全。网络小额贷款是互联网金融的一种重要形式,具有普惠金融低成本和便捷性优势。互联网信息技术和商业模式的转型升级是网络小额贷款得以产生发展的前提。由于法律规范的缺失和社会公众经验的不足,我国网络小额贷款的发展和规制经历了一个从不规范到逐步规范的过程。在互联网信息平台相对成熟的前期阶段,P2P 网络平台融资甚至成了网络小额贷款的代名词,在我国经历了“野蛮生长”和“运动式治理”两个典型时期。P2P 网络平台融资现象出现的早期,虚拟经济领域并没有与之相适应的基本制度。2011 年 8 月 23 日,中国银行业监督管理委员会印发《中国银监会办公厅关于人人贷有关风险提示的通知》,对 P2P 信用服务中介公司的发展和业务风险提出了建议。通知指出,人人网贷款中介服务存在影响宏观调控效果、容易演变为非法金融机构、业务风险难以控制、虚假宣传影响银行体系整体声誉、监管责任不清、法律性质不明确,信用风险高,存在潜在风险。然而,由于对 P2P 网络平台融资的监管职责不清,也出于对金融创新的社会包容,中国银行业监督管理机构仅提出要求银行业金融机构建立与人人贷中介公司之间的"防火墙",加强银行从业人员管理,以及加强与工商行政管理部门的沟通,对"贷款超市"和"融资公司"要严肃查处的监管措施和要求,并不是对 P2P 网络平台融资的实质性规范和监管,也并非 P2P 网络平台融资的约束性规定。由于缺少相关法律规定,P2P 网络平台融资制造了我国互联网金融的乱象,甚至大面积的平台融资活动滑向非法集资等刑事犯罪行为。2014 年以来,各种形式的互联网金融借贷争议成为多地法院立案审理的主要经济类案件即是明证。以 P2P 网络平台借贷的审理为例,2019 年9 月南京市中院发布的《南京金融审判白皮书》显示,南京法院 2016—2018年期间共受理 P2P 网络平台融资案件 1800 余件,涉案标的 4 亿元。因为P2P 网络平台融资案件具有债权人的主导地位弱化,网上借贷平台作用突出;群体性纠纷多,案件多,规模诉讼特征突出,给电子证据认证带来困难;刑事、民事交叉案件多,执行难度大,[①]对虚拟经济秩序和交易主体利益造成了极大的损害。P2P 网络平台融资行为的规范体现出明显地追究网络平台及其责任人的刑事责任的特点。具体适用的法律规范主要包括:《最高人民法院关于审理非法集资刑事案件具体应用法律若干问题的解释》《关于办理非法集资刑事案件适用法律若干问题的意见》和《最高人民法院 最高人民检察院 公安部关于办理非法集资刑事案件若干问题的意见》。通过刑事法律制度解决包括 P2P 网络平台贷款活动中产生的违法犯罪问题。2020 年 7月,中国银行保险监督管理委员会公布《商业银行互联网贷款管理暂行办

---

① 《3 年受理 P2P 案件 1800 余件,涉案标的 4 亿——市中院发布〈南京金融审判白皮书〉》,https://www.thepaper.cn/newsDetail_forward_4535299,访问日期:2019 年 9 月 30 日。

法》。2020 年 11 月,中国人民银行公开征求对《网络小额贷款业务管理暂行办法(征求意见稿)》的意见,开启了网络小额贷款专门立法之路。同时,针对互联网小额贷款的专项整治工作取得了实质性进展。

3.股权众筹立法变革

有限发展法学理论下股权众筹立法变革能为股权众筹的稳定运行与发展提供制度支持。目前我国资金众筹法律地位不明确,存在业务边界模糊、易演化为非法集资类犯罪活动等问题;众筹平台良莠不齐,存在资金欺诈等风险。我国众筹融资实践中,不同类型的资金众筹具有不同的运行风险:股权型众筹易踩法律红线,法律风险大;物权型众筹的“团购”性质过浓,常被利用为营销渠道;债权型众筹存在自设资金池、自我融资、发布虚假标的、一标多平台发布和承诺保本保息等现象。除公益性资金众筹外,资金众筹本质上是投融资行为,需要符合专业和细分的投融资特征。具体而言,我国股权众筹面临的问题主要有:①信息不对称。投融资双方信息不透明,投资人面临因为缺少专业知识和对投资项目认识偏差的逆向选择风险,出资人无法直接监督项目运营情况,难以克服融资方的道德风险。②信用制度不完善。我国大力推进信用制度建设,先后出台了《征信业管理条例》和《征信机构管理办法》等,但仍存在失信成本过低的问题。③缺乏股权众筹的股权转让机制和项目退出机制。股权众筹中缺乏类似二级市场的流动性,股权难以转让或转让成本过大,直接影响股权众筹机制的有效运行。[①] 据不完全统计,截至 2018 年一季度末,我国提供众筹服务的互联网众筹平台仍有 118 家,其中股权众筹(混合众筹)56 家,占比 38.1%;共有 38 家公司参与产品众

[①] 2014 年 12 月,中国证券业协会就《私募股权众筹融资管理办法(试行)(征求意见稿)》向社会公开征求意见。《私募股权众筹融资管理办法(试行)(征求意见稿)》,对股权众筹的非公开发行性质、股权众筹平台、投融资者和自律管理等进行了规定,但最终并未公布正式稿。2015 年 8 月,中国证券监督管理委员会印发《关于对通过互联网开展股权融资活动的机构进行专项检查的通知》指出,市场可以分为“股权众筹”和“互联网私募融资”。

筹,占比 32.2%。中国互联网民间融资约 212 亿元,产品众筹约 150 亿元。在每个统计区间内,股权众筹的融资规模均高于产品众筹。① 有限发展法学理论下我国股权众筹立法变革,需要先解决好以下问题:一是加强和规范股权众筹平台建设,完善"主导投资＋跟随投资"的运作模式;二是完善股权众筹的差异化服务,并从项目类型的细分和差异化以及融资和收费模式的差异化两个方面进行探索;三是引入有利于促进股权众筹的法律制度。例如,我国的股权众筹立法可以考虑将合格境外机构投资者(Qualified Foreign Institutional Investor,QFII)的下限改为投资者与融资人之间的额度上限;四是建立健全股权众筹监管体系,如加强以信息披露为核心的众筹平台监管。众筹平台,特别是股权众筹平台,应以项目信息披露为监管核心,建立系统化、制度化的众筹平台信息披露制度,以缓解投资者与融资人之间信息不对称的风险。

二、有限发展法学理论下数字货币立法变革

有限发展法学理论下数字货币立法变革应体现数字货币自身的特征,遵守数字货币立法的基本原则。法律制度是金融交易的根基,数字货币立法"需要对这个以信用风险为基础、不断上升和扩大的风险螺旋进行层层解构"②。

(一)有限发展法学理论下数字货币立法变革背景

作为比特币等数字货币核心支撑的区块链基于对金融体系弊端的反

---

① 《〈互联网非公开股权融资暂行管理办法〉起草,股权众筹又一春?》,https://www.iyiou.com/p/74848.html,访问日期:2019 年 10 月 20 日。
② 杨东:《互联网金融的法律规制:基于信息工具的视角》,《中国社会科学》2015 年第 4 期,第 107-126 页。

思,寄托了创造者去中心化和自由主义的反体制动机。① 正是这种对现行制度不足的反思形塑了区块链的技术优势。现有理论研究成果对区块链特征的认识并不完全一致:如区块链具有去中心化、去信任化、集体维护和数据安全等特点;②区块链具有去中心化、无须事先信任、基于代码运行和自治性等特点;③区块链具有去中心化、基于共识建立信任和信息不可篡改等特点;④区块链是建立信任的机器,具有去中心化、去信任中介化、不可篡改和可追溯性等特点。⑤ 稍加分析梳理不难发现,区块链最为核心的技术优势特征包括去中心化、去信任化、去中介化和数据安全。集体维护、基于代码运行、自治性、信息不可篡改和可追溯性等特征,本质上都是数据安全的保障或表现。区块链具有信息承载功能,能够记录、存储和传播交易信息。区块链技术架构中,关于前一区块的所有信息都记录在每个区块上,同一网络中的每个节点都有相同的区块链副本。任何节点的损坏都不会影响到其他节点和整个网络。区块链的发展可以分为三个阶段:⑥区块链 1.0、区块链 2.0和区块链 3.0 阶段。区块链 1.0 是指货币,即在与现金相关的应用程序中部署加密数字货币,开展货币转移、汇款和数字货币支付系统等。区块链 2.0是一种契约,即利用区块链产生比现金交易更广泛的市场和金融活动。区块链可能成为全球信用认证和价值互联网的基础协议之一,预示着互联网

---

① 万国华、孙婷:《证券区块链金融:市场变革、法律挑战与监管回应》,《法律适用》2018 年第 23 期,第57-66 页。

② 王硕:《区块链技术在金融领域的研究现状及创新趋势分析》,《上海金融》2016 年第 2 期,第 26-29页。

③ 张礼卿、吴桐:《区块链在金融领域的应用:理论依据、现实困境与破解策略》,《改革》2019 年第 12期,第 65-75 页。

④ 林晓轩:《区块链技术在金融业的应用》,《中国金融》2016 年第 8 期,第 17-18 页。

⑤ 孙国茂、LI MENG:《区块链技术的本质特征及其金融领域应用研究》,《理论学刊》2017 年第 2 期,第58-67 页。

⑥ Melanie Swan. *Blockchain*: *Blueprint for a New Economy*,O'Reilly Media Inc., 2015,p.ix.

的用途可能从信息传递向价值传递转变。① 区块链 3.0 是指区块链在货币、金融、市场之外的应用，包括政府、卫生、科学、文学、文化、艺术等，区块链已经被应用于数字货币、票据、清算结算、股权交易、审计、公证等多个领域。世界上最大的区块链联盟 R3 的服务范围包括资本市场、数字资产、数字身份、能源、全球贸易、公共部门、健康、保险和通信交流等方面。区块链应用可能改变法律调整的社会关系，甚至改变法律的运行方式。区块链作为一种记录、存储和传播信息的技术，能够为市场交易和社会管理提供信息支撑和证明，提供解决信息不对称的新技术路径。应用区块链进行交易的协调、记录保存和不可撤销等也可能与"大宪章"或"罗塞塔石"一样成为社会向前发展的基本特征。②

然而，以区块链技术为基础的数字货币仍面临网络安全、技术风险、外部攻击等问题，且与之相关的立法仍处于缺位状态。例如，区块链交易的高效率和即时结算特征，使任一节点的误差都可能产生连锁反应，给投资者造成巨大损失；对于损失的后果，却很难在开源软件的编制及维护者、系统运行的参与者、使用者、第三方应用或服务提供者等主体中确定明确的责任主体，使投资者的损失获得救济。③ 区块链自治组织（Decentralized Autonomous Organization, DAO）就曾因智能合约漏洞受黑客攻击而导致巨额数字货币被盗。④ 简言之，区块链理论上很难被攻击者破解，但通过挟持大批僵尸机或

---

① 林晓轩：《区块链技术在金融业的应用》，《中国金融》2016 年第 8 期，第 17-18 页。

② Melanie Swan. *Blockchain*: *Blueprint for a New Economy*, O'Reilly Media Inc., 2015, p.viii.

③ 万国华、孙婷：《证券区块链金融：市场变革、法律挑战与监管回应》，《法律适用》2018 年第 23 期，第 57-66 页。

④ Nathaniel Popper: "A Hacking of More Than $ 50 Million Dashes Hopes in the World of Virtual Currency," *The N. Y. Times*, June 17, 2016, https://www.nytimes.com/2016/06/18/business/dealbook/hacker-may-have-removed-more-than-50-million-from-experimental-cybercurrency-project. html, accessed on November 21, 2019.

采用工会集群运作模式,仍有篡改数据的可能。[①] 同时,区块链商业化过程中也存在大量的冗余数据库,增加了系统的运行成本,不可逆地增加了修改记录的复杂性、不兼容的数据规模和效率、难以规范等问题。[②] 数字货币面临效率问题、资源浪费问题和博弈问题等,海量数据存储、效率频率以及交易确认时间等问题都会影响区块链的效率问题;工作量证明(Proof of Work,POW)共识过程高度依赖区块链网络节点贡献的算力,主要用于解决哈希数和随机数搜索的算力会消耗大量的电力资源而不产生任何实际社会价值的资源浪费问题;以及区块链去中心化系统存在各自利节点如何自发实施区块数据的验证和记账工作,并提高系统内非理性行为的成本以抑制安全性攻击和威胁的问题等,会导致区块链网络节点交互过程中的相互竞争与合作的博弈关系。[③] 区块链的多节点共同确认保证数据和信息安全的同时,会降低数据和信息处理的效率,形成安全与效率之间的悖论。[④] 区块链的去中心化程度越高,效率越低。[⑤] 质言之,数字货币依赖于区块链等技术,区块链的性能问题、技术漏洞以及科技进步的压力等亦是区块链金融面临的技术风险。科学技术是双刃剑,接纳区块链优势的同时,必须理性和辩证地看待区块链可能给数字货币带来的风险与挑战,必须逐渐建立和完善数字货币的法律规范。

(二)有限发展法学理论下数字货币立法变革需求

有限发展法学理论下数字货币立法变革需要一以贯之地遵循有限发展

---

① 王硕:《区块链技术在金融领域的研究现状及创新趋势分析》,《上海金融》2016年第2期,第26-29页。

② 孙国茂:《区块链技术的本质特征及其金融领域应用研究》,《理论学刊》2017年第2期,第58-67页。

③ 袁勇、王飞跃:《区块链技术发展现状与展望》,《自动化学报》2016年第4期,第481-494页。

④ 崔志伟:《区块链金融:创新、风险及其法律规制》,《东方法学》2019年第3期,第87-98页。

⑤ 邹传伟:《区块链与金融基础设施:兼论Libra项目的风险与监管》,《金融监管研究》2019年第7期,第18-33页。

法学理论指引下的金融安全原则和金融民主原则。

1.金融安全原则视域下数字货币立法变革需求

有限发展法学理论视域下的数字货币立法变革首先要保障金融安全。金融安全是国家安全的重要组成部分。"金融安全要求信息对称以及反馈机制运行良好,但互联网技术具有放大效应,给金融安全带来隐患。"①数字货币不改变金融本质,安全是互联网金融的首要目标,②亦是数字货币发展的命脉。从宏观角度看,无论规模大小,数字货币都是国家金融体系的有机构成部分,都必须维护国家的金融安全;从微观角度看,数字货币应以服务和便利金融消费者为基础,以金融消费者权益保护为核心,因此,金融安全正是数字货币消费者的首要目标。在总体国家安全观的政策话语、行政法规、司法文件和裁判文书中,"金融安全"出现的频率明显增加。这一方面是因为金融立法有时滞效应,政策转化为法律需要一定的过程;另一方面是因为司法实践中诉诸"金融安全"话语具有三方面的现实功能:确认法院作为国家整体政治架构中的重要组成部分;正当化自由裁量权的行使;创制金融法律规则的倾向。③ 毕竟,数字货币立法难以事先充分预见瞬息万变的金融创新及可能的法律争议,而司法实践却必须对现实争议进行处理和回应。因此,数字货币立法必须考虑数字货币的特点,以虚拟经济有限发展法学理论为指引,遵循金融安全的立法原则,以保障和促进虚拟经济发展和创新。

数字货币极大地拓展了金融业的深度和广度,除具有虚拟经济的高风险性、不稳定性、脆弱性等诸多局限外,数字货币还叠加了信息技术时代虚拟经济交易的及时性、超时空性和效应积聚性特点。有限发展法学理论下数字货币的立法变革需要因应其作为互联网信息时代金融的新形态。2019

---

① 赵吟:《金融安全视域下互联网股权众筹监管法律体系构建》,《江西社会科学》2019 年第 3 期,第177-186 页。

② 井贤栋:《培育互联网金融安全观》,《中国金融》2016 年第 12 期,第 12-13 页。

③ 黄韬:《"金融安全"的司法表达》,《法学家》2020 年第 4 期,第 68-82 页。

年党的十九届四中全会通过的《中共中央关于坚持和完善中国特色社会主义制度 推进国家治理体系和治理能力现代化若干重大问题的决定》提出"建设更高水平开放型经济新体制"。开放经济条件下,数字货币对内对外的交易风险被放大。从数字货币的对内业务看,利用网络开展数字货币业务活动的能力和便捷性大大提高;同时,一般自然人融资主体可能因为金融信息的理解能力和信用能力不足,往往陷入融资成本高和偿付不足的艰难境地,引发广受关注的社会稳定和安全问题。从数字货币参与国际竞争的角度看,数字货币更容易受投机资本的干扰、外国资本的冲击、国际游资的影响及国外政治经济社会动荡的威胁。

2020 年 8 月 14 日,商务部印发《全面深化服务贸易创新发展试点总体方案》,在"全面深化服务贸易创新发展试点任务、具体举措及责任分工"部分提出:在京津冀、长三角、粤港澳大湾区及中西部具备条件的试点地区开展数字人民币试点。先由深圳、成都、苏州、雄安新区等地及冬奥场景相关部门协助推进,后续视情况扩大到其他地区。2022 年 7 月,宁波市落地首批以数字人民币发放行政事业单位工资。随着数字人民币试点完成及广泛应用,国家需要积极出台法律制度对数字人民币风险问题进行积极回应。

2.金融民主原则视域下数字货币立法变革需求

有限发展法学理论视角下的数字货币立法变革需要坚持金融民主原则。金融民主是指坚持金融服务社会的前提下,通过公众的广泛参与,打破金融的精英权力结构,实现财富公平分配的过程。金融民主有助于降低金融不平等程度,从而塑造一个更加公平的世界。[1] 数字货币立法的金融民主原则,是指数字货币立法过程中,通过不同社会主体和公众的广泛参与,吸收不同主体的意见并反映不同主体利益的原则。只有合理分配不同主体和组织的权力范围和治理权限,形成良好的互补性和互动性,才能提高数字货

---

① 李扬:《金融有充足的潜力为我们塑造更公平的世界》,《文汇报》2014 年 4 月 21 日第 9 版。

币立法改革的实际效果,中央行使金融监管权并逐步延伸,符合我国传统金融体制的现实。事实上,传统的金融监管很难跟踪数字货币的发展,实施有效的监管和治理。我国数字货币立法体系强调中央各部门之间,特别是国务院组成部门之间的立法权分配,而忽视了对立法权的界定和规范以及立法权与监管权的配合。金融民主原则有利于更好地发挥数字货币的优势。数字货币的产生正是为了弥补传统金融机构无法满足弱势金融群体需求的不足,需要构建一套与传统金融监管权配置路径完全相向而行的金融监管权力衍生体系。为避免数字货币创新过程风险过大对宏观经济的破坏,金融创新需要虚拟经济宏观层面制度的顶层设计,明确虚拟经济创新的基本原则等。同时,数字货币的金融监管也需要关注"度",而不是简单的合规要求等。①

(三) 有限发展法学理论下数字货币立法变革内容

有限发展法学理论下数字货币立法变革要摒弃货币非国家化理念。20世纪50—70年代,发达国家相继废除了金本位和固定汇率制度。但由于中央银行不独立,一些中央银行直接为财政赤字融资,导致西方国家通货膨胀严重。基于此,哈耶克提出了货币非国家化的构想,允许多家私人银行发行不同的货币并展开竞争。然而,哈耶克的货币非国家化体系存在诸多缺陷,不具有可操作性,他的货币非国家化理念难以成为现实。② 因为,市场配置资源不仅存在公共产品、外部效应、公平竞争和公平分配等内容方面的局限性,而且存在公平等价值方面的局限性。政府的资源配置能力越强,对市场配置产生的影响越大。一个国家的金融监管,无论是利率管制还是其他金融工具的调整,都会影响市场资源的配置。数字货币立法应依据不同数字

---

① 缪因知:《证券交易场外配资清理整顿活动之反思》,《法学》2016 年第 1 期,第48-57 页。
② 盛松成、翟春:《货币非国家化理念与比特币的乌托邦》,《中国金融》2014 年第 7 期,第32-34 页。

货币业态的负外部性采取差异化的市场准入措施。①

我国现行国家法律法规基本禁止以比特币等数字货币为代表的区块链金融。2013 年 12 月,中国人民银行等五部门联合印发《关于防范比特币风险的通知》,旨在明确金融机构和支付机构不得开展与比特币相关的业务,需防范比特币可能存在的洗钱风险,加强对公众的货币知识教育和投资风险预警。2017 年 9 月,中国人民银行发布《关于防范代币发行融资风险的公告》(以下简称《公告》),要求立即停止各类代币发行融资活动。已完成代币发行和融资的组织和个人应当退出,合理保护投资者利益,妥善处理风险。《公告》明确指出,代币发行融资是指融资主体通过非法销售和流通代币向投资者筹集的所谓"虚拟货币",本质上是一种未经授权的非法公募行为,涉嫌非法集资、金融诈骗等违法犯罪活动。《公告》旨在加强对代币融资交易平台的管理,这就需要公众高度警惕代币发行融资的风险和隐患,充分发挥市场行业组织的自律作用。2018 年 1 月,中国互联网金融协会发布防范变相 ICO(首次代币发行)活动风险提示。中国互联网金融协会称,迅雷"链克"案例中,发行企业实际上是用"链克"代替了对参与者所贡献服务的法币付款义务,本质上是一种融资行为,是变相 ICO。以一种名为 IMO(以矿机为核心发行虚拟数字资产)模式发行的"虚拟数字资产",还包括流量币、BFC 积分等。② 然而,数字货币的价值不容小觑,重点问题在于目前应如何进行创新鼓励和引导。2019 年 8 月,《中共中央　国务院关于支持深圳建设中国特色社会主义先行示范区的意见》明确提出支持在深圳开展数字货币研究与移动支付等创新应用。"央行数字货币可降低交易成本,提高交易效率;由央行直接发行数字货币,又可减少中间涉及商业银行发行货币的环

---

① 邢会强:《经济法原理在金融领域的应用举隅》,载陈云良主编《经济法论丛》,社会科学文献出版社,2018,第 212-224 页。

② 许晟:《中国互联网金融协会发布防范变相 ICO 活动风险提示》,http://www.xinhuanet.com/2018-01/12/c_1122252748.htm,访问日期:2019 年 10 月 22 日。

节,便于追踪交易,减少非法活动如避税、洗黑等活动。"①全球 80%的央行都在积极研究数字货币,中国人民银行数字货币的发行和流通已经成为国际货币竞争的重要领域,特别是在主要国家,央行越来越愿意发行央行债券,这是一项正在进行的试验。央行数字货币的设计及其对经济可能产生的影响是学术界和决策者关注的焦点。② 质言之,数字货币立法变革需坚持有限发展法学理论,在推动其创新的基础上加强风险防范和制度供给。

三、有限发展法学理论下股权众筹立法变革

有限发展法学理论指导下我们需深究互联网与虚拟经济结合的产物,即股权众筹的优势和风险,并在此基础上推动其立法变革。互联网、大数据、云计算、区块链等新兴技术为虚拟经济创新发展带来交易便利、信息易得、成本低廉等优势的同时,也必然面临虚拟经济活动和产品高度专业化、风险传递速度快、风险放大效应加剧等挑战。

(一)有限发展法学理论下股权众筹立法变革背景

有限发展法学理论认为在众筹融资模式中股权众筹对虚拟经济运行安全产生的影响最大,因此也需要更为严格的金融监管法律制度的规范。股权众筹是一种出资者与筹资者利用互联网融资平台获得资金的直接融资活动。按出资者人数或筹资者是否可以公开募集资金,股权众筹可分为公募股权众筹和私募股权众筹。股权众筹本质上是筹资人与不特定普通投资人之间发生的直接融资活动;③股权众筹主要是指"通过互联网推动小额股权

① 朱丽娜:《全球八成央行已研发数字货币 巴曙松称数字人民币或可用于大湾区"理财通"》,《21 世纪经济报道》2021 年 1 月 19 日第 5 版。

② 刘凯、郭明旭:《央行数字货币的发行动机、设计方案及其对中国的启示》,《国际经济评论》2021 年第 3 期,第 137-154 页。

③ 刘明:《美国〈众筹法案〉中集资门户法律制度的构建及其启示》,《现代法学》2015 年第 1 期,第 149-161 页。

融资活动";①股权众筹是指创新型企业、企业家或小微企业通过股权众筹中介的互联网平台开展的公开股权融资活动,②实际上都是指公募股权众筹。公募股权众筹涉及不特定多数筹资者——社会公众的利益,并且会影响国家虚拟经济安全,其平台设立、资金募集、业务活动等都必须依法接受国家监管,以消解和平衡股权众筹融资创新和虚拟经济安全之间的紧张关系。股权众筹主要是指通过互联网推动小型股权融资活动,股权众筹由中国证监会监管。③股权众筹必须通过股权众筹中介机构平台进行。股权众筹中介机构可以在遵守法律法规的前提下,充分发挥股权众筹作为多层次资本市场有机组成部分的作用。

　　虚拟经济立法对欺诈性融资不作为和金融监管的缺位,实质上等于放任投资者进入非法但缺少监管的金融市场,很大程度上会纵容金融中介机构和融资者利用非对称性信息将信用风险转嫁给投资者。④《关于促进互联网金融健康发展的指导意见》和《股权众筹风险专项整治工作实施方案》发布后,我国众筹平台数量经历了从快速增长到快速下降的整体态势。运营中的在线众筹平台数量从 2016 年的 532 家减少到 2017 年底的 294 家;不过,众筹成功的项目数量和募集资金数额仍在不断增加。2017 年,众筹成功项目达 69637 亿元,融资总额 260 亿元。⑤ 2016 年 4 月,中国证监会等 15 部门联合发布《股权众筹风险专项整治工作实施方案》,指出股权众筹具有"公

---

① 参见 2015 年 7 月 18 日,中国人民银行等十部门发布的《关于促进互联网金融健康发展的指导意见》。

② 参见 2015 年 8 月 3 日,中国证券监督管理委员发布的《关于对通过互联网开展股权融资活动的机构进行专项检查的通知》。

③ 参见 2015 年 7 月 18 日,中国人民银行等十部门发布的《关于促进互联网金融健康发展的指导意见》。

④ 杨东:《互联网金融的法律规制:基于信息工具的视角》,《中国社会科学》2015 年第 4 期,第 107-126 页。

⑤ 《中国众筹行业发展报告 2018:众筹的过去、现在和将来》,https://www.sohu.com/a/232666972_264613,访问日期:2019 年 10 月 20 日。

开、小额、批量"的特点,涉及社会公共利益和经济金融安全,必须依法监督。为推进资本市场改革发展,规范和引导股权众筹发展,中国证监会将《股权众筹试点管理办法》纳入 2019 年度立法工作计划,[①]但该办法尚未出台。股权众筹已被我国立法确认为解决初创企业和中小微企业融资难问题的方式之一。2019 年 10 月,国务院发布《优化营商环境条例》对解决中小企业融资难问题提供了两个解决思路:一是鼓励和引导商业银行等传统金融机构增加对中小企业的信贷投放,扩大间接融资渠道;[②]二是促进多层次资本市场健康发展,拓宽市场主体融资渠道,支持符合条件的民营企业和中小企业依法开发股票、债券等融资工具,扩大直接融资规模。[③] 2019 年 7 月,上海证券交易所科创板正式开市交易,并试行公开发行证券注册制。2020 年 7 月,科创板开市一周年时,科创板上市公司达到 140 家,总市值逾 2.79 万亿元,合计融资 2179 亿元。[④] 2020 年上半年我国直接融资(股票和债券之和)比重从 32%上升到 36%。[⑤] 然而,我国股权众筹制度却似乎停滞不前了。

(二)有限发展法学理论下股权众筹立法变革需求

2008 年金融危机后,股权众筹成为初创企业和小微企业有效融资渠道的重要制度创新。2012 年,美国颁布《初创企业推动法》,具体规定了股权

---

① 徐昭:《证监会印发 2019 年度立法工作计划 力争今年公开发布股权众筹试点管理办法》,http://www.cs.com.cn/xwzx/hg/201903/t20190316_5931300.html,访问日期:2019 年 10 月 15 日。

② 《优化营商环境条例》第二十六条规定,国家鼓励和支持金融机构加大对民营企业、中小企业的支持力度,降低民营企业、中小企业综合融资成本。金融监督管理部门应当完善对商业银行等金融机构的监管考核和激励机制,鼓励、引导其增加对民营企业、中小企业的信贷投放,并合理增加中长期贷款和信用贷款支持,提高贷款审批效率。

③ 《优化营商环境条例》第二十七条规定,国家促进多层次资本市场规范健康发展,拓宽市场主体融资渠道,支持符合条件的民营企业、中小企业依法发行股票、债券以及其他融资工具,扩大直接融资规模。

④ 上海证券交易所网站,http://www.sse.com.cn/star/media/news/c/c_20200722_5160308.shtml,访问日期:2020 年 8 月 10 日。

⑤ 郭树清:《推动金融更好地服务实体经济》,http://www.cbirc.gov.cn/cn/view/pages/ItemDetail.html?docId=922817&itemId=915,访问日期:2020 年 8 月 15 日。

众筹制度,成为股权众筹理论的具体实践。目前借鉴《初创企业推动法》,设置公募和私募股权众筹的具体路径已得到我国理论[①]和实务界[②]的广泛认可。我国立法已经将具有实质意义的私募股权众筹以"互联网非公开股权融资"的形式确定下来。实际上已经承认了私募股权众筹的合法性,而虚拟经济监管部门所称的"股权众筹"实质上仅是指公募股权众筹。公募股权众筹具有"公开、小额、大众"的特征,具有公开发行证券的性质。目前我国公募股权众筹"公开、大众"的特点受限于我国《公司法》和《合伙企业法》的相关规定;[③]公开筹集资金又受限于我国《证券法》[④]的限制。

　　总体而言,我国股权众筹立法面临一系列前提性问题。首先,股权众筹制度对我国《证券法》和《公司法》等相关法律规定提出了挑战,需要进行相关法律制度的修改,为股权众筹制度的试点提供制度空间。其次,作为具有证券发行性质的股权众筹行为,对我国证券公开发行和监管制度提出了改革要求。我国《证券法》明确规定证券公开发行实行"注册制",继科创板和创业板实行证券公开发行注册制后,2023 年 2 月 17 日,中国证监会公布《上市公司证券发行注册管理办法》,标志着我国证券发行全市场注册制时代的

---

① 黄辉:《中国股权众筹的规制逻辑和模式选择》,《现代法学》2018 年第 4 期,第 94-109 页。

② 2015 年 7 月 29 日,中国证券业协会发布《场外证券业务备案管理办法》,第二条规定将私募股权众筹认定为场外证券业务的一种形式,承认了私募股权众筹的合法性。2015 年 7 月 18 日,中国人民银行等十部门发布的《关于促进互联网金融健康发展的指导意见》第九点,明确了股权众筹融资"公开、小额、大众"的特征,为公募股权众筹提供了空间,但目前公募股权众筹的具体法律制度仍然缺失。

③ 《公司法》第二十四条规定:有限责任公司由五十个以下股东出资设立;《合伙企业法》第六十一条规定:有限合伙企业由二个以上五十个以下合伙人设立;但是,法律另有规定的除外。有限合伙企业至少应当有一个普通合伙人。

④ 《证券法》第十条规定:公开发行证券,必须符合法律、行政法规规定的条件,并依法报经国务院证券监督管理机构或者国务院授权的部门注册。未经依法注册,任何单位和个人不得公开发行证券。证券发行注册制的具体范围、实施步骤,由国务院规定。有下列情形之一的,为公开发行:(一)向不特定对象发行证券;(二)向特定对象发行证券累计超过二百人,但依法实施员工持股计划的员工人数不计算在内;(三)法律、行政法规规定的其他发行行为。非公开发行证券,不得采用广告、公开劝诱和变相公开方式。

到来。但我国监管部门还需积累对股权众筹进行审批简化或注册豁免的监管经验。美国建立股权众筹制度,是指在互联网平台上建立有针对性的股权众筹监管制度之前,在一般法律层面对小额股权融资设置优惠制度。第三,股权众筹对我国证券市场的自律能力和诚信制度建设提出了更高要求。2019 年 10 月,国务院发布的《优化营商环境条例》首次以立法的形式明确"支持符合条件的民营企业和中小企业依法发行股票、债券以及其他融资工具",为股权众筹提供了法律制度创新的空间。《优化营商环境条例》和《股权众筹试点管理办法》的出台有望推动我国股权众筹制度依法有序发展。

股权众筹立法的关键是平衡好初创企业的资本形成与投资者的利益保护问题。资金融通过程中,资金供需双方交易达成是存在条件的。间接融资方式中,银行作为信用中介为资金供给方提供还本付息的承诺,以解决资金供需双方的信息不对称问题。无论是公募股权众筹还是私募股权众筹,其本质都属于证券发行行为,是一种直接融资行为,都具有解决信息不对称问题的需求。传统的证券法理论通过赋予证券中介人看门人的角色来解决市场信息不对称问题。[1] 看门人是"以各种市场中介机构的专业信誉为基础,保证向投资者发行证券的质量",[2]看门人是"以专业信誉为基础,保证向投资者发行证券质量的各种市场中介机构"。[3] 与传统的证券公开市场相比,股权众筹市场的信息不对称问题更加突出。解决信息不对称问题,是影响股权众筹机制的整体性问题,与出资人利益保护紧密相关。

解决股权众筹信息不对称的主要工具包括信息披露、信誉中介[4]和群体

---

① 杨硕:《股权众筹中介机构的功能解释与立法规制》,《政法论丛》2019 年第 2 期,第 80-91 页。

② John C. Coffee Jr. Gatekeepers, *The Professions and Corporate Governance*(Oxford University Press,2006, p. 2.

③ George A. Akerlof, "The Market for 'Lemons': Quality Uncertainty and the Market Mechanism," *The Quarterly Journal of Economics* 84, No.3 (Aug.1970):488-500.

④ D.M. Ibrahim, "Equity Crowdfunding: A Market for Lemons?," *Minnesota Law Review* 100, Issue 2 (December 2015):593.

智慧。① 立法实践中,美国公募众筹利用信息披露和集体智慧作为解决信息不对称的工具。实际上美国和英国的私募股权众筹都依靠信用中介来解决信息不对称问题。② 强制信息披露是解决证券市场信息不对称的最传统方式之一。然而,强制信息披露解决信息不对称问题在多数情况下是失败的。且不说,信息披露主体披露的信息是否达到了法定标准的及时、准确和充分的程度;即使信息披露者披露的信息达到了法定标准,也还存在投资者解读信息的能力问题。更何况,信息披露需要大量的资金和时间成本,这对初创企业和中小微企业也是极大的负担。信息公开的内容过于专业,而且也很难理解。因此,很难实现披露原则简单描述复杂事物的命题。在大多数情况下,信息披露的对象并不能根据所披露的全部信息做出有效的决策,而是选择少量的信息进行不合理的决策,大多数没有经过慎重的考虑。③

(三)有限发展法学理论下股权众筹立法变革内容

有限发展法学理论下股权众筹立法的变革路径可以在兼顾安全的基础上放松部分限制,因为有限发展并非不发展,而是在安全基础上发展。针对学界认为我国现行法律制度对股权众筹投资人数和投资门槛的限制,不利于金融效率的实现等问题,我国股权众筹立法应在"金融效率优先,兼顾金融安全"的理念指导下,通过差异化的准入制度、投资限额和冷静期制度等实现股权众筹市场的"制度均衡"。④ 我国股权众筹选择互联网私募融资和股权众筹的分立立法模式,再试点"股权众筹融资"的渐进式制度形成路径,符合互联网金融风险控制的要求。大数据、云计算等互联网技术虽能更好地进行金融数据分析,提高金融管理和风险控制效率,但是互联网金融具有

---

① James Surowiecki, *The Wisdom of Crowds* (New York:Anchor, 2005), pp.23-83.

② 杨硕:《股权众筹中介机构的功能解释与立法规制》,《政法论丛》2019年第2期,第80-91页。

③ 杨硕:《股权众筹中介机构的功能解释与立法规制》,《政法论丛》2019年第2期,第83页。

④ 闫夏秋:《股权众筹合格投资者制度立法理念矫正与法律进路》,《经济法论坛》2016年第4期,第63-67页。

互联网、金融及其整合的三重风险,其跨界性、传染性和碎片化的特性等可能引发新的金融风险。① 先行确认互联网非公开股权融资既可以在传统非公开股权融资之外,为需要资金的企业提供一种新的非公开股权融资渠道选择,又有助于培育互联网平台从事股权融资业务的专业能力,为发展股权众筹奠定基础。②

金融监管部门一方面要求股权众筹平台向股权众筹投资人说明股权众筹风险巨大,确保投资者理解金融产品和服务的风险;另一方面要求股权众筹平台对发行人进行尽职调查,并告知投资者,即确保股权众筹中投资者已经充分意识到并且可以承受可能发生的损失。③ 股权众筹项目评级网站从管理、产品和投资三方面对项目进行评估,通过声誉机制解决信息不对称和投资者保护问题。④ 股权众筹平台市场良好的自律框架,以及自发形成的评级机制和尽职调查,事实上弥补了信息披露制度的不足和过分依赖合格投资者制度的弊端。

有限发展法学理论认为在公开证券发行严格监管的制度背景下,针对性放松监管是股权众筹制度的前提。2019 年 3 月,中国证券监督委员会公布《科创板首次公开发行股票注册管理办法(试行)》⑤和《科创板上市公司持续监管办法(试行)》,明确了科创板证券发行注册制的思路。2019 年 12 月,第十三届全国人民代表大会常务委员会第十五次会议通过《证券法》第二次修正,规定我国证券公开发行注册制。2023 年 2 月 17 日,《上市公司证券发行注册管理办法》公布实施。我国证券公开发行注册制平稳推进并积

---

① 郑联盛:《中国互联网金融:模式、影响、本质与风险》,《国际经济评论》2014 年第 5 期,第 103-118 页。

② 董淳锷:《中国股权众筹立法问题之检讨》,《比较法研究》2018 年第 5 期,第 120-135 页。

③ 张雨露:《英国投资型众筹监管规则综述》,http://www.pkulaw.cn/fulltext_form.aspx? Db = qikan&gid =1510144371,访问日期:2019 年 10 月 20 日。

④ 刘诗瑶:《各国股权众筹法律监管逻辑之比较研究》,《河北法学》2018 年第 7 期,第 127-136 页。

⑤ 2020 年 7 月 10 日,中国证券监督管理委员会对《科创板首次公开发行股票注册管理办法(试行)》进行修正。

累经验后,可配合初创企业和中小微企业的股权众筹制度,实行注册豁免。同时,完善股权众筹的股权转让制度,欺诈处罚制度以及投资者救济制度。发展股权众筹必须以降低交易风险,切实维护投资者利益为前提。"股权众筹平台应当充分发挥其金融中介作用,为投融资双方设计能够降低交易成本、防范交易风险的交易结构。"①

在放松法律约束的基础上,规范股权众筹平台还需加强以下两方面的要求:一方面是强化股权众筹平台的"信誉中介"角色。信息披露制度要寻求能够完成信息解读的主体来提供"建议",能够完成这一任务的正是信誉中介机构。② 信誉中介的主要作用是保证信息披露的质量,从而减少证券市场中的信息不对称问题。③ 强化信息披露的同时,还需要依赖金融中介机构(股权众筹平台)发挥信誉中介防范风险的作用来保护投资者。筹资者向投资者提供信息很容易,但提供可信的信息却很困难。筹资者有夸大自己企业和前景的动机,而投资者却无法直接核实筹资者提供的信息。这对首次向公众发行股票或股权众筹的小型企业和公司尤其严重。因为,投资者难以依靠公司先前的声誉来判断信息的质量。④ 金融中介机构的重要功能之一即是解决信息不对称问题。与证券公开市场相比,股权众筹市场中信息不对称的问题更加突出,投资者对互联网众筹平台解决信息不对称问题的要求更为迫切。另一方面是应对投资者的非理性决策行为。股权众筹规范的困境还在于立法如何解决缺乏经验的投资者的非理性决策行为。导致股权众筹投资者的非理性决策行为主要有两个因素:一是投资者不具备解读

---

① 刘丹妮:《公募股权众筹风险及其制度防范:以交易结构设计为中心》,《理论月刊》2020 年第 1 期,第 78-91 页。

② 杨硕:《股权众筹中介机构的功能解释与立法规制》,《政法论丛》2019 年第 2 期,第 80-91 页。

③ Black, Bernard S. "The Legal and Institutional Preconditions for Strong Securities Markets," *UCLA Law Review* 781, No.48 (2001):788.

④ Black, Bernard S. "The Legal and Institutional Preconditions for Strong Securities Markets, *UCLA Law Review* 781, No.48 (2001): 786.

信息的知识和能力;二是股权众筹市场并不符合有效市场假说。① 群体智慧理论为解决股权众筹信息不对称问题,为投资者在投资过程中做出理性决策提供了新的思路。多数股权众筹的投资者没有投资经验或投资经验不足,本质上更接近一般金融产品的消费者,而非金融市场的投资者。理性投资者,是指具备一定投资基础知识,能够理解财务会计以及宏观经济材料,并且能够推断发行人披露信息的经济、财务和法律后果的投资者。② 如果对股权众筹的投资者进行更为细化和专业的区分,股权众筹制度中体现群体智慧可考虑建立领投人制度和股权众筹交流平台制度。通过赋予门户经理"看门人"的职责,加强对投资者风险识别和承担能力的审核,并辅以投资限额和专业投资者领投机制,以期实现风险最小化和投资者保护。③ 意大利股权众筹的"专业投资者保底介入"制度和"投资咨询建议"制度的模式下,通过发挥专业投资者和股权众筹平台的声誉机制和信誉中介的风险防范功能,作为解决信息不对称问题的替代性方式。

四、有限发展法学理论下金融消费者立法变革

有限发展法学理论视域下虚拟经济市场交易弱势主体,尤其是金融消费者的权益保护是否充分,关涉虚拟经济市场是否有序和虚拟经济监管终极目标是否能够实现。因此,以虚拟经济市场中金融消费者权益保护立法为例展开对虚拟经济有限发展立法宗旨的讨论具有代表性。无论是对虚拟经济的长期可持续性发展而言,还是积极维护虚拟经济的市场竞争和交易秩序,都需要加快金融消费者的立法变革。

（一）有限发展法学理论下金融消费者立法变革背景

有限发展法学理论认为虚拟经济的不断创新、金融产品和服务的日益

---

① 杨硕:《股权众筹中介机构的功能解释与立法规制》,《政法论丛》2019年第2期,第80-91页。
② 杨硕:《股权众筹中介机构的功能解释与立法规制》,《政法论丛》2019年第2期,第80-91页。
③ 刘诗瑶:《各国股权众筹法律监管逻辑之比较研究》,《河北法学》2018年第7期,第127-136页。

复杂化、互联网信息技术对虚拟经济发展的急速推动、交叉金融产品的风险叠加和传递等多种因素使虚拟经济固有的内在风险不断扩大。作为金融消费关系中与金融机构相对应的交易主体,尤其是非专业的自然人主体,根本不可能完全认知和预测自身交易行为的后果。要维护虚拟经济发展背景下具体交易主体的实质平等性和交易关系的自愿和诚实信用,完全依靠交易双方自身的认知和行为能力已无可能。体现国家干预虚拟经济有限发展的立法和执法,一方面通过规范金融机构的组织设立和具体行为,防止金融机构损害作为交易相对人的金融消费者的利益;另一方面通过对金融消费者提供教育和保护维持虚拟经济交易过程中双方基于行为认知和行为能力对交易结果的接受。

2008 年金融危机后,无论是从金融消费者与普通消费者的关系,还是从金融市场主体作用的演变来看,研究者对金融消费者的认知都形成了不同的视角和观点,比如从借鉴和分析世界主要国家金融消费者保护的具体立法入手。金融消费者概念来源于一般消费者,是一般消费者概念在金融领域的延伸和专门化。也就是说,金融消费者是指购买或使用金融产品和服务的一般消费者,其定义大致相同。例如,金融消费者是指购买或使用金融机构提供的金融商品或服务以满足生活需要的自然人。[1] 或者,金融消费者是指"为生活需要购买、使用金融商品或接受金融服务的自然人"[2]。又或者,金融消费者是指"与金融机构建立金融服务合同关系,接受金融服务的自然人"[3]。将金融消费者纳入一般消费者保护的范畴,必然要求金融消费者符合一般消费者认定的基本条件,即消费主体具有自然人属性;消费目的是满足生活需要;消费客体包括商品和服务两大基本类型。"现代社会服务

① 孔令学:《论公私权视角下的金融消费者权利保护与限制:从〈反洗钱法〉颁行说起》,《济南金融》2007 年第 4 期,第 20-24 页。

② 何颖:《金融消费者概念的法律定性及规范价值》,《财经法学》2016 年第 1 期,第 34-43 页。

③ 刘晓星、杨悦:《全球化条件下金融消费者保护问题研究》,《现代管理科学》2008 年第 6 期,第 108-110 页。

业日趋发达,服务消费领域不断扩大,金融、交通运输、旅游、电信、医疗、文化、法律服务等均属于现代服务的范畴,应纳入消费者保护法进行规制。"[1]由此形成将金融消费者纳入一般消费者(服务消费)范畴进行立法保护的观点。有学者则认为,信息特征状况是消费者保护立法决策的前提和基础。与不同的社会发展阶段相适应,信息特征状况表现为信息不对称、信息不确定和信息模糊性的根本差异。三种不同信息特征状况分别对应一般消费者、金融消费者和互联网金融消费者,他们又分别属于传统社会、现代社会和后现代社会。金融消费者和互联网金融消费者的权益保护具有跨代际演化特征,"本质上已超越了绵延性的时序演化范畴而不啻为一种'跃迁'"[2]。因此,不能完全将金融消费者纳入一般消费者权益保护体系,而应构建不同于一般消费者保护的专门制度。

在虚拟经济不断发展、金融交易和服务不断复杂化的背景下,不同金融业别的银行客户、证券投资人和保险投保人等身份已经完成了向金融消费者身份的嬗变。银行消费者是与银行进行交易的相对方,既包括已经与银行签订合同的交易对象,也包括曾经与银行缔结合同且已履行完毕的"老客户",还包括将来可能与银行进行交易的潜在客户。证券消费者是指接受专业证券经营机构提供的服务,从事证券买卖的客户。保险消费者包括"为保险保障需要向保险人购买保险产品、接受保险服务的社会成员,即投保人、被保险人及受益人"[3]。虚拟经济不断深化的过程中,传统金融机构混业经营趋势明显。作为金融机构交易相对方的银行客户、证券投资人和保险投保人等传统金融市场主体因购买金融机构的金融商品或接受金融服务,迫切需要获得充分的权利保护。金融投资领域的自然人投资者是金融消费

---

① 张守文:《经济法学(第六版)》,高等教育出版社,2014,第361页。

② 林越坚、岳向阳:《互联网金融消费者保护的制度逻辑与法律建构》,《国家检察官学院学报》2020年第3期,第150-164页。

③ 郭丹:《金融消费者之法律界定》,《学术交流》2010年第8期,第54-57页。

者,因其处于交易劣势需要特别关注。因此,银行客户、证券投资人、保险投保人等需要实现统一的金融消费者身份的嬗变,以获得系统而全面的权利保护。从不同金融业别的金融机构交易相对人的角度对金融消费者的界定,是一种以自然人身份为前提,包括各种金融机构交易相对人的、最为广义的金融消费者界定方式。这种方式旨在提供一种更为公平、系统和全面的保护。而从不同金融业别出发建构的现行金融消费者保护制度,具有结构性缺陷,导致金融消费者难以受到系统和全面的保护。① 实践中,2006 年中国银行业监督管理委员会发布的《商业银行金融创新指引》(以下简称《指引》)首次使用了"金融消费者"的概念。《指引》第四条规定,"金融创新是商业银行以客户为中心,以市场为导向,不断提高自主创新能力和风险管理能力,有效提升核心竞争力,更好地满足金融消费者和投资者日益增长的需求,实现可持续发展战略的重要组成部分"。《指引》第十八条规定,"商业银行开展金融创新活动,应遵守职业道德标准和专业操守,完整履行尽职义务,充分维护金融消费者和投资者利益"。但是,《指引》没有明确界定金融消费者的具体含义,也没有区分"客户""金融消费者"和"投资者"的概念。虽然"金融消费者"概念很难在短时间内为"金融消费者"的法律界定提供完整的框架和实质性的指导,但它将金融消费者的立法纳入了立法者和公众的视野,体现了金融消费者保护的重要性。2013 年 5 月,中国人民银行发布的《中国人民银行金融消费者权益保护工作管理办法(试行)》(以下简称《管理办法》)首次规定了金融消费者的概念。《管理办法》第四条规定:"金融消费者,是指在中华人民共和国境内购买、使用金融机构销售的金融产品或接受金融机构提供的金融服务的自然人。"《管理办法》第三条规定:"金融机构是指依法设立的从事金融业务的银行业金融机构、证券期货

---

① Adam J. Levitin, "Hydraulic Regulation: Regulating Credit Markets Upstream," *Yale Journal on Regulation* 26,(2009):155-161.

金融机构、保险公司及其他保险机构。"这是我国立法中首次明确界定"金融消费者"的概念,也是我国最早由专门保护金融消费者权益的部门制定的规范性文件。此外,2015 年 11 月,国务院办公厅发布《国务院办公厅关于加强金融消费者权益保护工作的指导意见》,对金融机构的行为提出明确规定,以保护金融消费者的财产安全权、知情权、自主选择权、公平交易权、依法请求权、受教育权、受尊重权、信息安全权,研究探索金融消费者权益保护专项立法。2016 年 12 月,中国人民银行发布的《中国人民银行金融消费者权益保护实施办法》规定:"金融消费者是指购买、使用金融机构提供的金融产品和服务的自然人。"2020 年 9 月,中国人民银行发布的《中国人民银行金融消费者权益保护实施办法》第二条第三款规定:"金融消费者是指购买、使用银行、支付机构提供的金融产品或者服务的自然人。"我国金融消费者保护的专门立法经历了一个从无到有,从模糊到相对清晰的过程,反映了金融消费者保护立法的不断进步。

（二）有限发展法学理论下金融消费者立法变革需求

不断完善金融消费者保护立法变革,是实现虚拟经济有限发展的根本性保障。金融消费者作为虚拟经济市场上的交易主体,其权益易受侵害且现行法律规范难以提供有效救济。我国现行法律规范体系中,能为金融消费者提供保护的法律规范主要是《中国人民银行法》《商业银行法》《消费者权益保护法》和金融监督管理部门发布的部门规章和规范性文件等,包括中国银保监会 2022 年公布的《银行保险机构消费者权益保护管理办法》,中国人民银行 2010 年、2013 年和 2020 年先后发布的《中国人民银行金融消费者权益保护工作管理办法（试行）》和《中国人民银行金融消费者权益保护实施办法》,以及 2018 年中国人民银行等四部委联合发布的《关于规范金融机构资产管理业务的指导意见》等。金融消费者权利保护主要依赖《消费者权益保护法》,忽视了金融消费者与一般消费者之间的差异,就难以为金融消费者提供周延而有效的保护。为及时解决虚拟经济活动中损害金融消费者权益的突出问题,积极的金融消费者保护立法发挥了重要的作用。然而,受我国分业经营、分业监管体制的影响,金融消费者保护立法的回应仍存在不足。

首先,《消费者权益保护法》对金融消费者进行保护存在逻辑上相互抵牾、立法宗旨和基本权利差距较大、金融消费者保护的特殊制度缺失等不足。逻辑上的相互抵牾主要表现为,金融消费者权益保护仅适用《消费者权益保护法》,存在为"生活消费"前提和"自然人身份"要件的不适应。金融消费者保护完全适用《消费者权益保护法》,难以完全满足为"生活消费"而购买、使用金融产品和金融服务这一前提;而"自然人身份"要件则难以排除购买金融产品和金融服务的合格自然人投资者。金融消费者和一般消费者的立法宗旨和基本权利方面也存在较大差异:一般消费者认定以"生活消费"为目的,其首要和基本的权利是消费安全权;而金融消费者实质以"金融交易"为目的,其首要和基本的权利是公平交易权,且是一种以实质公平为前提而风险后果自担的金融交易。

其次,传统的金融立法无法有效保障金融消费者权益。金融消费者权益的保护依赖于金融法律制度对金融机构的有效规制。传统的金融立法难以有效规制不断创新发展的金融产品和服务,事后救济的保护方式往往无济于事。同时,现有的金融立法对金融消费者保护仅作了原则性规定,缺少实体性和程序性的实质性规定。依此规定,银行和非银行支付机构是向金融消费者提供金融产品和服务的相对方。然而,中国人民银行2010年和2015年先后发布的《非金融机构支付服务管理办法》和《非银行支付机构网络支付业务管理办法》并未将金融消费者权益保护作为其立法宗旨,甚至没有使用"金融消费者"这一概念。同时,依据《中国人民银行金融消费者权益保护实施办法》第六十五条的规定,商业银行理财子公司、金融资产管理公司、信托公司、汽车金融公司、消费金融公司以及征信机构、个人本外币兑换特许业务经营机构参照适用本办法。因此,金融消费者界定实质上需要既考虑相对方的主体性质,又考虑金融服务和产品的性质。因为与传统银行借款业务简单的贷款合同关系和风险控制相比,交叉性金融产品具有交易结构的交叉性与风险的隐匿性;资金流动的跨界性与风险爆发的黏聚性;业务活动的经济性与套利性;风险形态的多样性与计量的复杂性等特点。交叉性金融风险源于复杂和嵌套的交易结构,金融机构通过抽屉协议提供隐性担保,或者通过多层委托代理实现风险兜底。所以,仅从业务形式上很难评估此类交叉性金融产品真实的风险暴露水平。若监管机构仅将监管目标锁定在金融行业的稳健发展方面,而忽略对金融消费者的保护,会导致金融机构在金融创新和产品销售过程中不考虑金融消费者的风险承受能力和实体经济的现实需要,最终导致风险累积,甚至金融危机和经济危机的爆发。

最后,目前有关金融消费者保护制度主要是中国人民银行的规范性文件和部门规章,存在效力层次低的问题。为了充分吸收和利用社会资金,虚拟经济市场需要为金融消费者提供最大程度的法律保护。秉持着保护金融消费者就是保护金融市场自身的立法理念,为应对虚拟经济总量和形式不断发展以及金融消费者权利不断遭受损害的现实,世界多个国家和地区通过专门立法对金融消费者的权利进行确认和保护。例如 2011 年 6 月,我国台湾地区颁布了《金融消费者保护法》;2020 年 3 月,韩国颁布了《金融消费者保护法》。

(三)有限发展法学理论下金融消费者立法变革内容

有限发展法学理论认为随着虚拟经济总量的不断增加,金融消费者已经成为影响国家虚拟经济健康运行和稳定发展的重要力量。金融消费者是金融市场产生和发展的基本要素,具有促进虚拟经济和社会整体经济发展的重要价值。金融消费者权益保护立法的完善无疑是促进虚拟经济健康发展的有效手段。关于金融消费者的不同理论观点,实质上反映了界定金融消费者需要解决的两个核心问题：一是界定金融消费者的意义是什么？二是影响金融消费者界定的主要因素是什么？简单地说，金融消费者的理论界定是为金融消费者保护立法提供理论支撑，最终服务于金融消费者保护立法。

首先，制定金融消费者保护法。鉴于目前金融消费者保护的部门规章和规范性文件的效力层级较低，且存在不一致和相互矛盾的情形，需要制定金融消费者权益保护法，为保护金融消费者提供实体和程序上更为公平和有效的法律依据。金融消费者保护法，应明确金融消费者与一般消费者的区别，肯定金融消费者的特殊性，确认金融消费者的权利保护除依法受《消费者权益保护法》的一般保护外，还遵守"法律、行政法规另有规定的，从其规定"的要求，适用金融消费者保护法的特别规定。金融消费者保护法，宜统合金融消费者和自然人合格投资者这两类主体，统一规定基本权利和保护原则。金融消费者保护法应明确界定金融消费者的定义，确定金融消费者保护的基本原则，如实质公平原则、风险自担原则、买者自负原则等。金融消费者保护法不仅要规定金融消费者个人信息保护制度，同时也要规定金融机构充分说明义务（区分消费者知情权），全方位保障金融消费者权益。金融消费者保护法应结合"适合性原则"规定金融机构的"说明义务"。金融机构的"说明义务"不是简单的信息披露，说明义务发生在缔约之前且以金融消费者理解为前提，而信息披露义务则可能在整个过程之中，仅重视信息及时、全面、充分地公开，原则上并不关注消费者是否理解。[①] 金融消费者保护法应规定金融消费者保护的程序性规定。金融消费者保护的程序性规定对金融消费争议的有效解决具有重要意义。金融消费者保护是否可以依照《消费者权益保护法》的规定，享有一般消费者维权"优先获赔"等制度；

[①] 陈晨：《从监管角度看交叉性金融产品和服务中的消费者保护》，《山东财经大学学报》2014 年第 6 期，第 93-101 页。

是否可以结合金融消费者维权实际,建构金融消费争议的多元纠纷解决机制,是否可将金融机构处理金融消费者投诉作为监管机构受理消费者投诉的前置程序等问题。

其次,统筹梳理现行金融法律关于金融消费者保护的规范,为金融消费者保护法的制定提供参考。《立法法》第九十一条规定:部门规章不得设定减损公民、法人和其他组织权利或增加其义务的规范。目前,中国人民银行制定的金融消费者权利保护的部门规章和政策性文件均依据《中国人民银行法》,但《中国人民银行法》第二条关于中国人民银行法律地位的规定和第四条关于中国人民银行法定职责的规定都没有中国人民银行保护金融消费者权益的相关内容。中国人民银行制定金融消费者权益保护的部门规章,至多可以依据《中国人民银行法》第四条第十三项"国务院规定的其他职责"予以理解。除中国人民银行制定的部门规章和规范性文件外,中国证监会、中国银保监会也从各自的职责出发,制定了金融消费者权益保护的部门规章和规范性文件。2023 年 3 月,中共中央国务院印发《党和国家改革方案》,要求组建国家金融监督管理总局,统筹负责金融消费者权益保护工作。至此,我国金融消费者保护的法制保障工作开启了新的征程。以国务院统一金融消费者权益保护机构设立为契机,统筹梳理现行金融法律关于金融消费者保护的相关规定,为金融消费者保护法的制定提供参考。

最后,实现交叉性金融产品与同质金融产品交易中金融消费者的同质保护。虚拟经济立法改革的重要调整主要表现为调整金融监管体系、实现宏观审慎监管和加强金融消费者保护。2008 年金融危机后,各国增加了对跨行业风险引发系统性风险和微观审慎监管不足以防范系统风险的认识。我国利率市场化导致银行利差持续收窄,传统信贷盈利能力持续下降,银行监管严格限制了商业银行信贷资产的投资范围,①银行理财产品等交叉金融产品发展迅猛。交叉性金融活动比较接近广义的综合化经营和混业经营概念。综合化经营是"指同时涉及银行、证券、保险三行业中至少两类金融机构或金融业务的经营活动"②。虽然我国虚拟经济分业监管的基本模式尚未发生根本性改变,但行业监管融合和金融混业探索③都已经迈出了实质性步伐。在跨市场、跨行业的金融活动中,交叉金融产品的参与者形成债权债务关系、交易结算等,交叉理财产品的结构设计、操作流程、法律关系复杂,相关信息透明度不同、部分产品具有较强的杠杆效应。④ 商业银行开展金融产品创新,与信托、证券、基金等非银行机构合作开展交叉金融业务。然而,以机构监管为主的分业监管模式和以功能为主的业务发展模式之间存在矛盾,导致出现监管真空。⑤ 金融监管制度的改革没有跟上跨行业交叉性金融工具创新的步伐。在厘清金融消费者定义的基础上,从金融机构主体业别及金融产品和业务性质的角度出发,合理界分交叉金融产品和业务活动不同主体的利益保护,为金融消费者提供同质性保护,既有利于交易公平,又能更好地促进虚拟经济发展。可喜的是,2023 年组建的国家金融监督管理局,统筹负责金融消费者权益保护,这成为金融消费者享受同质性保护的制度基础。

---

① 杜亚飞:《商业银行交叉金融产品的成因分析及规制研究》,《金融与经济》2018 年第 2 期,第 79-82 页。

② 张萌萌、叶耀明:《综合化经营监管对交叉性金融风险的影响》,《金融论坛》2018 年第 8 期,第 28-42 页。

③ 2020 年 9 月 11 日,中国人民银行发布的《金融控股公司监督管理试行办法》即是对金融控股公司进行监管的规范性文件。

④ 石琭:《交叉性金融产品、风险传染与金融监管研究》,《西部金融》2018 年第 1 期,第 30-34 页。

⑤ 王海龙:《跨行业交叉性金融工具的监管缺陷及其改进》,《上海金融》2006 年第 3 期,第 48-49 页。

第七章 有限发展法学理论下虚拟经济技术与数字经济立法变革

　　虚拟经济稳定而有序地发展并不是简单地大力提倡或者任其自由生发,抑或简单立法禁止就能实现的。唯有秉持促进发展和保障安全相协同的有限发展法学理念,并借助科学立法加以保障才是最优选择。如今,互联网、大数据、区块链等现代技术及其在虚拟经济领域的应用对虚拟经济技术立法带来诸多挑战,主要体现在以下方面:一是技术规制挑战。互联网信息等现代技术发展带来社会发展的深刻变革,法律的稳定性和滞后性必然面临技术规制失灵的难题。二是技术应用挑战。互联网、大数据、区块链在虚拟经济领域的应用,会进一步推动虚拟经济的虚拟性、风险性,从而进一步加剧金融消费者保护面临的问题。三是技术变革推动形成的数字经济挑战。数字经济是数字时代国家综合实力的重要体现,是构建现代化经济体系的重要引擎。数字时代,虚拟经济发展面临基础设施建设、虚拟经济信息安全、虚拟经济产品和服务改善、虚拟经济风险防范等多重挑战。只有以虚拟经济有限发展法学理论为指导,把握数字经济时代的特征,突出虚拟经济自身的特点,才能通过科学立法为虚拟经济技术与数字经济发展提供制度保障。

一、有限发展法学理论下互联网立法变革

"不论你是否已经做好准备,一个全新的时代——智能互联网时代早已来临。"①中国共产党十八届四中全会通过的《中共中央关于全面推进依法治国若干重大问题的决定》提出要加强互联网立法,完善网络信息服务、网络安全保护、网络社会管理等法律法规,依法规范网络行为。互联网快速发展对我国经济、政治、社会等各个领域都带来了重要影响,也为法律规制带来了深刻挑战。近年来,我国在互联网立法方面进行了诸多有益探索,但仔细研判当前的互联网立法仍存在诸多不足亟须完善。

(一)有限发展法学理论下互联网立法变革背景

互联网技术及其应用的过程亦是我国互联网立法规制的发展过程。经过几十年的发展,我国的互联网立法已呈现出系统性和科学性的特点。有学者认为,我国互联网立法可分为三个阶段。② 1994—2000 年为我国互联网立法的起步阶段。1994 年,为了保护计算机信息系统的安全,促进计算机的应用和发展,国务院颁布《中华人民共和国计算机信息系统安全保护条例》——被认为是我国互联网兴起时的第一个法律法规。此外,为加强对计算机病毒防控的管理,1991 年原劳动部下发《全国劳动管理信息计算机系统病毒防治规定》,以确保全国劳动管理信息系统的安全运行;为加强计算机信息网络和国际网络的管理,保证国际计算机信息交流的健康发展,1996 年国务院颁布《中华人民共和国计算机信息网络国际联网管理暂行规定》;为加强计算机信息网络和国际联网的安全保护,维护公共秩序和社会稳定,1997 年公安部发布《计算机信息网络国际联网安全保护管理办法》等,以上

---

① 邢鸿飞、吕汉东:《智能互联网的法律风险及其立法应对》,《科技与法律》2021 年第 1 期,第 10-18 页。

② 郭少青、陈家喜:《中国互联网立法发展二十年:回顾、成就与反思》,《社会科学战线》2017 年第 6 期,第 215-223 页。

文件旨在保障互联网安全问题。2000 年国务院颁布《互联网信息服务管理办法》①主要规范互联网信息服务提供者的信息服务问题。2000 年全国人民代表大会常务委员会通过了《关于维护互联网安全的决定》,旨在促进我国互联网健康发展,维护国家安全和社会公共利益,保护个人、法人和其他组织的合法权益。2001—2008 年为我国互联网立法的发展阶段。为加强对互联网服务经营场所的管理,规范经营者的经营行为,维护公众和经营者的合法权益,确保互联网服务经营活动健康发展,并推进社会主义精神文明建设,2002 年国务院发布《互联网上网服务营业场所管理条例》;为规范电子签名行为,确立电子签名的法律效力,维护有关各方的合法权益,2004 年全国人民代表大会常务委员会通过《中华人民共和国电子签名法》;2005 年国务院新闻办公室和信息产业部联合发布《互联网新闻信息服务管理规定》②。为维护国家和公众利益,保护公众和网络视听节目服务单位的合法权益,规范网络视听节目服务秩序,促进行业健康有序发展,2007 年国家广播电影电视总局和信息产业部联合发布《互联网视听节目服务管理规定》。为规范互联网宗教信息服务,保障公民宗教信仰自由,2021 年 12 月 3 日,国家宗教事务局等五部门联合发布《互联网宗教信息服务管理办法》。上述法律法规为我国互联网发展起到了重要的保障作用,但此阶段的互联网立法仍显不足,不同规章之间还存在部分重复、甚至冲突的情况。2009 年至今为我国互联网立法的成熟阶段。2012 年全国人民代表大会常务委员会通过《关于加强网络信息保护的决定》,意在保护公民个人身份和涉及公民个人隐私的电子信息。2013 年最高人民法院、最高人民检察院公布《最高人民法院 最高人民检察院关于办理利用信息网络实施诽谤等刑事案件适用法律若

---

① 2021 年 1 月 8 日,国家互联网信息办公室就《互联网信息服务管理办法(修订草案征求意见稿)》公开征求意见,拟对《互联网信息服务管理办法》进行再次修订。

② 2017 年 5 月 2 日,为解决个别组织或个人通过新媒体方式提供新闻信息服务时存在肆意篡改、嫁接、虚构新闻信息等问题,国家互联网信息办公室公布了新的《互联网新闻信息服务管理规定》。

干问题的解释》(以下简称《关于办理利用信息网络实施诽谤等刑事案件的解释》),对利用信息网络实施诽谤等刑事案件适用法律做出了规定。2017年施行的《中华人民共和国网络安全法》(以下简称《网络安全法》)奠定了我国网络安全的法律框架。2018年《中华人民共和国电子商务法》(以下简称《电子商务法》)通过,旨在规范电子商务行为,维护市场秩序,保障电子商务各方主体的合法权益,促进电子商务持续健康发展。2019年国家互联网信息办公室等印发《APP违法违规收集使用个人信息行为认定方法》,旨在落实《网络安全法》等相关要求,为个人信息保护提供了具有可操作性的标准。2020年国家互联网信息办公室公布了十二部门联合制定的《网络安全审查办法》,旨在确保关键信息基础设施供应链安全,维护国家安全。上述法律法规和规范性文件对规范我国互联网管理发展发挥了重要的作用,推动了我国互联网信息技术的有序发展。同时,《反不正当竞争法》《反垄断法》和《消费者权益保护法》等法律的制定和修改对互联网的健康发展起到了重要的补充作用。例如,2017年《反不正当竞争法》修订时针对互联网领域的市场竞争行为设置了反互联网不正当竞争行为专条;2021年2月7日,国务院反垄断委员会印发的《国务院反垄断委员会关于平台经济领域的反垄断指南》是预防和制止互联网平台经济领域垄断行为的专门指南;2023年4月15日,国家市场监督管理总局公布的《禁止滥用市场支配地位行为规定》第十二条规定,认定平台经济领域经营者具有市场支配地位,还可考虑相关行业竞争特点,考虑网络效应、锁定效应、技术特性、市场创新、控制流量的能力、掌握和处理相关数据的能力等。就虚拟经济领域而言,2010年中国人民银行公布的《非金融机构支付服务管理办法》旨在规范非金融机构支付服务行为,防范支付风险,保护当事人的合法权益。就社会领域而言,为了抑制互联网上的失信行为,国务院出台了《社会信用体系建设规划纲要(2014—2020)》,针对网络信用建设,提出了逐步实施网络实名制、建立网络信用档案、信用评估体系、网络黑名单制度等措施。以上诸种立法均为互联网技术及其应用的发展起到了重要的推动作用。有限发展法学理论指导下，我国互联网立法应充分考虑技术和市场发展的需要，努力保证互联网立法的前瞻性，为新业态的产生与发展设置、预留制度空间，使其能够把各类新兴产业更好地纳入制度调整范围，①最终为以数据思维推进精细化立法②提供良好的外部环境。

（二）有限发展法学理论下互联网立法变革要求

虽然我国已经逐步形成了规模化的互联网立法，但总体而言，我国互联网立法仍存在体系散乱、缺乏统筹，法律层级较低，针对性差、操作性不强、相关领域立法缺失等问题，有待进一步完善。同时，"由于立法的相对滞后性，各种新变化往往难以在法律中得到同步体现"③。从有限发展法学理论出发，发现有关立法仍存在不足和失灵之处，尤其是在现有立法对互联网技术风险、互联网金融经营风险、互联网经济犯罪等的防控仍存在不足的背景下，依据互联网发展和风险防范的制度原理进行立法变革，才能为合理引导和规范互联网健康发展提供必要的法律保障制度。

1.互联网立法需规制技术风险

有限发展法学理论认为互联网立法是规制互联网技术的必然，互联网的内生性风险需要国家立法予以规制。技术总被视为具有"技术中立"和"价值中立"属性。④ 然而，技术中立和价值中立仅存在于新技术未具体应用于人类社会活动的真空环境。互联网技术的应用必然体现其目的性、社会性和效用性。科学技术是第一生产力。科学技术服务于人类社会发展的基

---

① 王利明：《论互联网立法的重点问题》，《中国社会科学文摘》2017年第2期，第115-117页。

② 江必新、郑礼华：《互联网、大数据、人工智能与科学立法》，《法学杂志》2018年第5期，第1-7页。

③ 周汉华：《论互联网法》，《中国法学》2015年第3期，第20-37页。

④ 郑玉双：《破解技术中立难题：法律与科技之关系的法理学再思》，《华东政法大学学报》2018年第1期，第85-97页。

础性目标,决定了科学技术不会独立于人的精神世界,①技术理性与社会经验会互相纠缠。② 科学技术发展的不可预期以及可能带来的风险和失灵,正是人类社会立法和监管的逻辑起点。互联网经历了从 PC 互联网到移动互联网,再到智能互联网的更新迭代,使现行法律制度面临"破窗性"挑战和"创造性破坏"。③ 互联网技术既可成为保障自由的手段,也可成为社会控制的工具。技术本质上是"政治",因为它既服从于人类的奇思异想,常表现为分层操纵,又服从于基于政治建立和管理的正式结构。④ 网络空间刚刚兴起繁荣之时,似乎也预示了一个真实空间永远不会允许的社会,用一句宣言表达就是,"我们拒绝:国王、总统和投票。我们相信:粗糙的共识和运行的代码"⑤。历史事实最终证明,网络空间的自由不会来自国家的缺席。自由,就像在任何地方一样,将来自某种特定的国家。⑥ 托马斯公理认为,如果人们将情境界定为真实的,那么它们在结果上就是真实的。⑦ 法律是"自我实现的预言",⑧如果立法界定某些情形真实,它们就其后果而言就是真实的。法律系统会借助国家强制力保障法律后果发生。互联网应用与社会生活紧密相关,并没有改变社会关系。互联网技术应用可能产生的争议、风险、处理和责任都需要法律予以明确。互联网的飞速发展是其互联互通的结果,集中体现了全人类的智慧。互联网把全世界联系在一起,这一方面促进了世

---

① 尤尔根·哈贝马斯:《作为"意识形态"的技术与科学》,李黎、郭官义译,学林出版社,1999,第 92-96 页。

② 芬伯格:《在理性与经验之间:论技术与现代性》,高海青译,金城出版社,2015,第 76 页。

③ 马长山:《智能互联网时代的法律变革》,《法学研究》2018 年第 4 期,第 20-24 页。

④ John J. Parman, "The Inevitable: Understanding the 12 Technological Forces That Will Shape Our Future," *Technology Architecture + Design* 1, No.1, (2017):114-115.

⑤ Paulina Borsook, "How Anarchy Works," http://www. paulinaborsook. com/PDF-disk-1/How% 20Anarchy%20Works_WIRED.pdf. accessed on November 20, 2019.

⑥ Lawrence Lessig, *Code: Version* 2.0. (New York: Basic Books, 2006), p.4.

⑦ William Isaac Thomas. *The Methodology of Behavior Study* (New York: Alfred A. Knopf,1928), pp.553- 576.

⑧ Robert K. Merton, "The Self-fulfilling Prophecy," *The Antioch Review* 8, No.2 (Summer, 1948):193-210.

界交流,另一方面也使一些国家比以往任何时候都更容易输出其所谓的民主思想、政治模式、价值观及生活方式。互联网为这些国家实施网络霸权、实施网络侵权提供了空间和便利,同时部分国家还可能进行网络攻击和信息窃取。因此,网络安全已然成为国家安全的重要组成部分。网络安全面临的威胁主要包括国家主权安全、信息基础设施安全与信息安全等。从根本上讲,我国互联网也面临严重的网络主权安全等领域的风险。

2.互联网立法需遏制互联网犯罪

有限发展法学理论认为,互联网技术革新了传统的信任机制,影响社会、经济发展的各个方面。有学者认为,基于技术中性的理念,出于对利益的追求互联网可能会被违法主体用于从事违法犯罪活动,因而需要通过法律制度供给进行规范。互联网技术在虚拟经济领域的应用,已经形成了区别于传统金融的互联网金融服务和产品。传统金融以信用为基石的结构和交易模式本身蕴藏了更大的风险。相较于传统金融,互联网金融叠加了互联网技术和应用领域的风险,带来便捷性、规模性和低成本的同时,也加剧了风险等级与规模。如近年来实践中互联网金融领域出现的非法吸收公众存款罪、集资诈骗罪等在数量和规模上都有较大增加。同时,互网络技术的扩散性和隐蔽性也增加了规范互联网领域犯罪行为的难度。目前,我国互联网犯罪立法的数量已经初具规模,主要包括互联网安全和信息保护方面的法律规范;关于互联网犯罪的专门规定;关于互联网犯罪的司法解释等。目前,我国关于互联网安全和信息保护的立法主要是规范性文件,上文关于互联网立法的部分已经述及。虚拟经济的健康发展与互联网安全和信息保护的立法密切相关。《刑法》关于互联网犯罪的专门规定主要有第二百一十七条通过信息网络侵犯他人著作权的规定;第二百八十五条非法侵入计算机信息系统罪;第二百八十六条破坏计算机信息系统罪;第二百八十七条利用计算机实施金融诈骗、盗窃、贪污、挪用公款、窃取国家秘密或其他犯罪;第二百九十一条关于在信息网络上编造或传播虚假信息罪;第三百六十三和三百六十四条制作、复制、出版、传播淫秽物品罪和传播淫秽书刊、影片、音像、图片或者其他淫秽物品的规定等。有关网络犯罪的司法解释,也主要与上述条款的具体适用相关,主要包括:2004 年和 2010 年最高人民法院、最高人民检察院分别发布的《最高人民法院、最高人民检察院关于办理利用互联网、移动通信终端、声讯台制作、复制、出版、贩卖、传播淫秽电子信息刑事案件具体应用若干问题的解释》;2010 年最高人民法院、最高人民检察院、公安部发布的《关于办理网络赌博犯罪案件适用法律若干问题的意见》;2011 年最高人民法院、最高人民检察院《关于办理危害计算机信息系统安全刑事案件应用法律若干问题的解释》;2013 年最高人民法院、最高人民检察院发布的《关于办理利用信息网络实施诽谤等刑事案件适用法律若干问题的解释》;以及 2013 年最高人民法院发布的《最高人民法院关于审理编造、故意传播虚假恐怖信息刑事案件适用法律若干问题的解释》等。虚拟经济领域的犯罪行为与计算机信息系统安全以及信息采集和利用的安全性密切相关。上述法律规范中涉及虚拟经济领域的侵犯计算机系统或信息类犯罪在量刑中多属于"情节严重"的认定情形。上述法律规范数量上已经具有一定的规模,但从法律规范质量上看这些法律法规的条款内容仍然较为模糊,可操作性也较弱,不同法律规范之间的冲突也时有发生。因此,有必要从宏观角度对我国互联网立法进行调整,全面实施网络和信息安全战略布局,加强网络安全立法,保障重点信息基础设施安全和信息安全,严厉打击不同类型的危害网络安全的犯罪。

3.互联网立法需规范互联网金融运行

虚拟经济领域的互联网技术应用主要体现为互联网金融的勃兴。互联网金融创新必然与传统金融监管发生冲突,法律规制成为一个无法逾越的问题。一定程度上看,我国创新型金融监管"治乱循环"可归因于两个方面:一是金融监管部门对创新型金融监管不到位、不科学,导致市场主体滥用创新型金融形式,损害市场投资者和金融秩序。创新型金融规范的缺失和金融监管的缺位,极大地纵容了中介机构和融资者利用非对称性信息将金融风险转嫁给投资者。二是在金融创新规范缺失且金融失序的情形下,金融刑事制裁成为规制金融创新偏差和错失的主要手段。由于缺乏多层次资本市场和高额利润诱惑,普通投资者甘冒风险选择便利的投资方式。现行立法和司法为剔除涉众型融资产生的信用风险和解决社会稳定问题,更倾向于认定交易的非法性。① 同时,互联网金融还面临智能合约漏洞、有害信息上链、密码学算法安全等问题,需要出台完整的法律规范体系予以保障。国家立法和金融监管部门应同步建立规制制度、监管规则和技术应用标准,避免出现互联网技术的野蛮应用,造成虚拟经济运行风险,损害金融市场主体的利益。只有国家提供互联网金融发展的制度条件,依法鼓励互联网金融发展,才能推动公共机构和金融市场主体自建底层平台,遵守互联网金融安全标准,避免产生系统性金融风险,最终实现互联网金融的有限发展。

(三)有限发展法学理论下互联网立法变革思路

有限发展法学理论下的互联网立法变革需要对我国的实际情况进行分析。互联网立法要解决互联网发展中亟待解决的监管问题,如网络安全和个人信息保护等。随着"互联网+"时代的强势到来,互联网技术得到了广泛的应用,使得抽象且难以普遍适用的互联网法律规则很难进入互联网的各个不同领域。同时,有限发展法学理论下互联网立法变革还应当关注互联网的发展边界。

1.明确互联网立法变革的基本理念

有限发展法学理论条件下,互联网立法改革应坚持保护公共利益优先、兼顾个人利益的理念。随着"互联网+"时代的到来,互联网发展可能同时伴

---

① 杨东:《"共票":区块链治理新维度》,《东方法学》2019年第3期,第56-63页。

随金融消费者利益、公共利益和国家利益等不同类型的利益。① 因此,在有限发展法学理论视域下的互联网立法改革中,有必要区分公共利益和金融消费者利益,通过不同的立法模式进行不同类型的保护。当然,在技术不断发展革新的今天,互联网的交互性和复杂性带来了不同利益的交涉和牵引,使得某些互联网的个体应用也逐渐呈现出开放性和复杂性的特点。互联网立法变革中公共利益与私人利益的区分难度逐渐变大,某些私人领域的互联网应用也涉及公共利益;公共领域的互联网应用也呈现出某些私人利益。因此利益保护的互联网立法变革要坚持不同的方式,秉持不同的理念,采取不同的立法逻辑,根据不同的法律关系制定不同的法律规则:一方面推动互联网应用创新;另一方面防控互联网应用风险。

2.厘清互联网安全与发展的关系

有限发展法学理论下的互联网立法变革并不限制互联网技术创新,但是市场往往受到利益的驱动,不能完全放任其自由发展。互联网立法应当包括以互联网安全与互联网发展为价值取向的合乎逻辑的法律体系。② 互联网具有虚拟性、即时性和交互性的特点。互联网的本质是信息交换和价值互联。互联网创新对社会进步和经济发展等具有重要意义。但互联网在带来诸多益处的同时也带来了诸多负面影响,造成一个国家不得不面对互联网安全和国家安全问题。面对互联网发展给法律制度带来的挑战,有限发展法学理论认为互联网立法变革既不能简单地以现有规则缺失为由进行全盘否定,也不能放任其无序发展。互联网立法变革需要厘清互联网的技术逻辑、法律逻辑和监管逻辑,并以此为基础提出有针对性的、科学的立法变革方案。质言之,我国互联网立法变革应当努力确保互联网创新需求的

---

① 余筱兰:《公共数据开放中的利益冲突及其协调:基于罗尔斯正义论的权利配置》,《安徽师范大学学报(人文社会科学版)》2021 年第 3 期,第 83-93 页。

② 王晓君:《我国互联网立法的基本精神和主要实践》,《毛泽东邓小平理论研究》2017 年第 3 期,第 22-28 页。

因应,为互联网新技术新业态培育良好的发展环境,同时要有效防控可能出现的诸多风险,实现"安全"与"发展"的协调统一。

3.建构互联网技术应用秩序规范

有限发展法学理论下的互联网立法变革应当有效维护互联网发展秩序,为互联网发展提供方向指引。秩序是互联网立法变革的目标,也是互联网健康发展的重要保障。以德国为例,其涉及互联网领域的法律主要包括《联邦数据保护法》《电信法》《电话服务法》《电话服务数据保护法》《通信设备法》《信息和通信服务法》等。我国可借鉴相关制度,因应互联网发展面临的现实问题,总结互联网发展的规律,推动互联网立法的有序变革。目前,互联网金融领域的问题相对突出,且法律规范存在失灵之处,因而有必要对其进行立法变革。在立法变革的具体内容构建上,虚拟经济有限发展法学理论认为安全是第一保障,同时需兼顾互联网创新发展,找到安全性与发展性立法之间的平衡点。

二、有限发展法学理论下大数据立法变革

有限发展法学理论认为推进我国的大数据立法变革,应该坚持安全与发展并重、促进与规制并举的立法变革思路。因为"大数据改变了政府、公民、企业与消费者之间的传统法律关系,引发了最深刻的社会和经济变革"[1]。2021年6月10日通过的《数据安全法》为我国大数据发展提供了基本的法律保障。但该法对个人数据保护、政府数据开放等相关问题的规范仍存在诸多不足。有限发展法学理论认为大数据作为新型战略资源需要通过立法加以保护,但并非完全抹杀大数据立法的初衷,舍弃大数据法益价值而仅仅追求大数据安全的实现。[2]

---

[1] 刘筱娟:《大数据监管的政府责任:以隐私权保护为中心》,《中国行政管理》2017年第7期,第56-60页。

[2] 任颖:《数据立法转向:从数据权利入法到数据法益保护》,《政治与法律》2020年第6期,第135-147页。

（一）有限发展法学理论下大数据立法变革背景

有限发展法学理论认为大数据立法变革要切实保障大数据安全,要加强数据安全基础设施建设,增强数据风险预警和防控能力,通过大数据立法变革保障数据资源确权、流通、交易等全流程、多环节的安全有序。目前,部分发达国家有关数据立法的体系已初步建立。如美国的《电子政务法》《信息技术管理改革法》和《数据质量法》等。在数据开放应用方面,有美国的《开放政府指令》、英国的《开放数据白皮书》和法国的《公共数据开放和共享路线图》等;在数据安全和个人隐私方面,有美国的《信息共享与安全保障国家战略》《消费者数据隐私保护法》《有线通讯隐私权法》和《千禧年数据版权法》,澳大利亚的《电信法》《电子交易法》和《情报服务法》,以及欧盟的《通用数据保护条例》《公共部门信息再利用指令》和《欧洲数字议程》等。①上述法律规范对我国大数据安全数据、隐私保护等立法变革具有重要借鉴意义。

2016 年 12 月,中国人民银行发布的《消费者权益保护实施办法》对个人的金融信息保护等重点问题进行了规定。2017 年 6 月施行的《网络安全法》是我国网络法治建设的重要里程碑,是大数据立法变革的法律基础;2021 年 1 月施行的《民法典》就信息数据等问题进行了明确规定,涉及数据权属及数据行为等问题。2018 年 3 月,中央全面深化改革委员会通过了《关于规范金融机构资产管理业务的指导意见》,对金融消费者的信息数据等相关问题进行了规定。2021 年 8 月通过的《个人信息保护法》详细规定了个人信息的处理规则、个人在个人信息处理活动中的权利以及个人信息处理者的义务等基本问题。

2021 年 6 月 10 日,第十三届全国人民代表大会常务委员会第二十九次

---

① 《大数据立法工作势在必行》,https://www.sohu.com/a/331556669_100018121,访问日期:2021 年 12 月 28 日。

会议通过的《中华人民共和国数据安全法》(以下简称《数据安全法》)是我国第一部关于数据安全的专门法律。与《网络安全法》相比,《数据安全法》侧重有关数据本身的安全;而与《个人信息保护法》相比,《数据安全法》则更加关注有关宏观领域和公共领域的数据安全。此外,我国还有其他数据安全的制度探索。从国家层面看,2015 年 8 月,国务院印发《促进大数据发展行动纲要》,旨在促进政府数据公开共享,提高政府治理能力;2016 年 12 月,为贯彻落实《中华人民共和国国民经济和社会发展第十三个五年规划纲要》和《促进大数据发展行动纲要》,加快实施国家大数据战略,促进大数据产业安全健康快速发展,工业和信息化部编制了《大数据产业发展规划(2016—2020 年)》。我国多个地方也先后出台了有关数据保护和利用的地方性规范。2016 年贵州省在全国率先出台地方性法规《贵州省大数据发展应用促进条例》,重点规范大数据发展、数据共享开放、数据安全等内容;2017 年贵阳市出台《贵阳市政府数据共享开放条例》,成为中国首个地方政府数据共享公开条例;2019 年上海市通过《上海市公共数据开放暂行办法》;2020 年浙江省通过《浙江省公共数据开放与安全管理暂行办法》。因此,无论是国家层面还是地方层面,我国均进行了大数据相关的立法。以上法律法规为我国大数据发展奠定了基础。

(二)有限发展法学理论下大数据立法变革要求

大数据立法本身的滞后性、地域性和封闭性,同大数据发展的迅速性、开放性和技术性之间存在冲突与矛盾,在某种程度上导致了我国大数据立法的整体位阶不高、相关立法缺失、条文之间协调性不足、"权利—义务"结构失衡等问题。① 虽然近几年大数据相关立法取得了实质性进步,但完善的大数据法律规范体系的建构以及具有可操作性的实施规范完善,仍需基于

---

① 郭少青、陈家喜:《中国互联网立法发展二十年:回顾、成就与反思》,《社会科学战线》2017 年第 6 期,第 215-223 页。

大数据立法变革及时因应大数据发展的需求,防范大数据发展的风险。

1.大数据立法要明确大数据创新方向

有限发展法学理论视域下的大数据立法变革除了要分析大数据进行传统资金融通和金融投资收益的特征,还要充分考虑其在交易便捷、金融效率、责任分配、风险传递与预防等方面的独特性。大数据降低了金融服务成本,极大地便利了社会公众的投资和消费,催生了一系列新的金融活动和金融形式,一定程度上激活了社会的经济活力。然而,若缺少大数据相关立法的规范,就会导致大数据创新的性质不清、业务不明、权利义务规定缺失,进而导致交易者的资金损失和金融秩序的混乱,产生严重的社会和经济后果。大数据立法需要以突出大数据的普惠特征和优势为出发点,才能既有利于大数据创新,又为解决实际问题提供思路。经济新常态下,经济发展从要素驱动、投资驱动转向创新驱动。大数据创新既可以更好地服务于用户和消费者,又可以与传统金融结合,提供更好的金融服务。只要大数据监管及时有效,大数据科技就难以绕过金融监管,更不会对传统金融机构造成颠覆性"挑战"。大数据创新初期,政府的"有形之手"在大数据行业和大数据市场中若隐若现,政府规制在大数据市场自律之外若即若离,政府在大数据立法与治理中始终处于两难困境。① 一是在政府监管包容和豁免之下,大数据平台肆无忌惮地从事背离普惠金融基本理念的资金炒作行为和推高资本市场的泡沫运动;在政府严格监管和整治下,全国各地网络小额贷款平台频频倒闭,"跑路"事件集中爆发。二是我国金融监管呈现出中央与地方共治的二元结构。政府金融监管部门既包括享有中央立法权和监管权的中央监管部门,又包括享有地方立法权和监管权的地方政府金融监管部门,如地方金融监督管理局。因而,只有大数据立法能够明确大数据监管权限,解决监管主体等难题,才能更好地规范大数据监管行为。2023 年 3 月,中共中央国务院

① 刘辉:《论互联网金融政府规制的两难困境及其破解进路》,《法商研究》2018 年第 5 期,第 59-70 页。

印发的《党和国家机构改革方案》要求,"深化地方金融监管体制改革。建立以中央金融监管部门地方派出机构为主的地方金融监管体制,统筹优化中央金融管理部门地方派出机构设置和力量配合。地方政府设立的金融监管机构专司监管职责,不再加挂金融工作局、金融办公室牌子"。这进一步厘清了中央和地方的监管职能。

2.大数据立法要加强大数据风险监管

大数据在金融领域的应用是由法律规则不断建构、形塑出来的业态,法律要素的内生性决定了金融业态不可能是法外之地。① 大数据一方面优化和推动了传统金融模式的创新,提高了金融效率;另一方面,也给金融消费者保护、技术应用风险管理等带来了新的挑战。从大数据金融实践来看,目前风险监管面临的主要挑战包括"算法黑箱、算法歧视、价格操纵、隐私泄露、算法鲁莽等突出问题"②。一般而言,大数据有四个基本特征:数据量大、可变性强、处理速度快、价值密度低。③ 正是基于这些基本特征,现阶段大数据技术难以被一般社会公众充分掌握和利用,导致市场交易中产生新的信息偏在。例如大数据在金融领域的应用中,金融消费者可能难以理解大数据金融的交易机制和推荐规则,从而容易被大数据误导进行盲目投资。因此,大数据立法变革需在有限发展法学理论指引下,使大数据应用相对安全化、透明化,实现金融消费者的权益保护,保障健康有序的大数据市场运行环境。

(三)有限发展法学理论下大数据立法变革思路

大数据立法变革需将大数据应用纳入法治轨道,彰显有限发展精神,适

---

① 沈伟、余涛:《互联网金融监管规则的内生逻辑及外部进路:以互联网金融仲裁为切入点》,《当代法学》2017 年第 1 期,第 3-14 页。

② 刘辉:《大数据金融算法的法律规制》,《财经理论与实践》2021 年第 2 期,第 148-154 页。

③ 邹东升、陈昶:《"数据式"社会稳定风险评估:困境、逻辑与路径》,《情报杂志》2020 年第 5 期,第 130-132 页。

度监管,规范大数据应用,明确法律责任和增进社会利益。

1.加快具有前瞻性和科学性的大数据立法

有限发展法学理论认为仅靠市场自身的力量可能无法形成一个最理想的竞争环境,需要政府依法重点监管和矫正一部分数据垄断现象。"因为对于拥有超大规模数据的 IT 公司而言,其在经营过程中不可避免地存在通过数据'石油'来控制市场的可能性。"[1]牛津大学教授维克托·迈尔·舍恩伯格在《大数据时代》一书中阐述过这样的观点,即大数据是人们新认知和价值创造的源泉,或者是改变市场、组织和政府与公民关系的方式。2015 年 8 月 31 日,国务院印发的《促进大数据发展行动纲要》指出:大数据是以容量大、类型多、存取速度快、应用价值高为主要特征的数据集合,正快速发展为对数量巨大、来源分散、格式多样的数据进行采集、存储和关联分析,从中发现新知识、创造新价值、提升新能力的新一代信息技术和服务业态。上述学术观点和政策文件都说明了规范大数据健康发展的重要性。此外,大数据保护已经成为国家安全的重要组成部分,我国和其他发展中国家面临着更大的挑战。[2]《数据安全法》对数据安全与发展、数据安全制度、数据安全保护义务、政务数据安全与形义进行了规定。这对规范数据处理、保障数据安全,促进数据开发利用等提供了基本制度。质言之,大数据立法变革需要对大数据产生、存储和确权等过程进行全方位、多流程、多领域的规范,有关内容需涵括大数据收集、分析、交易、共享等流程,并在此基础上进行更为前瞻性的法律制度设计。

2.重视自律性规范建构以推动大数据立法变革

我国在大数据发展和应用方面已具备一定法律基础,但也存在大数据

① 刘影、眭纪刚:《日本大数据立法增设"限定提供数据"条款及其对我国的启示》,《知识产权》2019 年第 4 期,第 88-96 页。

② 韩伟:《安全与自由的平衡:数据安全立法宗旨探析》,《科技与法律》2019 年第 6 期,第 41-48 页。

立法缺乏顶层设计,相关法律法规具有滞后性等问题。"欧盟数据保护的立法形式经历了从'建议''公约''决议',再到'指令''条例'的策略性更迭,呈现出法律效力由弱到强,法律规则从一般到特殊再到抽象、立法体系由碎片化到一体化的渐进特征。"①新的时代背景下,互联网、大数据、人工智能与全面依法治国的深度融合要求我们利用互联网技术和信息技术推动科学立法。② 更进一步看,"现有立法限于政府职责分工和责任机制,对大数据治理协同框架、大数据管理机构赋权等问题缺少更深入的思考与设计"③。2023年3月,中共中央国务院印发《党和国家机构改革方案》,要求组建国家数据局。负责协调推进数据基础制度建设,统筹数据资源整合共享和开发利用,统筹推进数字中国、数字经济、数字社会规划和建设等。此外,大数据立法的技术性、复杂性、动态性决定了其不可能完全依赖国家正式法律来实现,具有专业知识的技术组织、技术人员对于加快技术规范的制定也是十分必要的手段。"要在网络平台数据治理中构建软法硬法协同共治的全面法治观,破除'硬法之治即为法治'的片面法治思想。"④因为大数据自律性法律规范建构也是大数据立法变革的核心内容之一。

三、有限发展法学理论下区块链立法变革

有限发展法学理论下的区块链立法变革需基于区块链技术特征以及区块链的现有研究成果,探讨区块链立法变革必然性以及具体路径等问题。区块链利用数据加密、时间戳、分布式共识、经济激励,在不可信的分布式系统的节点上进行分散的点对点交易、协调与合作,为高成本问题提供解决方

---

① 金晶:《欧盟〈一般数据保护条例〉:演进、要点与疑义》,《欧洲研究》2018年第4期,第1-26页。

② 江必新、郑礼华:《互联网、大数据、人工智能与科学立法》,《法学杂志》2018年第5期,第1-7页。

③ 陈晓勤:《需求识别与精准供给:大数据地方立法完善思考:基于政府部门与大数据相关企业调研的分析》,《法学杂志》2020年第11期,第91-101,129页。

④ 陈荣昌:《网络平台数据治理的正当性、困境及路径》,《宁夏社会科学》2021年第1期,第72-80页。

案。① 例如,政府机构普遍存在的低效率和数据一致性的不稳定。区块链的优势不仅限于开发加密数字货币,其固有的信息传递、信任生成、数据安全等特点与金融活动的基本特质高度契合,催生了互联网金融之后金融科技的又一重要创新——区块链金融。如今,区块链与区块链金融的立法变革具有重要意义。

(一)有限发展法学理论下区块链立法变革背景

2008 年化名中本聪的作者发表了《比特币:一种点对点电子货币系统》一文,首次将区块链引入社会公众视野。区块链及其应用的研究长足发展,取得的基本共识主要有:区块链是一种技术,也指这种技术生成和保护的数据。区块链是指"以去中心化和去信任的方式,借助数学算法集体生成一系列有序数据块,并由其构成一个可靠数据库的技术"②。区块链是一种数字技术,它将 P2P 技术和加密技术结合起来,创建了一个不可变的分布式、可验证的公共数据库。③ 区块链是基于加密技术的分布式的共享数据库,本质上是以分散方式来维护可靠的数据库的技术解决方案。④ 广义的区块链是指有益于保护和验证数据的互联网技术;狭义上可仅指该技术保护的数据。⑤

区块链与金融的创新融合催生了有别于传统金融的新型金融模式。区

---

① 袁勇、王飞跃:《区块链技术发展现状与展望》,《自动化学报》2016 年第 4 期,第 481-494 页。

② 王硕:《区块链技术在金融领域的研究现状及创新趋势分析》,《上海金融》2016 年第 2 期,第 26-29 页。

③ 郑戈:《区块链与未来法治》,《东方法学》2018 年第 3 期,第 75-86 页。

④ 林晓轩:《区块链技术在金融业的应用》,《中国金融》2016 年第 8 期,第 17-18 页。

⑤ 现有理论成果有时没有区分区块链技术和区块链数据,但二者实质上存在差异。如区块链具有去中心化、开放性、自动性、不可篡改性和匿名性等特征的说法,就既包括区块链技术的特征,又包括区块链数据的特征。参见益言:《区块链的发展现状、银行面临的挑战及对策分析》,《金融会计》2016 年第 4 期,第 46-50 页。非特指情况下,我们使用广义的区块链概念。

块链金融是最具破坏性的技术创新之一,①是金融领域的根本性和结构性技术变革,是技术飞跃颠覆既有基础后的一种全新路径。② 在虚拟经济服务于实体经济的背景下,区块链金融具有优化我国营商环境,改善金融交易的信息传递和信任模式,以及提高金融效率等作用。第一,区块链金融能优化营商环境,解决中小企业融资难问题。区块链金融在一定程度上具有集中化、信任解体的特征,金融市场准入、金融产品交易和转让限制可以编码并嵌入智能合约中,实现双方的自动匹配。③ 首先,金融机构可以利用区块链金融,在简化交易程序和降低交易成本的同时为交易双方提供可信任的交易机会。区块链金融的发展可以完善我国多层次资本市场结构,通过联盟链等形式解决不同区域金融市场的分散经营状况;通过区块链金融实现投资者、发行人、监管者等相关主体的信息获得和信息对称性问题,促进多层次资本市场的发展和完善。其次,区块链金融有利于解决交易主体之间的信息传递和信任问题。信息是人类日常生活中发挥基础性作用的一个主要的、基本的材料或因素。④ 正是基于对信息的获得和分析,主体之间的信任才得以建立,意思表示和法律行为才可能发生,以权利义务为内容的法律关系才得以形成。⑤ 信任是调节人与人之间关系的重要力量。⑥ 信任的本质是社会成

---

① "Decentralized Blockchain Technology and the Rise of Lex Cryptographia", https://www.intgovforum.org/cms/wks2015/uploads/proposal_background_paper/SSRN-id2580664.pdf, accessed on November 14, 2019.

② Clayton M. Christensen, *The Innovator's Dilemma: When New Technologies Cause Great Firms to Fail*(Harvard Business School Press,1997):117-128.

③ Joshua A. T. Fairfield: "Smart Contracts, Bitcoin Bots, and Consumer Protection," *Washington and Lee Law Review Online* 71, No.2 (2014):35-50.

④ 刘鹏:《信息与逻辑的哲学反思》,《理论探索》2015 年第 1 期,第 50-53 页。

⑤ 汪青松:《信任机制演进下的金融交易异变与法律调整进路:基于信息哲学发展和信息技术进步的视角》,《法学评论》2019 年第 5 期,第 82-94 页。

⑥ 洪名勇、钱龙:《多学科视角下的信任及信任机制研究》,《江西社会科学》2013 年第 1 期,第 190-194 页。

员在面对社会的不确定性和复杂性时,对其依赖对象所维持的时空性特征。[1] 信任是交易达成的前提。利用新技术减少信息不对称并建立交易主体之间的信任关系永远是金融创新的方向。区块链能使原本没有信任关系的交易主体实现交易与合作,是建立信任的机器,是传送价值的智能网络。[2] 区块链金融能架起融资双方或多方信息沟通的桥梁,有效地解决融资双方信息不对称问题和信任问题。区块链金融的信任机制,使传统交易的法律关系或结构得到简化,能极大地提高效率。第三,区块链金融能促进金融创新,提高金融效率。区块链是大型机、个人计算机、互联网、移动和社会网络之后计算范式的第五次颠覆式创新。[3] 区块链方便、快捷、去中心化、安全性能高、成本低廉的优势,能很好地与传统金融业务融合,提升金融效率。美国纳斯达克已经采用区块链技术来处理私人证券市场的股票交易。如果基于区块链构建一套通用的分布式银行间的金融交易协议,为接入银行提供任意币种的跨境实时支付、清算等服务,将使得跨境支付变得方便而廉价。最后,分布式会计、非对称加密和智能合约在金融领域的应用,具有促进金融信息共享、信息安全、信用科学、效率提高的优势,还可以有效防范如合同欺诈、票据欺诈、金融犯罪等风险。

(二)有限发展法学理论下区块链立法变革要求

有限发展法学理论认为只有明确区分作为基础技术的区块链与作为具体应用的区块链金融,才能对区块链金融进行恰当的立法规范,并促进区块链金融健康发展。区块链去中心化、时间序列数据、集合维护、可编程性、安全性、可信性等特性尤其适合构建可编程的货币金融系统。[4] 事实上,比特

---

[1] 翟学伟:《信任的本质及其文化》,《社会》2014年第1期,第1-26页。

[2] Melanie Swan and Primavera de Filippi, "Toward a Philosophy of Blockchain: A Symposium: Introduction," *Metaphilosophy* 48, No.5(October 2017):605.

[3] Melanie Swan. *Blockchain: Blueprint for a New Economy*(O'Reilly Media Inc., 2015)pp.xi-xii.

[4] 袁勇、王飞跃:《区块链技术发展现状与展望》,《自动化学报》2016年第4期,第481-494页。

币正是区块链的最早应用。人们热烈讨论比特币时往往忽略了比特币平台的核心技术创新——区块链。只有改善对区块链的理解,决策者和从业者才会最终获得制定不同监管制度的信息。[1]

首先,区块链并非一定具有"去中心化"特征。根据核算方式和开放程度,区块链可以分为"公有链、联盟链和私链"。"去中心化"仅是对部分公有链而言,"联盟链、私有链和部分具有若干超级节点的公有链仍然具有中心化特征"[2]。在实践中,Libra 的加密货币区块链分为"许可"和"未许可"区块链,这取决于实体能否作为验证节点访问区块链平台,在"许可区块链"中,实体通过授予许可来运行验证器节点;在"未授权区块链"上,任何符合技术要求的实体都可以运行验证节点。Libra 最初是作为一个授权区块链出现的,旨在成为一个未经授权的链网络。然而,没有一个经验证的解决方案能够提供支持全球数十亿人和交易所需的规模、稳定性和安全性。[3] 即使具有成熟的技术方案,不同国家、不同市场主体或者他们的联盟也不一定会放弃各自可能具有的中心化地位。2020 年 4 月 16 日,Libra 协会发布了Libra 2.0 白皮书。为了更容易获得监管批准,新的 Libra 设计做出了以下改变:引入单一货币稳定币,将单一货币稳定币组合成一篮子稳定币,放弃向无权限的系统过渡。Libra 协会努力将区块链技术与公认的监管框架相结合,以实现 Libra 支付系统与当地货币和宏观审慎政策的顺利整合。

其次,区块链难以完全实现"去信任化"。信任是市场经济的基石,是市场交易的前提。信任经历了传统社会基于家族纽带和熟人社会而形成的人

---

[1] Trevor I. Kiviat, "Beyond Bitcoin: Issues in Regulating Blockchain Transactions," *Duke Law Journal* 569, No.65 (2015):573-574.

[2] 张礼卿、吴桐:《区块链在金融领域的应用:理论依据、现实困境与破解策略》,《改革》2019 年第 12 期,第 65-75 页。

[3] *Libra White Paper*, https://libra.org/en-US/wp-content/uploads/sites/23/2019/06/LibraWhitePaper_en_US.pdf, accessed on November 18, 2019.

际信任向现代社会由各种财产和中介机构提供的制度信任的转变。① 市场主体的逐利行为使得会计师事务所和律师事务所等旨在弥补信任缺失的中介组织面临信任危机。2008 年美国金融危机期间,信用评级机构似乎受到发行人的操纵,而美国证券交易委员会(SEC)似乎更加彻底地受到大型信用评级机构的操纵。② 因此,用中立的科技信任代替制度信任成为人们的追求,甚至提出网络空间里"代码就是法律"。③ 区块链的去信任化是指不依赖中央权威机构的信用背书,通过算法实现自约束,任何恶意欺骗的系统行为都会被其他节点拒绝,在一定程度上代替了传统的信任建立方法,形成了节点间的信任关系。④ 然而,区块链是不同区块构成的链式结构,点对点之间的信任难以涵盖区块链的全部,使用者接入某一区块链就需要以信任区块链平台为前提。同时,区块链通过每一节点验证数据的可信任性,不是弱化而是强化了信任机制。因此,区块链的去信任化特征并不准确,区块链难以完全实现"去信任化"。

再次,区块链难以完全实现"去中介化"特征。区块链通过实现区块数据的完全记载和数据集体维护达成集体共识,从而实现信息传递和交易活动的去中介化。然而,在区块链的具体应用中,是程序员按照既定任务编写源代码并转换为目标代码,解决计算机上的算术或逻辑问题。编码过程中不可避免地会进行任务的预先安排和目标价值偏好的设定。编码背后隐藏着平台提供者、软件开发者等众多主体的利益主张,会直接影响预定任务和价值目标。区块链不是完全没有第三方,而是有着数量上与节点相同、性质上与传统中介存在差异的第三方。区块链金融的投资者只能被动接受代码

① 郑戈:《区块链与未来法治》,《东方法学》2018 年第 3 期,第 75-86 页。

② 乔纳森·梅西:《声誉至死:重构华尔街的金融信用体系》,汤光华译,中国人民大学出版社,2015,第 181 页。

③ Lawrence Lessig, Code: Version 2.0. New York: Basic Books, 2006, pp.1-9.

④ 孙国茂,LI MENG:《区块链技术的本质特征及其金融领域应用研究》,《理论学刊》2017 年第 2 期,第 58-67 页。

规则,加之投资者专业知识和能力有限,"金融中介"缺失的情形下,投资者的弱势地位更难改变。① 投资者仍需寻求专业中介机构的帮助,区块链难以完全实现去中介化。

复次,区块链不存在绝对的数据安全。区块链要求在每一个区块上记载交易信息和数据,通过集体维护和集体共识保障区块链信息和数据的安全性。集体共识决策中,按照"少数服从多数"的决策原则,只有超过区块链上50%的区块同意才可能对数据进行更改,增加了恶意攻击数据的难度,并非区块链数据"不可篡改"。比如,掌握全网超过51%的算力就有能力篡改和伪造区块链数据。② 区块链起步阶段节点较少时,篡改和伪造更为容易。同时,区块链技术还面临计算能力不断进步带来的风险,量子计算机能够破解最强的普通计算机难以破解的加密算法。③ 此外,区块链的非对称加密机制会随数学、密码学和计算技术的发展变得脆弱。加密技术是区块链的核心技术,一旦密码被破解,区块链上的交易信息和数字签名等均可能被篡改。因此,区块链不存在绝对的数据安全。

最后,区块链难以完全具备"匿名性"。在计算机科学中,匿名意味着使用不相关的别名,不一定意味着攻击者无法将用户和系统之间的任何两个交互关联起来。区块链保证的匿名性只意味着参与者可以使用别名,但所有进出地址的交易都记录在区块链中,这使追踪和分析交易者身份变得容易。例如,在比特币中,用户反复使用公钥哈希值作为交易标识符来建立交易之间的关系。④ 区块链应用最成功的加密数字货币不完全具备匿名性,区块链亦是如此。

---

① 万国华、孙婷:《证券区块链金融:市场变革、法律挑战与监管回应》,《法律适用》2018年第23期,第57-66页。

② 袁勇、王飞跃:《区块链技术发展现状与展望》,《自动化学报》2016年第4期,第481-494页。

③ 凯文·沃巴赫:《信任,但需要验证:论区块链为何需要法律》,林少伟译,《东方法学》2018年第4期,第83-115页。

④ 张宪、蒋钰钊、闫莺:《区块链隐私技术综述》,《信息安全研究》2017年第11期,第981-989页。

总之,区块链是互联网技术的重大创新,却不是技术创新的终点。区块链发展面临区块链技术和制度局限,需要解决区块链技术难题并构建区块链应用保障制度,实现区块链价值的最大化。

(三)有限发展法学理论下区块链立法变革思路

有限发展法学理论视角下区块链对立法可能造成的冲击,是考察区块链时代国家中心信任结构如何嬗变的最佳参照。① 若立法者无视法律面对科技进步时的滞后性窘境,则会造成法律对科技创新和社会生活的完全不适应。客观认识区块链,积极转变创新监管方式,科学把握法律规制区块链的尺度,是明确区块链内涵、确立区块链立法基本制度和运行规则、构建我国区块链法治框架的基本路径。②

1.明确区块链立法变革目标

有限发展法学理论认为区块链立法变革不仅要"管住"区块链风险,而且要"促进"区块链金融健康发展,最终服务于实体经济。换句话说,有限发展法学理论认为区块链立法变革需要以安全为前提,并在此基础上追求效率最大化。客观认识区块链和区块链金融是法律规制区块链的基础。区块链是一种新的基于互联网的分布式基础设施和计算范式,它采用有序链式数据结构存储数据,采用一致性算法更新数据,采用密码学保护数据。③ 区块链金融是区块链与金融的融合,是区块链的具体应用。区块链与区块链金融既有联系,又有区别:第一,区块链是技术创新,具有价值中立性。良好的制度建构,才能让区块链发挥服务金融的优势,促进区块链金融发展。第二,发展和完善区块链的同时,应该让区块链更好地解决金融领域的现实问题。第三,只有将基于区块链的分布式会计系统的设计和授权与现有的金

---

① 郑观、范克韬:《区块链时代的信任结构及其法律规制》,《浙江学刊》2019 年第 5 期,第 115-123 页。

② 乔海曙、谢姗姗:《区块链驱动金融创新的理论与实践分析》,《新金融》2017 年第 1 期,第 45-50 页。

③ 郑戈:《区块链与未来法治》,《东方法学》2018 年第 3 期,第 75-86 页。

融系统相结合,才能为区块链提供更有价值的选择。① 第四,强调区块链优势的同时,更强调区块链金融领域的可能风险和问题,并从技术和制度规范等方面予以完善。区块链为颠覆集中式结构提供了逻辑和技术上的可能,但容易被外界过度解读,夸大区块链的优势,忽视其技术的不成熟和应用过程的局限。② 只有客观认识区块链和区块链金融的差异,才能获得调整和规制区块链金融的准确信息,进行区块链金融的科学立法和依法监管。

2.厘清区块链立法变革内容

有限发展法学理论认为区块链立法变革要求区块链立法实现从限制发展到安全创新的转变。区块链立法变革的理论观点主要有:一是在区块链监管立法上,坚持平台监管和业务监管平行的双层监管模式。长期以来,我国金融监管采用的是机构监管制度,即根据金融机构的类型确定并划分监管主体和监管权限。金融机构和金融服务的创新,使得监管体系很难充分吸纳一些新的金融机构。因此,在保留现行监管框架的同时,应将金融活动的业务监管和功能监管作为补充模式纳入我国金融监管体制。区块链金融可以形成平台监管与业务监管的两级监管模式,平台监管是前提和基础,业务监管是细则。二是区块链技术立法上,要引入金融科技监管模式。机构监管、功能监管和行为监管应对金融科技风险仍显乏力,亟须充分利用科技带来的契机,实现创新促进与风险防控。区块链金融监管需要发展基于区块链的监管技术,构建一条既能解决政府和市场双重失灵,又能体现技术自身特点的技术监管路径。监管技术不仅是一种有效的监管工具,也是导致监管范式变革的关键因素,区块链是一种创新技术,也可以用作治理工具。③区块链凭借其独有的信任创设机构,成为科技与金融深度融合的重要表现

---

① 孙建钢:《区块链技术发展前瞻》,《中国金融》2016年第8期,第23-24页。
② 孙国茂:《区块链技术的本质特征及其金融领域应用研究》,《理论学刊》2017年第2期,第58-667页。
③ 郑戈:《区块链与未来法治》,《东方法学》2018年第3期,第75-86页。

之一。运用区块链的监管规制系统能有效应对区块链的风险与挑战,并提高监管的有效性。① 三是区块链创新立法上,要坚持智慧监管模式。最早运用于环境问题的智慧监管理论,是一种有效利用公共资源,使用多种监管手段,强调公众参与权利的新型监管模式,是介于命令控制型监管和放松监管之间的新监管思路。数据安全保障的集体维护和集体共识是区块链的基本原理。信息在每一节点形成数据副本和比特币通过激励各节点贡献算力的运行机制共同为区块链金融的智慧监管提供了启示。四是区块链配套机制创新立法上,要完善沙箱监管模式。金融科技的快速创新可能影响金融稳定和损害金融消费者利益。"沙箱监管"是指金融监管部门对不符合现行监管要求的金融创新进行小规模试点,并根据测试结果推动创新或终止测试的金融监管方式。"沙箱监管"是现行法律框架下的相机决策制度安排,具有甄别、宣示和窗口作用。沙箱监管的精神是通过限制性监管鼓励金融科技创新。"沙箱监管"理论和实践旨在实现鼓励金融创新和防范金融系统性风险之间的平衡。"沙箱监管"模式下,金融监管机构将影响不明显的金融创新作为试验品,为其提供真实的市场环境,虽然它们没有受到干预,但它们接受有关部门的监督。如果能够消除系统性风险的一方允许市场普及,则市场就会被淘汰,从而最终实现监管与创新的平衡。② 2017 年 4 月 28 日,上海互联网金融协会发布的《互联网金融从业机构区块链技术应用自律规则》第四条③和第六条④即体现了"沙箱监管"的原则。实际上,金融技术创新并没有改变金融的本质,测试项目也不应超过监管底线,借鉴"沙箱监管"

---

① 杨东:《监管科技:金融科技的监管挑战与维度建构》,《中国社会科学》2018 年第 5 期,第 69-71 页。
② 崔志伟:《区块链金融:创新、风险及其法律规制》,《东方法学》2019 年第 3 期,第 87-98 页。
③ 《互联网金融从业机构区块链技术应用自律规则》第四条规定,互联网金融从业机构的区块链技术应用在面向社会前应当通过具备相关资质的第三方测试和评估,并由律师事务所出具独立法律意见书;同时应当客观、及时、准确地进行相关信息披露,不做虚假、夸大及误导性宣传。
④ 《互联网金融从业机构区块链技术应用自律规则》第六条规定,互联网金融从业机构不能因区块链技术的应用豁免、排除或限制任何既有法律法规。应用区块链技术必须通过相关风控与合规部门进行风险管控与合规评估,严格遵守监管部门的相关要求。

的制度设计,应与我国的监管体制相适应,对现行法律监管形成有益的补充。①

3.把握区块链立法变革尺度

虚拟经济有限发展法学理论认为,实现"自我调节市场"的"完全乌托邦"的唯一途径是通过一个强大的干预国家的支持。一个自由放任的市场永远不会是自由放任的,自由放任政策本身就在国家强加的政策保障下。② 运用法律规制创新技术以避免进入技术决定一切的社会物理学世界,是保存法律价值向度和法律适应性的关键。③ 虚拟经济领域市场与政府的关系主要表现为市场与监管之间的"适度性"。金融监管的无效或过度都会导致市场无效,完全放任地"去监管化"会导致市场失序,因此如何把握金融监管的"度",以最小的监管成本实现最大的监管收益是解决问题的关键。对区块链规制过早,会给市场主体创新带来不必要的障碍和困难,不利于区块链的创新实践和发展;对区块链规制过晚则会导致制度"空窗期",不利于防止区块链的畸变和异化。④ 大数据、云计算、区块链等科学技术既可与金融融合"改变"金融生态,也可以改善金融立法。金融科技可以为立法机关提供金融信息和数据,让立法机关更好地分析和预测人类行为及其后果,并根据特定主体类型、主体信用、金融产品和服务等制定更精准的法律适用规则。⑤ 以解决区块链信任结构的法律规制为例,既可以选择法律规范与代码规则的有机结合,也可以将代码规则纳入法律规范。立法者可以通过具体的法律制度更好地实现法律制度与科技创新的融合,科技创新也可以通过在代

---

① 张景智:《"监管沙盒"制度设计和实施特点:经验及启示》,《国际金融研究》2018 年第 1 期,第 57-64 页。

② Karl Polanyi, *The Great Transformation*(Beacon Press, 1957), pp.155-157.

③ 郑戈:《区块链与未来法治》,《东方法学》2018 年第 3 期,第 75-86 页。

④ 杨东:《"共票":区块链治理新维度》,《东方法学》2019 年第 3 期,第 57-61 页。

⑤ 杨松、张永亮:《金融科技监管的路径转换与中国选择》,《法学》2017 年第 8 期,第 3-14 页。

码规则中嵌入法律规范,实现代码规则与法律规范的融合。

四、有限发展法学理论下数字经济立法变革

"数字经济是继农业经济、工业经济、信息经济之后的一种新的经济形态,它以数据为关键生产要素,以网络基础设施作为重要载体,以现代信息通信技术为核心驱动力,通过数字技术与实体经济深度融合,不断提高传统产业数字化、智能化水平,重塑经济社会发展与治理模式。"[1]作为一种新兴经济形态,数字经济在实践过程中出现的诸多问题亟须立法回应。有限发展法学理论认为,我国法律规制体系在进入数字经济时代后需及时调整。

（一）有限发展法学理论下数字经济立法变革背景

1996 年,美国作者唐·泰普斯科特发表《数字经济:网络智能时代的希望与风险》一书,正式提出数字经济概念。[2] 2019 年爆发的新冠肺炎一定程度上推动了我国和世界数字经济的快速发展,也提出了数字经济时代法律制度及时改革的需要。究其原因,数字经济时代带来了新风险、新挑战,但现有数字经济立法力有未逮。以数字经济中生产要素数据为例,依托算法、大数据平台等新技术优势,通过信息聚合、数据共享,在资源配置、物资流通、网上办公等方面发挥重要作用,对全面复产复工、稳定就业、保障民生和抗击新冠肺炎疫情起到了重要的支撑作用。[3] 然而,从中国数字经济监管现状来看,数字经济使传统的反垄断面临着相关市场界定模糊、市场势力识别困难以及监管手段过于单一等挑战。[4] 数字经济立法变革是数字经济实现

---

[1]　何波:《中国数字经济的法律监管与完善》,《国际经济合作》2020 年第 5 期,第 80-95 页。

[2]　何玉长、刘泉林:《数字经济的技术基础、价值本质与价值构成》,《深圳大学学报(人文社会科学版)》2021 年第 3 期,第 57-66 页。

[3]　杨东:《论反垄断法的重构:应对数字经济的挑战》,《中国法学》2020 年第 3 期,第 206-222 页。

[4]　李丽红、尹伟贤:《数字经济背景下反垄断面临的挑战与应对研究》,《理论探讨》2021 年第 2 期,第 92-96 页。

安全、有序发展的必然要求和制度基础。

目前,我国数字经济立法以具体领域的立法为主。2017年6月实施的《网络安全法》是我国网络安全领域的基本法,其明确规定了有关数字经济的活动。2019年1月实施的《电子商务法》,建立了电子商务基本法律制度,明确规定对于涉及消费者生命健康的商品或服务,电子商务平台经营者的相应责任,为数字经济的健康、有序发展奠定了法律基础。《反不正当竞争法》有关互联网条款也增加了数字经济时代对于互联网不正当竞争行为的规定。此外,国务院及有关部门先后发布了《促进大数据发展行动纲要》《国家信息化发展战略纲要》《关于促进分享经济发展的指导性意见》《关于发展数字经济稳定并扩大就业的指导意见》《关于推动工业互联网加快发展的通知》等一系列政策文件,鼓励、引导和规范我国数字经济健康、有序发展。总体而言,我国数字经济尚处于发展的初级阶段,相关风险因素也尚未完全厘清。虽然上述法律规范对我国数字经济发展起到了重要推动作用,但我国数字经济的发展仍然面临着诸多亟须立法变革的问题和障碍。

(二)有限发展法学理论下数字经济立法变革要求

2021年12月,国务院办公厅印发《"十四五"数字经济发展规划》,明确指出"数字经济正推动生产方式、生活方式和治理方式深刻变革,成为重组全球要素资源、重塑全球经济结构、改变全球竞争格局的关键力量"。数字经济快速发展的同时,也产生了一系列法律规制难题。联合国贸易和发展会议指出,政府部门有责任通过规则等引导数字经济的发展,需要调整现有的政策、法律和法规,在新兴领域制定新的法律规则,以适应迅速变化的数字经济和社会需要。我国数字经济发展中也出现了算法共谋、数据垄断等新问题,需要通过数字经济立法以推动数字经济健康而可持续地发展。

1.数字经济现有立法难以满足需求

数字经济作为新兴经济形态,对我国经济、社会发展带来了深刻影响。

现有数字经济立法已经难以满足社会经济需求。数字经济时代,数字经济立法的适用范围已经不能局限于某一具体领域,而是要实现互联互通。从我国现有的虚拟经济立法来看,我国数字经济的相关立法在不同领域仍然处于分离状态,法律规范之间缺乏系统性和协调性。数字经济的快速发展对数字经济分散立法带来了极大的挑战,数字经济领域的案件不断发生。例如,2016 年"大众点评 vs 百度地图抓取用户评论信息案";2017 年"顺丰速运与菜鸟物流数据接口之争案";2018 年淘宝与美景公司之间"全国首例大数据产品不正当竞争纠纷案"。上述实践案例均从不同角度反映出数字经济时代的新问题,属于数字经济发展中的新案例。数字经济领域的新问题不仅反映了复杂多变的商业行为与竞争模式,也反映了我国缺乏科学合理的数字经济法律制度供给的现状。[①] 我国有关数字经济的立法远不能满足数字经济的发展需求。现有的《数据安全法》《网络安全法》和《电子商务法》[②]等总体上多倾向于具体问题的具体分析,缺乏系统性和全面性,且缺少数字经济领域的专门立法,这无疑会阻碍我国数字经济的发展。

2.数字经济现有立法的功能不彰

世界数字经济的迅猛发展,颠覆性地改变了人类经济、社会的生产组织结构与日常生活的行为模式,以不可预测的速度、强度、广度推动着新时代人类社会的奇点式发展。[③] 数字经济发展带来的新问题早已超出传统数字经济立法的涵括范围,由此引发的法律问题主要是囿于现有数字经济立法的功能不彰。可以说,目前我国对数字经济的立法反应滞后,相当一部分数字经济的立法是被动的,缺乏预见性和主动性。首先,网络经济催生的新平台的垄断主体迅速颠覆了旧的单边市场法律关系,取代、摧毁和削弱了传统

---

① 杨东:《论反垄断法的重构:应对数字经济的挑战》,《中国法学》2020 年第 3 期,第 206-222 页。

② 为应对和解决数字经济时代的相关问题,2021 年 8 月 31 日,市场监督管理总局起草了《关于修改〈中华人民共和国电子商务法〉的决定(征求意见稿)》,向社会公开征求意见。

③ 陈兵:《数字经济新业态的竞争法治调整及走向》,《学术论坛》2020 年第 3 期,第 26-38 页。

反垄断法的法律范围、自由裁量工具和执行能力,这不仅使其失去了法律合理性,同时也很快失去了现实的约束力和有效性。[①] 其次,数字经济发展呈现出风险性和动态性,这类风险性和动态性不仅使法律制度具有滞后性,还使数字经济立法的失灵问题进一步加剧。最后,数字经济发展中技术手段和技术方式的不断革新,使得数字经济立法难以有效回应发展需求,呈现出适法用法能力不足和规范可行性不强的问题。

(三)有限发展法学理论下数字经济立法变革思路

有限发展法学理论认为,我国数字经济尚处在起步阶段,严格的立法会抑制数字经济的发展动力和优势。数字经济立法变革需要以政府作用为主导,鼓励市场主体积极发挥作用,以实现数字经济有限发展的目标。

1.明确数字经济立法变革理念

面对数字经济时代的新格局,需要在监管理念和立法模式上实现从管制思维向审慎包容思维的转变,实现发展与合规、竞争与创新、效率与公平、安全与开放的平衡。[②] 随着数字经济的发展,数字经济的大数据化、算法化、虚拟化等特性已然不是现有数字经济立法所能涵括的。传统数字经济立法已不能满足或有效支持数字经济、平台经济、算法经济等新兴经济模式的发展需求。因此,需要引入虚拟经济有限发展法学理论,坚持包容性发展理念和预防性治理理念,对数字经济立法理念和范围进行革新,拓展数字经济立法的法律控制逻辑。同时,数字经济的快速发展需要立法予以及时回应,这就需要加强数字经济法治人才的培养和数字经济法治建构。质言之,数字经济立法变革需要倡导包容审慎的监管理念,支持社会利益、公共利益和私

---

① 张衆:《互联网经济对反垄断法的挑战及制度重构:基于互联网平台垄断法经济学模型》,《浙江学刊》2021 年第 2 期,第 84-92 页。

② 王森:《数字经济发展的法律规制:研讨会专家观点综述》,《中国流通经济》2020 年第 12 期,第 114-124 页。

人利益的均衡发展,最终实现数字经济的有限发展。

2.厘清数字经济立法变革内容

国外有关数字经济的立法正好契合有限发展法学理论。例如,目前欧美国家已经进入对数字企业的强监管时期,监管方式多样化,监管范围比我国更广,监管程度比我国更严格。[①] 数字经济条件下,一方面新一代信息技术的广泛应用逐渐加速了包括科技创新活动等在内的各种经济、社会行为的数字化转型;另一方面可以收集、存储、积累大量的数据信息,形成丰富的数据元资源。[②] 从立法方法上看,首先要注重数字经济领域的传统法律法规的转型,通过直接适用、修改、法律解释等不同方式有效提高现有的数字经济立法的可行性,以适应数字经济的发展特点与需求。同时,依照有限发展法学理论的要求加快数字经济基本法的制定,解决数字经济、平台经济等新兴虚拟经济形态共同面临的法律问题。根据数字经济发展的态势和需求进行及时有效的制度设计,加快不同类型法律、法规的衔接,为数字经济的快速、安全发展提供制度支撑,实现硬法与软法的有效协同。此外,在数字经济全球化的今天,我国应该更加广泛地、积极地参与到数字经济全球规则的制定、调整和改革中,为推动数字经济国际法治体系朝着改善国际整体利益的方向发展作出自己的贡献。[③] 虽然世界各国有关数字经济的发展历程不同、面临的问题挑战不同,但推动数字经济快速发展、安全发展、健康发展的目标相同。基于此,我国要更广泛地参与数字经济规则制定,如此既能有效维护我国合法权益,又有利于推动建构国际数字经济规则体系。

---

① 刘诚:《数字经济监管的市场化取向分析》,《中国特色社会主义研究》2020 年第 5 期,第 35-42 页。
② 蔡跃洲:《数字经济的国家治理机制:数据驱动的科技创新视角》,《北京交通大学学报(社会科学版)》2021 年第 2 期,第 39-49 页。
③ 赵骏:《"一带一路"数字经济的发展图景与法治路径》,《中国法律评论》2021 年第 2 期,第 43-54 页。

第八章　有限发展法学理论下虚拟经济刑事立法变革

　　法作为社会利益关系的调整器,国家法的实施以国家强制力为后盾,能够为虚拟经济有限发展提供保障。其中,刑法无疑具有非常重要的作用。因为,如果不以国家强制力保障国家法的实施,国家法就会失去意义,法所体现的意志就得不到贯彻。国家强制力在法律规范上表现为法律责任的规定。我国虚拟经济有限发展的法律责任形式包括民事责任、行政责任和刑事责任。刑事责任是最严厉的责任形式,是行政责任和民事责任救济不能或不足的最后责任形式。[①] 刑事立法是规定刑事责任最为重要的方式。随着信息社会的不断变化与风险社会"全球动乱"的迅速蔓延,刑法逐渐成为世界上几乎所有生活领域抵御风险的重要手段。[②] 与传统经济犯罪相比,虚拟经济领域的刑事犯罪行为破坏性更大、权利受损主体更多、受害人自我救济的难度更大,其所造成的宏观经济风险和社会风险的积聚也更明显。因为虚拟经济领域刑事犯罪行为损害和风险的加剧,积极刑事立法表现为一定程度上刑事立法法益观由追求实际损害的"后果导向"向重视行为的"抽象危险"转变的特征在虚拟经济领域体现得极为明显。刑法明显具有了"参

---

① 姜涛:《经济刑法之兜底条款应由司法解释予以明确》,《净月学刊》2017 年第 4 期,第 23-34 页。

② 周光权:《论通过增设轻罪实现妥当的处罚:积极刑法立法观的再阐释》,《比较法研究》2020 年第 6 期,第 40-53 页。

与社会管理、解决社会突出矛盾的功能"。① 虚拟经济有限发展的刑事立法
权力保护和责任追究的意义重大,已经出现刑事立法的合宪性讨论②、模式
选择争议③、法律适用的明确性④等问题。讨论虚拟经济有限发展的刑事立
法,不仅有利于解决目前的争议和问题,也有利于构建更加完善的虚拟经济
有限发展的法律规范体系。

一、有限发展法学理论下虚拟经济刑事立法变革背景

有限发展法学理论下虚拟经济刑事立法变革的原因在于与实体经济和
社会管理诸多领域的经济犯罪行为不同,虚拟经济领域的刑事犯罪行为主
要表现为损害虚拟经济市场的交易秩序和竞争秩序。因此,对社会整体经
济的影响力和破坏性更大。我国虚拟经济有限发展,除民商法、经济法和行
政法等规定的民事责任和行政责任外,更离不开刑事责任的保障,自然离不
开刑事立法。作为现代社会经济系统最活跃的组成部分,虚拟经济市场具
有市场的所有弊端,包括市场不完全、信息不对称、市场的负外部性、交易成
本问题,以及与实体经济不对应等。⑤ 虚拟经济领域的犯罪行为具有多样
性、隐蔽性、技术性和传导性;犯罪后果更为严重,不仅可能造成巨大的经济
损失,而且可能诱发整个虚拟经济领域的风险。⑥ 因此,我国虚拟经济领域
民事诉讼机制、民事责任和行政责任存在一定欠缺的情况下,虚拟经济有限
发展的刑事立法却由来已久。互联网金融创新发展的时代,在鼓励创新与

---

① 周光权:《论通过增设轻罪实现妥当的处罚:积极刑法立法观的再阐释》,《比较法研究》2020 年第 6
　　期,第 40-53 页。
② 张明楷:《刑事立法模式的宪法考察》,《法律科学(西北政法大学学报)》2020 年第 1 期,第 54-65 页。
③ 李晓明:《再论我国刑法的"三元立法模式"》,《政法论丛》2020 年第 3 期,第 23-36 页。
④ 姜涛:《经济刑法之兜底条款应由司法解释予以明确》,《净月学刊》2017 年第 4 期,第 23-34 页。
⑤ 胡光志:《虚拟经济的国家干预》,载单飞跃、卢代富等编著《需要国家干预:经济法视域的解读》,法
　　律出版社,2005,第 227 页。
⑥ 胡光志等:《中国预防与遏制金融危机对策研究:以虚拟经济安全法律制度建设为视角》,重庆大学
　　出版社,2012,第 170-174 页。

监管滞后的双重压力之下，虚拟经济有限发展的刑事立法应更为活跃。具体而言，我国虚拟经济的刑事立法主要包括以下三个阶段。

（一）单行刑法为主附属刑法为补充阶段

1979 年我国制定第一部刑法典——《刑法》时，虚拟经济活动与虚拟经济领域的犯罪行为尚不是一种普遍的社会现象。因此，1979 年的《刑法》中并没有单独设置虚拟经济犯罪的章节，且因为虚拟经济领域犯罪罪名不多，相关规定主要散见于第三章"破坏社会主义经济秩序犯罪"中。随着我国经济的快速发展，特别是虚拟经济活动的快速增加，虚拟经济领域的犯罪活动在广度和深度上都呈现出多样化、多量化的特点。同时，我国关于虚拟经济的专门立法也迅速增加。例如，1995 年 3 月 18 日，第八届全国人民代表大会第三次会议通过《中国人民银行法》；1995 年 5 月 10 日，第八届全国人民代表大会常务委员会第十三次会议通过《商业银行法》；1995 年 6 月 30 日，第八届全国人民代表大会常务委员会第十四次会议通过《保险法》。上述三部法律在"法律责任"部分均有多个条款规范虚拟经济犯罪行为，采用了附属刑法的形式。附属刑法是从立法体例上对刑法作的一种分类。可以说，除法律另有规定外，附属刑法适用刑法总则规定的一般原则。附属刑法与统一刑法具有同等效力。[1] 有学者把在虚拟经济法律中规定金融犯罪活动的形式称为"金融附属刑法"。[2] 附属型立法模式，是指立法机关在专门刑法规范之外的民商法规范、经济法规范和行政法规范中设立一定的刑法规范条款的立法模式。[3] 商品经济向市场经济过渡时期，市场释放经济活力的同时，也释放了各种破坏市场经济的行为，单一的刑法典模式难以遏制当时的

---

[1] 邹瑜、顾明：《法学大辞典》，中国政法大学出版社，1991，第 838 页。

[2] 袁林：《金融附属刑法的界定、立法模式和适用原则》，《西南石油大学学报（社会科学版）》2000 年第 1 期，第 19-24 页；黄明儒、项婷婷：《我国金融犯罪立法模式的选择：向"独立型附属刑法模式"的最终转变》，《人民检察》2017 年第 11 期，第 27-31 页。

[3] 杨兴培：《经济犯罪的刑事立法模式研究》，《政治与法律》2006 年第 2 期，第 31-36 页。

经济犯罪形式。刑法典之外,立法者还制定了针对破坏市场秩序犯罪的单行法规。1997 年《刑法》出台时,已经有 10 多个刑事单行法规。因此,可以说这一阶段我国虚拟经济犯罪刑事立法是单行刑法为主、刑法典为辅、附属刑法为补充的立法模式。①

(二)刑法典与附属刑法共存阶段

随着我国刑法典的不断完善,刑法对虚拟经济的附加规定不断减少,一些经济法律规范对虚拟经济犯罪的法律规定趋于弱化。2009 年 2 月 28 日,第十一届全国人民代表大会常务委员会第七次会议对《保险法》进行修正后,仅保留了一个条款对虚拟经济刑事责任进行原则性规定,即《保险法》第一百八十一条:"违反本法规定,构成犯罪的,依法追究刑事责任。"1998 年 12 月 29 日通过的《证券法》中关于证券犯罪行为的条款有 17 个,但 2005 年 10 月 27 日第十届全国人民代表大会常务委员会第十八次会议修订《证券法》后,仅用一条对证券犯罪行为进行原则性规定,即《证券法》第二百三十一条:"违反本法规定,构成犯罪的,依法追究刑事责任。"2001 年 4 月 28 日,第九届全国人民代表大会常务委员会第二十一次会议通过的《信托法》没有法律责任的规定,自然也没有刑事责任的规定。2007 年 1 月 23 日,中国银行业监督管理委员会发布的《信托公司管理办法》中有 2 个关于信托行业刑事责任的条款。

我国相关行政和经济法律法规中仍然存在虚拟经济犯罪附属刑事条款的规定。如《中国人民银行法》和《商业银行法》中仍然有关于虚拟经济犯罪刑事责任的规定。1995 年 3 月 18 日,第八届全国人民代表大会第三次会议通过的《中国人民银行法》有 7 个规定虚拟经济犯罪的刑事责任条款。2003 年 12 月 27 日,第十届全国人民代表大会常务委员会第六次会议修正后的《中国人民银行法》中仍有 7 个规范虚拟经济犯罪刑事责任的条款。

---

① 刘宪权:《我国金融犯罪刑事立法的逻辑与规律》,《政治与法律》2017 年第 4 期,第 21-35 页。

1995 年 5 月 10 日,第八届全国人民代表大会常务委员会第十三次会议通过的《商业银行法》中有 8 条共 9 处规定虚拟经济犯罪刑事责任的条款。2003年 12 月 27 日,第十届全国人民代表大会常务委员会第六次会议修正后的《商业银行法》关于虚拟经济犯罪刑事责任的条款还有增加,现有 11 个规定虚拟经济犯罪刑事责任的条款。2003 年 12 月 27 日,第十届全国人民代表大会常务委员会第六次会议通过的《银行业监督管理法》有 4 个规定虚拟经济犯罪刑事责任的条款。2006 年 10 月 31 日,第十届全国人民代表大会常务委员会第二十四次会议修正后的《银行业监督管理法》有 5 个规定虚拟经济犯罪刑事责任的条款。因此,这一阶段形成了虚拟经济犯罪领域刑法典与附属刑法共存的立法模式。1997 年修订的《刑法》吸收了之前多个单行刑法规定,之后我国虚拟经济刑法进入了刑法典(包括刑法修正案)与附属刑法并存的阶段。

(三)刑法与刑法修正案为主、附属刑法为辅阶段

金融附属刑法相对弱化时,通过刑法以及刑法修正案规范我国虚拟经济领域的犯罪行为已经成为最主要的形式。单行刑法立法模式的放弃和虚拟经济附属刑法内容的弱化让位于刑法修正案模式至少具有以下方面的必然性和优势:第一,这是我国立法体制不断完善的结果和需要。《立法法》明确了我国的立法体制,规定了立法主体及其立法权限、程序,开启了科学立法、依法立法的新篇章。《立法法》第十一条第一款规定犯罪和刑罚只能制定法律。《立法法》第十二条规定国家专属立法事项尚未制定法律,授权国务院立法时,也都明确"有关犯罪和刑罚、对公民政治权利的剥夺和限制人身自由的强制措施和处罚、司法制度等事项除外"。因此,对虚拟经济犯罪的规制属于罪与罚的范畴,只能由全国人民代表大会及其常务委员会通过法律加以规制。第二,刑法修正案形式具有单行刑法和附属刑法不具有的优势。刑法修正案通过对刑法原文的删除、增补和修改,维持了刑法典总体

框架结构,使刑法典更具有体系上的一致性。附属刑法的最终适用也必须遵循刑法典总则的原则性规定,并与刑法典中虚拟经济犯罪的相关条款在具体含义上协调一致,否则,会造成虚拟经济犯罪和刑罚适用上的冲突。目前《中国人民银行法》《商业银行法》和《银行业监督管理法》中仍有多个关于虚拟经济犯罪的条款,但《证券法》和《保险法》中"单一刑事责任条款"的原则性规定可能才是虚拟经济附属刑事立法的最终归属。或者说,我国虚拟经济刑事立法具有一个从经济法律中零散的犯罪规定,到虚拟经济法律中相对集中的规定,再到虚拟经济犯罪刑法典及其修正案的规定的立法模式演进之清晰过程。我国虚拟经济犯罪的刑事立法仍采取刑法典与附属刑法相结合的立法模式,但刑法修正案和附属刑法的重要性发生了变化,以刑法修正案为主体、附属刑法为辅助的特征明显。当然,虚拟经济刑事立法模式的变化并不是完全否定附属刑法的价值和功能。即使虚拟经济犯罪活动的法律规范主要直接体现在刑法条文中,刑法具体条文的适用也在一定程度上仍需回归虚拟经济法律规范,以实现民事责任、行政责任和刑事责任的协调。第三,通过刑法修正案的立法模式可以更好地弥补虚拟经济刑事立法的不足,满足我国不断变化的虚拟经济实际情况下惩治虚拟经济犯罪的司法实践。

我国刑法对虚拟经济犯罪规范的修改主要体现在增加虚拟经济犯罪罪名、修改虚拟经济犯罪罪状、设置法定刑三个方面。[1] 增加犯罪是刑法参与社会治理的刚性要求,[2]在虚拟经济领域尤其如此。金融犯罪罪名的增设反

---

[1] 刑法修正案对虚拟经济犯罪罪名的增设主要有:妨害信用卡管理罪,窃取、收买、非法提供信用卡信息罪《刑法修正案(五)》;骗取贷款、票据承兑、金融票证罪,背信运用受托财产罪《刑法修正案(六)》;利用未公开信息交易罪《刑法修正案(七)》等。

[2] 周光权:《论通过增设轻罪实现妥当的处罚:积极刑法立法观的再阐释》,《比较法研究》2020年第6期,第40-53页。

映了我国社会经济发展与刑法罪名的共生关系,①一定程度上弥补了虚拟经济刑事立法对虚拟经济及其交易活动中新产生的危害行为规范的不足,增进了刑法与虚拟经济法规之间的协调。刑法修正案对虚拟经济罪状的修改主要包括以下内容:擅自设立金融机构罪,编造并传播证券、期货交易虚假信息罪,诱骗投资者买卖证券、期货合约罪(《刑法修正案》);内幕交易、泄露内幕信息罪(《刑法修正案》和《刑法修正案(七)》);洗钱罪(《刑法修正案(三)》和《刑法修正案(六)》);信用卡诈骗罪(《刑法修正案(五)》);操纵证券、期货市场罪(《刑法修正案(十一)》),吸收客户资金不入账罪,违规出具金融票证罪(《刑法修正案(六)》);非法吸收公众存款罪(《刑法修正案(十一)》)等。《刑法修正案》增加了对期货市场破坏行为的刑事立法规范,增加了对期货交易中内幕交易、泄露内幕信息,编造并传播虚假信息,诱骗投资者买卖期货合约和操纵期货市场等行为入罪的规定。《刑法修正案(三)》将"恐怖活动犯罪"增设为洗钱罪的上游犯罪,《刑法修正案(六)》将洗钱罪的上游犯罪扩大到贪污贿赂犯罪,破坏金融管理秩序罪和金融诈骗罪。刑法修正案对虚拟经济犯罪罪状进行较大幅度的修改,与我国虚拟经济市场发展不成熟以及我国虚拟经济领域犯罪现象突出密切相关。

我国《刑法》有关虚拟经济犯罪的法定刑包括主刑和附加刑。在现有的刑罚体系中,除管制刑和死刑不适用于虚拟经济犯罪外,其他刑罚都适用。刑法修正案对虚拟经济犯罪法定刑的修改体现为:一是加大了单位洗钱犯罪的处罚力度(《刑法修正案(三)》);二是加重了操纵证券、期货市场罪的处罚力度(《刑法修正案(六)》)②;三是增设了集资诈骗罪、票据诈骗罪和信用证诈骗罪等单位犯罪的罚金刑(《刑法修正案(八)》);四是增设了"从业

① 胡云腾:《论社会发展与罪名变迁:兼论选择性罪名的文书引用》,《东方法学》2008年第2期,第70-77页。
② 例如增加"情节特别严重"的量刑幅度,将法定最高刑由五年提高至十年有期徒刑,取消罚金刑的倍数限制,改为"并处或者单处罚金"和"并处罚金"等。

禁止"规定(《刑法修正案(九)》);五是废除了我国虚拟经济犯罪领域中死刑的规定(《刑法修正案(八)》和《刑法修正案(九)》)。总体观之,我国刑法修正案对虚拟经济犯罪法定刑的设置与修正呈现出截然相反的趋势:一方面为维护我国虚拟经济管理秩序,通过增加量刑幅度加重虚拟经济犯罪的刑罚处罚力度;另一方面废除虚拟经济犯罪领域的死刑,体现出我国选择"分领域""有系统"废除死刑的方式和路径,具有"里程碑"意义。正如有的学者所言,我国虚拟经济犯罪刑事立法具有以下发展规律:虚拟经济犯罪刑事立法与市场经济刑法理念协同发展的立法理念;虚拟经济犯罪罪名愈加细致,罪状渐趋科学;虚拟经济犯罪法定刑兼具重刑的宽缓化与轻刑的趋重化。[1]

二、有限发展法学理论下虚拟经济刑事立法变革要求

虚拟经济不断发展的过程中,我国逐渐形成了以金融刑法为表现形式的刑事立法,属于经济刑法的构成部分。作为规制金融犯罪行为的刑事法律规范,金融刑法对减少虚拟经济创新对虚拟经济交易秩序和竞争秩序的不利影响、更好地保护社会公众的利益、最终实现虚拟经济有限发展具有重要意义。

(一)虚拟经济刑事立法变革的理念选择

目前我国学界存在两种虚拟经济有限发展刑事立法的观点。一种观点认为,我国虚拟经济刑法犯罪化依据宜实现由抽象危险入罪向实质损害入罪原则的转变。我国当前虚拟经济刑事立法理念逐渐转向了新刑法的工具主义,即为了达到稳定情绪的目的,逐渐放弃立法的实用性和可行性标准的异化。[2] 我国虚拟经济刑事立法实践出现了立法逻辑"无先而后"和虚拟经

---

① 刘宪权:《我国金融犯罪刑事立法的逻辑与规律》,《政治与法律》2017 年第 4 期,第 21-35 页。
② 杨华辉:《互联网金融背景下的金融刑法立法理念转变》,《北方金融》2017 年第 2 期,第 34-37 页。

济刑法犯罪化依据"抽象危险"入罪现象。"无先而后"的立法理念是指在虚拟经济活动的法律规范过程中，在经济法、民商法、行政法难以进行有效规范的情况下，对某些创新的虚拟经济活动造成的无序行为进行定罪。"无先不后"的立法理念正好相反，是指在金融违法行为的规范过程中，刑法立罪是非刑事责任立法之后的救济性措施。虚拟经济刑事立法逻辑的转变体现了刑法调整社会关系的补充性质和最后手段性质，符合刑法的谦抑性原则。我国经济发展模式由要素驱动转向创新驱动的经济新常态下，结合虚拟经济运行的独特性和实践需要，我国虚拟经济刑事立法需要遵循以下立法理念：一是确立"立罪至后"的立法逻辑；二是确立以实质损害原则为主的犯罪化根据；三是确立从严厉管控向容忍试错、导向作用转变的立法指导思想。①

另一种观点则认为，从保障虚拟经济运行安全价值的角度看，虚拟经济有限发展的积极刑法立法观更为可取。互联网信息时代，虚拟经济因融入了互联网信息传播的低成本性和快速性等特点，其潜在风险更具有传染性和蔓延性。虚拟经济创新过程中，民商法、经济法和行政法的规制因为存在"扼制创新的嫌疑"而无所作为时，如果行为已经满足了刑事处罚的条件，就应该进行刑事处罚。应对创新行为刑事处罚的方式就是设置虚拟经济领域刑事立法的轻罪。②"虚拟经济安全和风险控制"占据我国虚拟经济刑事立法的主导性地位，我国虚拟经济刑事立法需偏重抽象危险犯。虚拟经济有限发展刑事立法以抽象行为的危险性作为入罪标准，而非传统经济犯罪的法益损害标准，是因为虚拟经济犯罪行为损害的法益具有复合性、不可回复性和损害后果的严重性等特点，也符合互联网信息时代虚拟经济自身的特性以及虚拟经济刑事立法的目标。

---

① 杨华辉：《互联网金融背景下的金融刑法立法理念转变》，《北方金融》2017年第2期，第34-37页。
② 周光权：《论通过增设轻罪实现妥当的处罚：积极刑法立法观的再阐释》，《比较法研究》2020年第6期，第40-53页。

质言之,我们认为积极刑事立法观具有合理性,因为虚拟经济刑事立法变革理念的选择,一定程度上能够解决虚拟经济刑事法律制度面对互联网金融规范不力、适用于经济发展现实不协调的问题,也能够引领虚拟经济刑事立法变革的方向。

（二）虚拟经济刑事立法变革的技术要求

有限发展法学理论下虚拟经济刑事立法变革要求我国《刑法》规制金融领域的主要罪名更加具象化,包括:擅自设立金融机构罪,非法吸收公众存款罪,集资诈骗罪,擅自发行股票、公司、企业债券罪,信用卡诈骗罪和非法经营罪等。金融犯罪的处罚比自然犯更重,表现在入罪标准和行为规范标准两个方面。入罪标准方面,自然犯通常以发生较为严重的实际损害为前提;金融犯罪则不以实际损害后果为前提,没有实际损害后果也可认定金融犯罪。最高人民法院发布的第19批指导性案例中,王某某非法经营再审改判无罪案的第一裁判要点强调构成非法经营罪须进行"行为相当的社会危害性、刑事违法性和刑事处罚必要性"判断;第二裁判要点强调违反行政管理有关规定的经营行为是否构成非法经营罪,应当考虑该经营行为是否属于严重扰乱市场秩序的行为。第二裁判要点是否可以适用于构成金融领域非法经营罪的判断可能仍存在争议。毕竟,指导性案例对法院审理类似案件仅具有参照作用,且该指导性案例属于《刑法》第二百二十五条第四项概括性规定的非法经营罪。2001年1月21日,最高人民法院《全国法院审理金融犯罪案件工作座谈会纪要》认为,非法吸收公众存款罪的认定没有损害后果;但《刑法》第一百七十六条有"扰乱金融秩序"的规定,可以视为"损害后果"的规定。金融秩序损害作为比一般民事损害影响更大、破坏性更大的社会经济损害,应该被课以更重的责任。同时,《全国法院审理金融犯罪案件工作座谈会纪要》虽规定损害后果的判断要从非法吸收公众存款的数额、范围以及给存款人造成的损失等方面判定扰乱金融秩序造成危害的程度,但其列出的具体情形只考虑上述一个方面即可按非法吸收公众存款罪处罚。当然，也有学者认为，虚拟经济刑事立法宜秉持抽象危险入罪标准逐渐向实质损害入罪标准转变，互联网金融飞速发展的背景下，不可轻易将潜在风险作为金融犯罪的入罪标准。[①] 我国虚拟经济犯罪的刑事立法正在以刑法修改的形式发展，包括增加罪名、修改犯罪陈述和设置法定刑罚。我国以金融犯罪规范为代表的虚拟经济刑事立法取得了长足进步，对我国虚拟经济的创新与发展具有重要价值。我国金融犯罪的刑事立法理念应当与市场经济的刑法理念实现共同发展。随着犯罪的专业性越来越强，我国虚拟经济犯罪罪名的设立应当更加细化，虚拟经济犯罪刑罚的严肃性不仅体现在刑罚的宽宏大量上，还体现在实现刑罚的严肃性上。[②]

三、有限发展法学理论下虚拟经济刑事立法变革思路

有限发展法学理论下虚拟经济刑事立法变革需坚持积极刑法立法观，加强与虚拟经济专门法律规范之间的协调性。因为虚拟经济有限发展需要及时因应虚拟经济发展需求，设定发展边界。《刑法》规范虚拟经济犯罪的体例安排要符合"客体"分类依据原则，虚拟经济犯罪行为定罪量刑标准需更加科学，虚拟经济犯罪法定刑的设置需更加精细。

（一）积极刑法立法观理念下虚拟经济刑事立法变革

在积极刑法立法观指引下，虚拟经济刑事立法变革需要及时跟进相关内容，促进立法协调。虚拟经济犯罪系法定犯，虚拟经济犯罪罪刑的认定与裁量须以虚拟经济刑事法律规定为前提，并与虚拟经济法律规定相协调。目前我国虚拟经济刑事立法与虚拟经济法之间存在不一致和不协调的问题。如我国 1997 年刑法只规定了证券犯罪的内容，考虑到刑法的简洁性，

---

① 杨华辉：《互联网金融背景下的金融刑法立法理念转变》，《北方金融》2017 年第 2 期，第 37 页。
② 刘宪权：《我国金融犯罪刑事立法的逻辑与规律》，《政治与法律》2017 年第 4 期，第 21-35 页。

避免重大修改,《刑法修正案》没有单独规定期货犯罪,而是在关于证券犯罪的规定中,直接在"证券"之后加上"期货",在"证券交易所"之后直接加上"期货交易所"等。1999 年 12 月 25 日颁布的《刑法修正案》①将期货交易所和期货经纪公司的业务活动纳入刑法调整范围。《刑法》第一百七十四条规定擅自设立金融机构罪等;第一百八十条规定内幕交易、泄露内幕信息罪,利用未公开信息交易罪;第一百八十一条规定编造并传播证券、期货交易虚假信息罪,诱骗投资者买卖证券、期货合约罪;第一百八十二条规定操纵证券、期货市场罪;第一百八十五条规定挪用资金罪、挪用公款罪;背信运用受托财产罪,违法运用资金罪等。2007 年 3 月 6 日实施的《期货交易管理条例》②,2017 年 12 月 7 日发布的《期货交易所管理办法》无诱骗客户交易的相关规定。《期货公司监督管理办法》第九十四条规定,期货公司及其分支机构"发布虚假广告或者进行虚假宣传,诱骗客户参与期货交易",根据《期货交易管理条例》第六十七条处罚。随着我国期货业的不断发展以及期货业法律制度的不断完善,目前刑法典中证券、期货刑事立法"合并规定"模式的弊端明显。世界其他国家和地区对证券和期货刑事立法多采用附属刑法的立法模式,且分别规定证券和期货刑事立法。我国虚拟经济刑事立法的

---

① 《刑法》第一百八十一条规定:"编造并且传播影响证券、期货交易的虚假信息,扰乱证券、期货交易市场,造成严重后果的,处五年以下有期徒刑或者拘役,并处或者单处一万元以上十万元以下罚金。证券交易所、期货交易所、证券公司、期货经纪公司的从业人员,证券业协会、期货业协会或者证券期货监督管理部门的工作人员,故意提供虚假信息或者伪造、变造、销毁交易记录,诱骗投资者买卖证券、期货合约,造成严重后果的,处五年以下有期徒刑或者拘役,并处或者单处一万元以上十万元以下罚金;情节特别恶劣的,处五年以上十年以下有期徒刑,并处二万元以上二十万元以下罚金。"

② 《期货交易管理条例》第六十八条第一款第四项将"隐瞒重要事项或者使用其他不正当手段,诱骗客户发出交易指令"作为期货公司欺诈客户的行为之一,相应的法律责任规定是"责令改正,给予警告,没收违法所得,并处违法所得 1 倍以上 5 倍以下的罚款;没有违法所得或者违法所得不满 10 万元的,并处 10 万元以上 50 万元以下的罚款;情节严重的,责令停业整顿或者吊销期货业务许可证"。2012 年 10 月 24 日,国务院对《期货交易管理条例》进行修改后:该条例第二十七条第二款规定,期货公司不得隐瞒重要事项或者使用其他不正当手段诱骗客户发出交易指令;第七十九条规定,违反本条例规定,构成犯罪的,依法追究刑事责任。

总体趋势已经呈现出刑法典(包括刑法修正案)为主,附属刑法为辅的特点。我国证券专门立法中已经采用"单一条款"的刑事立法模式。若我国正在制定的期货领域的基本法"期货法"也采用该种模式,则刑法典完全将期货依附于相应证券法律条文的模式显然不能反映期货业自身的特性。期货交易存在"以小博大"和买空卖空的特点,从交易规则上看期货犯罪对市场破坏的广度和深度都大于证券犯罪对市场的影响。我国《刑法》关于证券、期货犯罪一般以"情节严重""情节特别严重""造成严重后果"和"情节特别恶劣"等犯罪数额为定罪量刑的标准。这一标准统一适用于具有各自不同特征的证券和期货市场,会导致罪责不相适应的问题。如"编造并传播证券、期货交易虚假信息罪"的法定刑之一为"并处或单处一万元以上十万元以下罚金"。这一刑罚规定对于可加杠杆的证券犯罪的威慑力有限,对于交易金额以亿计的期货犯罪更是微不足道。同时,若出现证券犯罪的处罚重于期货犯罪时,则还会导致罪责不相适应的后果。对比我国《刑法》和期货市场专门行政法规和部门规章的相关规定可见:我国期货市场的法律规范一定程度上呈现出刑事立法规范先于和优于专门立法规范的特点。同时,我国期货市场刑事立法规范与期货专门立法规范之间存在诸多不一致。诱骗客户的表现只指故意提供虚假资料,是否包括提供虚假信息? 是否包括期货公司的虚假宣传和虚假广告行为? 诱骗客户的表现,究竟是"参与期货交易""买卖期货合约",还是"发布交易指令"? 上述问题的产生既是我国期货专门立法滞后的结果,也反映出期货领域刑事立法与期货专门立法之间的不协调和不一致,需要及时进行修改完善。

(二)改进虚拟经济刑事立法的体例逻辑

虚拟经济有限发展的刑事立法,要求虚拟经济创新发展的过程中积极保护虚拟经济市场主体的合法权益。当虚拟经济活动领域出现需要刑事处罚的行为时,虚拟经济刑事立法可以通过增设新罪以合法合理地追究被告的刑事责任,避免罪刑法定原则的"动摇"。[①] 增设虚拟经济领域的轻罪是回应社会公众关切的需要,也是依法追究行为人法律责任的需要,但虚拟经济刑事立法增设轻罪应尽可能地轻缓化,以保护虚拟经济创新发展中市场主体的创新积极性。检视我国刑事立法实践可见,虽然我国《刑法》将虚拟经济犯罪分别规定在《刑法》分则第三章"破坏社会市场经济秩序罪"的第四节"破坏金融管理秩序罪"和第五节"金融诈骗罪"中,但第五节"金融诈骗罪"不是按照传统刑法理论以客体作为犯罪分类标准的传统,而是按照犯罪手段不同进行安排,突破了犯罪分类依据"客体"的原则。以金融诈骗罪为例,金融诈骗罪包括的八个罪名虽然都具有"虚拟事实、隐瞒真相"的共同特征,但金融诈骗罪侵犯的客体却存在差异。因此,已经存在第四节"破坏金融管理秩序罪"的情况下,单独设立第五节"金融诈骗罪"有欠妥当。首先,单独设立第五节"金融诈骗罪"导致虚拟经济刑事立法与虚拟经济专门立法之间的不协调。金融诈骗罪侵犯双重客体,既侵犯银行或者其他金融机构对贷款的所有权,又侵犯国家金融管理秩序。金融是现代经济的核心,对一国经济整体发展的影响比一般行业更大。国家规范虚拟经济市场和活动的立法往往在市场准入、业务活动和监督管理方面有更严格的要求。虚拟经济行业的违法犯罪活动不仅损害虚拟经济市场交易主体的利益,更损害国家经济稳健发展必需的虚拟经济管理秩序和交易秩序。与虚拟经济专门立法一样,虚拟经济刑事立法也旨在维护市场交易主体和国家经济秩序两大方面的利益,具体体现为虚拟经济刑事立法对虚拟经济市场交易秩序和管理秩序的保护。金融诈骗行为损害虚拟经济交易秩序和管理秩序。可将《刑法》第三章"破坏社会市场经济秩序罪"的第四节"破坏金融管理秩序罪"和第五节"金融诈骗罪"合并为第四节"破坏金融秩序罪",不用专设"金融诈骗罪";并将第四节节名修改为"破坏金融秩序罪",包括虚拟经济交易

[①] 周光权:《论通过增设轻罪实现妥当的处罚:积极刑法立法观的再阐释》,《比较法研究》2020 年第 6 期,第 40-53 页。

秩序和管理秩序。其次,单独设立第五节"金融诈骗罪"导致虚拟经济刑事立法逻辑层次不清;设立第五节"金融诈骗罪"的立法初衷是突出保护国家的虚拟经济的发展秩序,特别强调保护市场上金融机构的资本安全。实际上,金融诈骗具有金融犯罪和财产犯罪的双重属性,立法指出金融诈骗破坏金融秩序,直接将其纳入破坏金融秩序罪,足以达到保护预期的管理金融秩序的目的。单独设立金融诈骗罪意在强调金融诈骗与其他类型诈骗行为的差异,反而淡化了虚拟经济刑事立法保护的客体"国家金融秩序"的重要性。再次,单独设立第五节"金融诈骗罪"反映出立法思路的不一致。如果立法机关以"虚拟事实、隐瞒真相"的犯罪手段为设立"金融诈骗罪"的划分标准,就应当一以贯之地体现这一思路,将金融诈骗罪、诈骗罪和合同诈骗罪归入同一体例。现行刑事立法体例中,金融诈骗罪独立于破坏金融管理秩序罪,诈骗罪和合同诈骗罪又按犯罪侵犯的客体分属于侵犯财产罪和扰乱市场秩序罪,反映出立法思路整体上的不一致。最后,将"金融诈骗罪"独立设节与国际刑事立法现状与发展趋势不吻合。以金融诈骗罪为例分析可见,虚拟经济有限发展法学理论视域下的刑事立法存在明显的体例等问题需要进行变革。

(三)实现虚拟经济犯罪罚金刑设置的精细化

有限发展法学理论下虚拟经济刑事立法变革旨在为虚拟经济设定发展边界,因而虚拟经济刑事立法内容需要更加精细化。从我国《刑法》的规定看,罚金刑主要单独或附加适用于经济犯罪、财产犯罪和其他故意犯罪中。《刑法》第三章"破坏社会主义市场经济秩序罪"部分共有92个条文,基本都规定适用罚金刑。可见,罚金对于经济犯罪是一种主要的刑法处罚。与违反行政监督管理行为相比,虚拟经济刑事犯罪行为的危害程度更深,承担的责任应当更重。然而,我国《刑法》规定虚拟经济犯罪的罚金数额有时与行政处罚的罚款数额存在倒挂现象。如我国《刑法》第一百八十一条第一款对编造并传播证券、期货交易虚假信息罪处以1万元以上10万元以下的罚金;而我国《证券法》第一百九十三条第一款规定"编造、传播虚假信息或者误导性信息,扰乱证券市场的,没收违法所得,并处以违法所得一倍以上十倍以下的罚款;没有违法所得或者违法所得不足二十万元的,处以二十万元以上二百万元以下的罚款"。证券、期货业的违法犯罪行为对虚拟经济的发展和社会经济秩序危害严重。证券、期货犯罪行为的刑事处罚往往都将"后果严重"作为定罪的法定要件。证券、期货行业的违法犯罪行为的目的均是获得非法经济利益,故罚金刑是世界各国通行的惩治虚拟经济犯罪的主要刑罚手段。因为其不仅可以弥补虚拟经济犯罪所造成的经济损失,从根本上遏制贪利行为,而且使实施虚拟经济犯罪行为的单位或个人不能从其犯罪行为中获得经济利益。我国目前刑法典和证券专门法律中罚金数额与罚款数额倒挂的现象既违背了法律责任承担轻重的一般法理,也不符合刑法中罪责刑相适应的原则。国家制定或修正虚拟经济领域的法律规范时,应考虑虚拟经济刑事立法与专门立法法律责任规定上的协调性、合理性和科学性。《刑法》关于单位犯罪罚金数额规定不明确。金融机构自身具有追求经济利益的本性,且单位虚拟经济犯罪的危害性后果更大,单位是虚拟经济犯罪的重要主体。我国《刑法》共有 16 处规范虚拟经济犯罪的条文规定"单位犯前款罪的,对单位判处罚金",但对单位虚拟经济犯罪判处罚金时的原则性规定缺失或不一致,①更没有具体金额的规定。我国也可以明确单位虚拟经济犯罪罚金金额的原则,或者规定单位虚拟经济犯罪罚金刑是自然人虚拟经济犯罪罚金数额的倍数,以确定司法实践中自由裁量权的空间。

---

① 《刑法》第五十二条规定,判处罚金,应当根据犯罪情节决定罚金数额。《最高人民法院关于适用财产刑若干问题的规定》(法释〔2000〕45 号)第二条规定,人民法院应当根据犯罪情节,如违法所得数额、造成损失大小等,并综合考虑犯罪分子缴纳罚金的能力,依法判处罚金。

结　语

　　虚拟经济作为现代经济体系的重要组成部分,不断发展壮大,日益成为人们生产生活所不可或缺的重要公共产品,其运行安全与否,对整个经济社会系统具有重大影响。与此同时,随着区块链、大数据、人工智能等现代信息技术向经济领域的广泛渗透,虚拟经济发展的广度与深度以前所未有之势不断拓展。现代技术风险和传统经济风险双重叠加,使虚拟经济安全变得越来越重要。立法作为应对社会风险的重要工具,显然不能缺序,需要做好虚拟经济立法的"大文章",守住虚拟经济有限发展根基,防止虚拟经济无序扩张,防范系统性风险。

　　传统虚拟经济立法呈现出"点式星状"格局、无统一的概念与原则、立法体系化水平低等特征。现行立法模式最大的风险是没有将虚拟经济与实体经济作为相对应的重要板块进行系统的规制,以致"只见树木不见森林"。虚拟经济之立法保障,必须立足有限发展法学理论,对虚拟经济的立法体制、立法模式等进行重构,对虚拟经济主要法律制度的变革和最新最热烈的虚拟经济现实问题作出回应。这就需要变革现行虚拟经济点式星状立法模式,确立虚拟经济与实体经济立法的分别立法调整的理念,以虚拟经济立法走向"大一统"思想为指针,为虚拟经济领域未来立法指明方向。目前,应当以制定虚拟经济基本法为立法模式转变的切入口,为虚拟经济立法的体系化闯出路子。在制定虚拟经济基本法的同时,注重虚拟经济配套立法、虚拟经济刑事立法、虚拟经济地方立法和虚拟经济国际立法方面的推进和完善,以此逐步构建起与实体经济立法相对的、具有自身规律和特色的虚拟经济法律规范体系。当然,在这一进程中,还必须注意立法的前瞻性和灵活性,及时反映和建构新兴虚拟经济立法,加强有限发展法学理论下虚拟经济创新及金融消费者立法变革、虚拟经济技术与数字经济的立法变革,以及虚拟经济刑事立法变革等。

显然,有限发展法学理论下的虚拟经济立法,并不是对传统虚拟经济立法的小修小补,而是一种破除路径依赖的大胆尝试。这种尝试具有重大的理论意义与现实意义,但也面临着一些挑战,还存在一些值得改进的地方,然而,正如邓小平同志所言,发展才是硬道理,只要这种变革能推动新时代下我国经济发展与法治发展再上新台阶,无论付出多少,吾辈自当勇毅向前。

参考文献

一、中文类参考文献

（一）著作类

［1］尤尔根·哈贝马斯:《作为"意识形态"的技术与科学》,李黎、郭官义译,学林出版社,1999。

［2］尤尔根·哈贝马斯:《合法化危机》,刘北成、曹卫东译,上海世纪出版集团,2009。

［3］安德鲁·芬伯格:《在理性与经验之间:论技术与现代性》,高海青译,金城出版社,2015。

［4］保罗·萨缪尔森,威廉·诺德豪斯:《经济学(第十九版)》,萧琛主译,商务印书馆,2013。

［5］柯提斯·J.米尔霍普、卡塔琳娜·皮斯托:《法律与资本主义:全球公司危机揭示的法律制度与经济发展的关系》,罗培新译,北京大学出版社,2010。

［6］刘少军:《规范虚拟经济的法律思考》,载王卫国主编《金融法学家》,法律出版社,2010。

［7］罗斯科·庞德:《通过法律的社会控制》,沈宗灵译,商务印书馆,2011。

［8］P.诺内特、P.塞尔兹尼克:《转变中的法律与社会:迈向回应型法》,张志

铭译,中国政法大学出版社,2004。

[9] 乔纳森·梅西:《声誉至死:重构华尔街的金融信用体系》,汤光华译,中国人民大学出版社,2015。

[10] 约翰·梅纳德·凯恩斯:《就业、利息和货币通论(重译本)》,高鸿业译,商务印书馆,1999。

[11] 《经济法学》编写组编:《经济法学(第二版)》,高等教育出版社,2018。

[12] 中共中央马克思恩格斯列宁斯大林著作编译局编译:《马克思恩格斯文集》(第7卷),人民出版社,2009。

[13] 陈婉玲、汤玉枢:《政府与社会资本合作(PPP)模式立法研究》,法律出版社,2017。

[14] 付子堂:《法理学初阶(第四版)》,法律出版社,2013。

[15] 胡光志:《虚拟经济及其法律制度研究》,北京大学出版社,2007。

[16] 胡光志:《虚拟经济的国家干预》,载单飞跃、卢代富等编著《需要国家干预:经济法视域的解读》,法律出版社,2005。

[17] 胡光志等:《中国预防与遏制金融危机对策研究:以虚拟经济安全法律制度建设为视角》,重庆大学出版社,2012。

[18] 李昌麒主编:《经济法学(第三版)》,法律出版社,2007。

[19] 李成编著:《金融监管学(第二版)》,高等教育出版社,2016。

[20] 李多全:《虚拟经济基本问题研究》,经济日报出版社,2015。

[21] 刘鹤主编:《两次全球大危机的比较研究》,中国经济出版社,2013。

[22] 强力:《金融法》,法律出版社,2004。

[23] 乔晓阳主编:《〈中华人民共和国立法法〉导读与释义》,中国民主法制出版社,2015。

[24] 阮荣祥、赵湜主编:《地方立法的理论与实践(第二版)》,社会科学文献出版社,2011。

[25] 王有志、石少侠:《民商法关系论》,载中国法学会商法学研究会编:《中

国商法年刊》（创刊号），上海人民出版社，2002。

[26] 邢会强：《经济法原理在金融领域的应用举隅》，载陈云良主编《经济法论丛》2018年第1期，社会科学文献出版社，2018。

[27] 张德胜：《儒家伦理与社会秩序：社会学的诠释》，上海人民出版社，2008。

[28] 张守文：《当代中国经济法理论的新视域》，中国人民大学出版社，2018。

[29] 张守文主编：《经济法学（第六版）》，高等教育出版社，2014。

[30] 郑万军主编：《公共经济学》，北京大学出版社，2015。

[31] 周旺生：《立法学教程》，北京大学出版社，2006。

[32] 邹瑜、顾明主编：《法学大辞典》，中国政法大学出版社，1991。

（二）论文类

[1] 沃尔夫冈·卡尔：《法典化理念与特别法发展之间的行政程序法》，马立群译，《南大法学》2021年第2期，第140-166页。

[2] 凯文·沃巴赫：《信任，但需要验证：论区块链为何需要法律》，林少伟译，《东方法学》2018年第4期，第83-115页。

[3] 蔡跃洲：《数字经济的国家治理机制：数据驱动的科技创新视角》，《北京交通大学学报（社会科学版）》2021年第2期，第39-49页。

[4] 陈兵：《数字经济新业态的竞争法治调整及走向》，《学术论坛》2020年第3期，第26-38页。

[5] 陈晨：《从监管角度看交叉性金融产品和服务中的消费者保护》，《山东财经大学学报》2014年第6期，第93-101页。

[6] 陈荣昌：《网络平台数据治理的正当性、困境及路径》，《宁夏社会科学》2021年第1期，第72-80页。

[7] 陈晓勤：《需求识别与精准供给：大数据地方立法完善思考——基于政

府部门与大数据相关企业调研的分析》,《法学杂志》2020 年第 11 期,
第 91-101,129 页。

[8] 陈志武:《互联网金融到底有多新》,《新金融》2014 年第 4 期,第 9-
13 页。

[9] 丛正、谢长青、李小燕:《"虚拟经济"的内涵与功能研究》,《商业经济》
2004 年第 10 期,第 58-59 页。

[10] 崔志伟:《区块链金融:创新、风险及其法律规制》,《东方法学》2019 年
第 3 期,第 87-98 页。

[11] 单飞跃:《中国经济法部门的形成:轨迹、事件与特征》,《现代法学》
2013 年第 4 期,第 10-17 页。

[12] 翟学伟:《信任的本质及其文化》,《社会》2014 年第 1 期,第 1-26 页。

[13] 董淳锷:《中国股权众筹立法问题之检讨》,《比较法研究》2018 年第 5
期,第 120-135 页。

[14] 杜亚飞:《商业银行交叉金融产品的成因分析及规制研究》,《金融与经
济》2018 年第 2 期,第 79-82 页。

[15] 段金锁:《金融危机背景下社会弱势群体与稳定问题研究》,《前沿》
2009 年第 9 期,第 168-171 页。

[16] 冯果:《金融法的"三足定理"及中国金融法制的变革》,《法学》2011 年
第 9 期,第 93-101 页。

[17] 冯果:《金融服务横向规制究竟能走多远》,《法学》2010 年第 3 期,第
129-134 页。

[18] 冯辉:《紧张与调和:作为经济法基本原则的社会利益最大化和实质公
平:基于相关法律文本和问题的分析》,《政治与法律》2016 年第 12
期,第 22-32 页。

[19] 冯学平:《过度的虚拟经济将引发巨大经济动荡和危机》,《中国经贸》
2012 年第 20 期,第 11-12 页。

［20］高汉:《互联网金融的发展及其法制监管》,《中州学刊》2014 年第 2 期,第 57-61 页。

［21］郭丹:《金融消费者之法律界定》,《学术交流》2010 年第 8 期,第 54-57 页。

［22］郭道成:《我国金融行业的发展趋势:银行和保险业混合经营》,《四川经济研究》2005 年第 1 期,第 9、11 页。

［23］郭少青、陈家喜:《中国互联网立法发展二十年:回顾、成就与反思》,《社会科学战线》2017 年第 6 期,第 215-223 页。

［24］韩伟:《安全与自由的平衡:数据安全立法宗旨探析》,《科技与法律》2019 年第 6 期,第 41-48 页。

［25］何波:《中国数字经济的法律监管与完善》,《国际经济合作》2020 年第 5 期,第 80-95 页。

［26］何荣功:《刑法"兜底条款"的适用与"抢帽子交易"的定性》,《法学》2011 年第 6 期,第 154-159 页。

［27］何颖:《金融消费者概念的法律定性及规范价值》,《财经法学》2016 年第 1 期,第 34-43 页。

［28］何玉长、刘泉林:《数字经济的技术基础、价值本质与价值构成》,《深圳大学学报(人文社会科学版)》2021 年第 3 期,第 57-66 页。

［29］洪名勇、钱龙:《多学科视角下的信任及信任机制研究》,《江西社会科学》2013 年第 1 期,第 190-194 页。

［30］侯利阳:《市场与政府关系的法学解构》,《中国法学》2019 年第 1 期,第 186-203 页。

［31］胡光志、雷云:《法律制度供给与地方虚拟经济立法问题》,《重庆社会科学》2008 年第 9 期,第 55-60 页。

［32］胡光志、杨署东:《完善地方立法促进重庆虚拟经济发展的思考》,《中国西部科技》2008 年第 31 期,第 60-63,84 页。

［33］胡光志：《虚拟经济背景下构建和谐社会的法律制度变革》，《法学家》2006 年第 4 期，第 94-100 页。

［34］胡光志：《虚拟经济法的价值初探》，《社会科学》2007 年第 8 期，第 105-113 页。

［35］胡平仁：《法社会学的法观念》，《社会科学战线》2007 年第 3 期，第 236-243 页。

［36］胡晓：《虚拟经济发展对实体经济的影响：增长抑或结构调整》，《财经科学》2015 年第 2 期，第 52-62 页。

［37］胡云腾：《论社会发展与罪名变迁：兼论选择性罪名的文书引用》，《东方法学》2008 年第 2 期，第 70-77 页。

［38］黄辉：《中国股权众筹的规制逻辑与模式选择》，《现代法学》2018 年第 4 期，第 94-109 页。

［39］黄韬：《"金融安全"的司法表达》，《法学家》2020 年第 4 期，第 68-82 页。

［40］季奎明：《论虚拟经济的私法制度环境：以金融危机为视角》，《法学》2011 年第 6 期，第 74-80 页。

［41］季小立：《美国次贷危机的虚拟经济理论解读》，《经济纵横》2010 年第 1 期，第 35-37 页。

［42］贾甫、冯科：《当金融互联网遇上互联网金融：替代还是融合》，《上海金融》2014 年第 2 期，第 30-35 页。

［43］江必新、郑礼华：《互联网、大数据、人工智能与科学立法》，《法学杂志》2018 年第 5 期，第 1-7 页。

［44］江婕、高尚、王正位：《金融消费者保护对家庭股票投资参与的影响研究》，《新金融》2020 年第 5 期，第 55-59 页。

［45］姜涛：《经济刑法之兜底条款应由司法解释予以明确》，《净月学刊》2017 年第 4 期，第 23-34 页。

［46］焦海涛:《经济法法典化:从"综合法"走向"整合法"》,《学术界》2020
年第 6 期,第 54-67 页。

［47］金晶:《欧盟〈一般数据保护条例〉:演进、要点与疑义》,《欧洲研究》
2018 年第 4 期,第 1-26 页。

［48］井贤栋:《培育互联网金融安全观》,《中国金融》2016 年第 12 期,第
12-13 页。

［49］孔令学:《论公私权视角下的金融消费者权利保护与限制:从〈反洗钱
法〉颁行说起》,《济南金融》2007 年第 4 期,第 20-24 页。

［50］赖文燕:《虚拟经济与实体经济发展中存在的问题及对策》,《金融与经
济》2009 年第 2 期,第 39-42 页。

［51］蓝寿荣:《试析美国金融危机中的政府行政干预》,《太平洋学报》2011
年第 1 期,第 74-81 页。

［52］黎四奇:《金融创新与金融法律创新互动关系的法理学视角分析:兼评
我国的金融实践》,《湖南公安高等专科学校学报》2007 年第 4 期,第
55-61 页。

［53］李宝翼:《虚拟经济和虚拟财富的内涵:与刘骏民等学者商榷》,《南开
经济研究》2005 年第 2 期,第 56-60 页。

［54］李昌庚:《中国社会转型的路径依赖及其法治回应》,《青海社会科学》,
2016 年第 2 期,第 67-76、85 页。

［55］李昌麒、陈治:《经济法的社会利益考辩》,《现代法学》2005 年第 5 期,
第 16-26 页。

［56］李海娟、佟雪:《互联网金融风险及防范的法律对策》,《对外经贸》2020
年第 5 期,第 78-80 页。

［57］李怀胜:《刑法一元化立法模式的批判性思索》,《江西社会科学》2020
年第 4 期,第 166-174 页。

［58］李丽红、尹伟贤:《数字经济背景下反垄断面临的挑战与应对研究》,

《理论探讨》2021 年第 2 期,第 92-96 页。

[59] 李莉:《论金融消费者权益保护视角下股权众筹的监管》,《北京社会科学》2019 年第 9 期,第 107-115 页。

[60] 李明贤、唐文婷:《农村资金互助社运营中的金融消费者权益保护分析》,《农业经济问题》2019 年第 12 期,第 99-107 页。

[61] 李晓明:《再论我国刑法的"三元立法模式"》,《政法论丛》2020 年第 3 期,第 23-36 页。

[62] 李雅文、李长喜:《互联网立法若干问题研究》,《北京邮电大学学报(社会科学版)》2013 年第 4 期,第 13-17、89 页。

[63] 李媛媛:《我国农业保险立法模式重构困境及其突破路径》,《法商研究》2017 年第 2 期,第 45-54 页。

[64] 李张珍:《互联网金融模式下的商业银行创新》,博士学位论文,中国社会科学院,2016 年,第 31-34 页。

[65] 林少伟:《我国遗嘱信托立法模式的路径选择》,《河南财经政法大学学报》2017 年第 5 期,第 92-101 页。

[66] 林晓轩:《区块链技术在金融业的应用》,《中国金融》2016 年第 8 期,第 17-18 页。

[67] 林越坚、岳向阳:《互联网金融消费者保护的制度逻辑与法律建构》,《国家检察官学院学报》2020 年第 3 期,第 150-164 页。

[68] 刘诚:《数字经济监管的市场化取向分析》,《中国特色社会主义研究》2020 年第 5 期,第 35-42 页。

[69] 刘丹妮:《公募股权众筹风险及其制度防范:以交易结构设计为中心》,《理论月刊》2020 年第 1 期,第 78-91 页。

[70] 刘光星:《日本促进创新事业发展的法制变革:理论、安排与启示》,《科技进步与对策》2020 年第 18 期,第 114-122 页。

[71] 刘辉:《大数据金融算法的法律规制》,《财经理论与实践》2021 年第 2

期,第 148-154 页。

[72] 刘辉:《论互联网金融政府规制的两难困境及其破解进路》,《法商研究》2018 年第 5 期,第 59-70 页。

[73] 刘骏民、李凌云:《世界经济虚拟化中的全球经济失衡与金融危机》,《社会科学》2009 年第 1 期,第 3-10 页。

[74] 刘骏民、王国忠:《虚拟经济稳定性、系统风险与经济安全》,《南开经济研究》2004 年第 6 期,第 32-39 页。

[75] 刘骏民、张国庆:《虚拟经济介稳性与全球金融危机》,《江西社会科学》2009 年第 7 期,第 79-85 页。

[76] 刘骏民:《经济增长、货币中性与资源配置理论的困惑:虚拟经济研究的基础理论框架》,《政治经济学评论》2011 年第 4 期,第 43-63 页。

[77] 刘凯、郭明旭:《央行数字货币的发行动机、设计方案及其对中国的启示》,《国际经济评论》2021 年第 3 期,第 137-154 页。

[78] 刘明:《美国〈众筹法案〉中集资门户法律制度的构建及其启示》,《现代法学》2015 年第 1 期,第 149-161 页。

[79] 刘鹏:《信息与逻辑的哲学反思》,《理论探索》2015 年第 1 期,第 50-53 页。

[80] 刘诗瑶:《各国股权众筹法律监管逻辑之比较研究》,《河北法学》2018 年第 7 期,第 127-136 页。

[81] 刘宪权:《操纵证券、期货市场罪"兜底条款"解释规则的建构与应用抢帽子交易刑法属性辨正》,《中外法学》2013 年第 6 期,第 1178-1198 页。

[82] 刘宪权:《我国金融犯罪刑事立法的逻辑与规律》,《政治与法律》2017 年第 4 期,第 21-35 页。

[83] 刘晓欣、宋立义、梁志杰:《实体经济、虚拟经济及关系研究述评》,《现代财经》2016 年第 7 期,第 3-17 页。

［84］刘晓星、杨悦：《全球化条件下金融消费者保护问题研究》,《现代管理科学》2008 年第 6 期,第 108-110 页。

［85］刘筱娟：《大数据监管的政府责任:以隐私权保护为中心》,《中国行政管理》2017 年第 7 期,第 56-60 页。

［86］刘影、睢纪刚：《日本大数据立法增设"限定提供数据"条款及其对我国的启示》,《知识产权》2019 年第 4 期,第 88-96 页。

［87］刘志云：《互联网金融整治背景下的立法思考》,《企业经济》2018 年第 7 期,第 5-11 页。

［88］鲁靖、蔡则祥：《金融支持弱势群体的外部效应与制度安排》,《财贸经济》2007 年第 12 期,第 67-70 页。

［89］鲁品越：《虚拟经济的诞生与当代精神现象》,《哲学动态》2015 年第 8 期,第 14-19 页。

［90］鲁钊阳：《论 P2P 网络借贷中金融消费者权益保护法律制度的完善》,《金融理论与实践》2019 年第 2 期,第 55-60 页。

［91］罗培新：《美国金融监管的法律与政策困局之反思:兼及对我国金融监管之启示》,《中国法学》2009 年第 3 期,第 91-105 页。

［92］吕忠梅、田时雨：《环境法典编纂何以能:基于比较法的背景观察》,《苏州大学学报(法学版)》2021 年第 8 期,第 1-14 页。

［93］吕忠梅：《中国环境立法法典化模式选择及其展开》,《东方法学》2021 年第 6 期,第 70-82 页。

［94］马俊驹：《人格与人格权立法模式探讨》,《重庆大学学报(社会科学版)》2016 年第 1 期,第 184-196 页。

［95］马冀勋、肖金成：《虚拟经济对美国的影响及对中国的启示》,《中国金融》2009 年第 5 期,第 55-56 页。

［96］马长山：《智能互联网时代的法律变革》,《法学研究》2018 年第 4 期,第 20-24 页。

[97] 缪因知:《证券交易场外配资清理整顿活动之反思》,《法学》2016 年第 1 期,第 48-57 页。

[98] 乔海曙、谢姗姗:《区块链驱动金融创新的理论与实践分析》,《新金融》 2017 年第 1 期,第 45-50 页。

[99] 任颖:《数据立法转向:从数据权利入法到数据法益保护》,《政治与法 律》2020 年第 6 期,第 135-147 页。

[100] 邵博文:《晚近我国刑事立法趋向评析:由〈刑法修正案(九)〉展开》, 《法制与社会发展》2016 年第 5 期,第 131-148 页。

[101] 沈伟、余涛:《互联网金融监管规则的内生逻辑及外部进路:以互联网 金融仲裁为切入点》,《当代法学》2017 年第 1 期,第 3-14 页。

[102] 盛松成、翟春:《货币非国家化理念与比特币的乌托邦》,《中国金融》 2014 年第 7 期,第 32-34 页。

[103] 石琭:《交叉性金融产品、风险传染与金融监管研究》,《西部金融》 2018 年第 1 期,第 30-34 页。

[104] 苏治、方彤、尹力博:《中国虚拟经济与实体经济的关联性:基于规模 和周期视角的实证研究》,《中国社会科学》2017 年第 8 期,第 87- 109 页。

[105] 孙国茂、LI MENG:《区块链技术的本质特征及其金融领域应用研 究》,《理论学刊》2017 年第 2 期,第 58-67 页。

[106] 孙建钢:《区块链技术发展前瞻》,《中国金融》2016 年第 8 期,第 23- 24 页。

[107] 孙宪忠:《如何理解我国〈民法典〉采取的总则与分则相区分的立法模 式》,《探索与争鸣》2020 年第 5 期,第 4-8 页。

[108] 田国强:《治理转型中虚拟经济的财富效应》,《国家治理》2015 年第 19 期,第 12-18 页。

[109] 万国华、孙婷:《证券区块链金融:市场变革、法律挑战与监管回应》,

《法律适用》2018 年第 23 期,第 57-66 页。

[110] 汪青松:《信任机制演进下的金融交易异变与法律调整进路:基于信息哲学发展和信息技术进步的视角》,《法学评论》2019 年第 5 期,第 82-94 页。

[111] 汪振江、张弛:《互联网金融创新与法律监管》,《兰州大学学报(社会科学版)》2014 年第 5 期,第 112-121 页。

[112] 王滨:《区块链对金融业风险管理的影响》,《中国金融》2019 年第 18 期,第 75-76 页。

[113] 王海龙:《跨行业交叉性金融工具的监管缺陷及其改进》,《上海金融》2006 年第 3 期,第 48-49 页。

[114] 王宏:《用经济宪法的解释弥补宪法对金融制度规定的笼统:从国家干预有问题的金融机构谈起》,《经济问题》2013 年第 4 期,第 27-32 页。

[115] 王利明:《论互联网立法的重点问题》,《中国社会科学文摘》2017 年第 2 期,第 115-117 页。

[116] 王淼:《数字经济发展的法律规制:研讨会专家观点综述》,《中国流通经济》2020 年第 12 期,第 114-124 页。

[117] 王守义、罗丹:《推进我国实体经济与虚拟经济协调发展》,《红旗文稿》2017 年第 12 期,第 19-20 页。

[118] 王硕:《区块链技术在金融领域的研究现状及创新趋势分析》,《上海金融》2016 年第 2 期,第 26-29 页。

[119] 王松:《金融监管模式的演进及对我国监管体制改革的启示》,《中国市场》2017 年第 2 期,第 61-63 页。

[120] 王晓君:《我国互联网立法的基本精神和主要实践》,《毛泽东邓小平理论研究》2017 年第 3 期,第 22-28 页。

[121] 王永钦、祁鼎:《金融创新如何影响新兴市场金融和经济:兼论中国金

融改革》,《世界经济》2020 年第 7 期,第 146-169 页。

[122] 吴弘、徐振:《金融消费者保护的法理探析》,《东方法学》2009 年第 5
期,第 13-22 页。

[123] 吴秋璟:《虚拟经济制度与结构变迁的研究》,博士学位论文,复旦大
学,2004 年。

[124] 吴志攀:《"互联网+"的兴起与法律的滞后性》,《国家行政学院学报》
2015 年第 3 期,第 39-43 页。

[125] 谢平、邹传伟:《互联网金融模式研究》,《金融研究》2012 年第 12 期,
第 11-21 页。

[126] 邢鸿飞、吕汉东:《智能互联网的法律风险及其立法应对》,《科技与法
律(中英文)》2021 年第 1 期,第 10-18 页。

[127] 邢会强:《金融危机治乱循环与金融法的改进路径:金融法中"三足定
理"的提出》,《法学评论》2010 年第 5 期,第 46-53 页。

[128] 邢会强:《论金融法的法典化》,《首都师范大学学报(社会科学版)》
2016 年第 1 期,第 49-57 页。

[129] 徐孟洲:《金融立法:保障金融服务实体经济——改革开放四十年中
国金融立法的回顾与展望》,《地方立法研究》2018 年第 6 期,第 62-
73 页。

[130] 徐璋勇:《金融与实体经济"分离假说"及其政策意义》,《河南金融管
理干部学院学报》2006 年第 4 期,第 28-31 页。

[131] 宣蓓:《国际虚拟经济立法规制法律问题研究》,南京财经大学硕士学
位论文,2010 年。

[132] 闫夏秋:《股权众筹合格投资者制度立法理念矫正与法律进路》,《经
济法论坛》2016 年第 4 期,第 63-67 页。

[133] 杨东:《"共票":区块链治理新维度》,《东方法学》2019 年第 3 期,第
56-63 页。

[134] 杨东:《互联网金融的法律规制:基于信息工具的视角》,《中国社会科学》2015 年第 4 期,第 107-126 页。

[135] 杨东:《监管科技:金融科技的监管挑战与维度建构》,《中国社会科学》2018 年第 5 期,第 69-71 页。

[136] 杨东:《论反垄断法的重构:应对数字经济的挑战》,《中国法学》2020 年第 3 期,第 206-222 页。

[137] 杨华辉:《互联网金融背景下的金融刑法立法理念转变》,《北方金融》2017 年第 2 期,第 34-37 页。

[138] 杨硕:《股权众筹中介机构的功能解释与立法规制》,《政法论丛》2019 年第 2 期,第 80-91 页。

[139] 杨松、张永亮:《金融科技监管的路径转换与中国选择》,《法学》2017 年第 8 期,第 3-14 页。

[140] 杨兴培:《经济犯罪的刑事立法模式研究》,《政治与法律》2006 年第 2 期,第 31-36 页。

[141] 益言:《区块链的发展现状、银行面临的挑战及对策分析》,《金融会计》2016 年第 4 期,第 46-50 页。

[142] 余筱兰:《公共数据开放中的利益冲突及其协调:基于罗尔斯正义论的权利配置》,《安徽师范大学学报(人文社会科学版)》2021 年第 3 期,第 83-93 页。

[143] 袁国敏、王亚鸽、王阿楠:《中国虚拟经济与实体经济发展的协调度分析》,《当代经济管理》2008 年第 3 期,第 12-15 页。

[144] 袁林:《金融附属刑法的界定、立法模式和适用原则》,《西南石油大学学报(社会科学版)》2000 年第 1 期,第 19-24 页。

[145] 黄明儒、项婷婷:《我国金融犯罪立法模式的选择:向"独立型附属刑法模式"的最终转变》,《人民检察》2017 年第 11 期,第 17-31 页。

[146] 袁勇、王飞跃:《区块链技术发展现状与展望》,《自动化学报》2016 年

第 4 期,第 481-494 页。

[147] 袁远:《监管视角下互联网金融消费者保护研究》,《经济纵横》2019年第 6 期,第 122-128 页。

[148] 张国庆、刘骏民:《经济虚拟化、金融危机与政府规制》,《当代财经》2009 年第 10 期,第 16-20 页。

[149] 张景智:《"监管沙盒"制度设计和实施特点:经验及启示》,《国际金融研究》2018 年第 1 期,第 57-64 页。

[150] 张礼卿、吴桐:《区块链在金融领域的应用:理论依据、现实困境与破解策略》,《改革》2019 年第 12 期,第 65-75 页。

[151] 张力毅:《论美国汽车无过失保险制度变革及对我国交强险混合立法模式的借鉴》,《保险研究》2017 年第 12 期,第 47-59 页。

[152] 张萌萌、叶耀明:《综合化经营监管对交叉性金融风险的影响》,《金融论坛》2018 年第 8 期,第 28-42 页。

[153] 张明楷:《刑事立法模式的宪法考察》,《法律科学》2020 年第 1 期,第54-65 页。

[154] 张守文:《经济法的立法统合:需要与可能》,《现代法学》2016 年第 3期,第 62-70 页。

[155] 张守文:《宪法问题:经济法视角的观察与解析》,《中国法律评论》2020 年第 2 期,第 76-87 页。

[156] 张宪、蒋钰钊、闫莺:《区块链隐私技术综述》,《信息安全研究》2017年第 11 期,第 981-989 页。

[157] 张枭:《互联网经济对反垄断法的挑战及制度重构:基于互联网平台垄断法经济学模型》,《浙江学刊》2021 年第 2 期,第 84-92 页。

[158] 张忠军:《论金融法的安全观》,《中国法学》2003 年第 4 期,第 109-117 页。

[159] 张作荣:《基于国家倒金字塔结构扭曲下的虚拟经济过度增长及其后

果》,《改革》2001 年第 2 期,第 5-10 页。

[160] 赵骏:《"一带一路"数字经济的发展图景与法治路径》,《中国法律评论》2021 年第 2 期,第 43-54 页。

[161] 赵吟:《金融安全视域下互联网股权众筹监管法律体系构建》,《江西社会科学》2019 年第 3 期,第 177-186 页。

[162] 郑戈:《区块链与未来法治》,《东方法学》2018 年第 3 期,第 75-86 页。

[163] 郑观、范克韬:《区块链时代的信任结构及其法律规制》,《浙江学刊》2019 年第 5 期,第 115-123 页。

[164] 郑联盛:《中国互联网金融:模式、影响、本质与风险》,《国际经济评论》2014 年第 5 期,第 103-118 页。

[165] 郑玉双:《破解技术中立难题:法律与科技之关系的法理学再思考》,《华东政法大学学报》2018 年第 1 期,第 85-97 页。

[166] 周光权:《论通过增设轻罪实现妥当的处罚:积极刑法立法观的再阐释》,《比较法研究》2020 年第 6 期,第 40-53 页。

[167] 周汉华:《论互联网法》,《中国法学》2015 年第 3 期,第 20-37 页。

[168] 周永刚、王志刚:《虚拟经济理论的最新研究述评:回顾与展望》,《广义虚拟经济研究》2013 年第 4 期,第 85-96 页。

[169] 朱炳元:《资本主义发达国家的经济正在加速金融化和虚拟化》,《红旗文稿》2012 年第 4 期,第 4-7 页。

[170] 朱娟:《我国区块链金融的法律规制:基于智慧监管的视角》,《法学》2018 年第 11 期,第 129-138 页。

[171] 邹传伟:《区块链与金融基础设施:兼论 Libra 项目的风险与监管》,《金融监管研究》2019 年第 7 期,第 18-33 页。

[172] 邹东升、陈昶:《"数据式"社会稳定风险评估:困境、逻辑与路径》,《情报杂志》2020 年第 5 期,第 130-132 页。

（三）其他类

[1]《〈互联网非公开股权融资暂行管理办法〉起草,股权众筹又一春?》,
https://www.iyiou.com/p/74848.html,访问日期:2019年10月20日。

[2]《2018年上半年全国P2P网贷行业快报》,https://www.sohu.com/a/
239061872_351022,访问时期:2019年8月10日。

[3]《3年受理P2P案件1800余件,涉案标的4亿——市中院发布〈南京金
融审判白皮书〉》,https://www.thepaper.cn/newsDetail_forward_453529
9,访问日期:2019年9月30日。

[4]《大数据立法工作势在必行》,https://www.sohu.com/a/331556669_
100018121,访问日期:2021年12月28日。

[5]《非法吸收资金11.4亿的起源系P2P案件落幕背后主使人被判刑8年
半》,https://baijiahao.baidu.com/s? id = 1675415843170130493&wfr =
spider&for=pc,访问日期:2021年12月28日。

[6]《非偶然! 美国连续124年GDP世界第一,这4点或许是根本!》,
https://www.sohu.com/a/272677590_591132,访问日期:2021年12月
20日。

[7]《警钟:全球GDP总量80多万亿美元,而虚拟经济已经超过3000万
亿》,http://www.baisuu.net/caijingxinwen/20191116/166792.html,访问
日期:2020年8月13日。

[8]《证监会2019年度立法工作计划》,http://www.csrc.gov.cn/pub/
newsite/zjhxwfb/xwdd/201903/t20190315_352229.html,访问日期:2019
年3月20日。

[9]《中国众筹行业发展报告2018:众筹的过去、现在和将来》,https://www.
sohu.com/a/232666972_264613,访问日期:2019年10月20日。

[10]冬弥:《重磅! 超460家网贷平台被立案,警方要求主动投案、退赃》,

https://www.sohu.com/a/443331135_348231，访问日期：2021 年 1 月 8 日。

[11] 郭树清：《推动金融更好地服务实体经济》，http://www.cbirc.gov.cn/cn/view/pages/ItemDetail.html？docId = 922817&itemId = 915，访问日期：2020 年 8 月 15 日。

[12] 李扬：《金融有充足的潜力为我们塑造更公平的世界》，《文汇报》2014 年 4 月 21 日第 9 版。

[13] 上海证券交易所网站，http://www.sse.com.cn/star/media/news/c/c_20200722_5160308.shtml，访问日期：2020 年 8 月 10 日。

[14] 王一鸣：《提升财政资金支持的技术成果转化率——关于科技创新培育产业竞争新优势的思考》，《北京日报》2019 年 4 月 8 日第 14 版。

[15] 温家宝：《同舟共济，互利共赢——在第七届亚欧首脑会议上的讲话》，《人民日报》2008 年 10 月 26 日第 2 版。

[16] 吴晓求：《中国金融的深度变革与互联网金融》，《金融时报》2014 年 2 月 24 日第 9 版。

[17] 徐昭：《证监会印发 2019 年度立法工作计划力争今年公开发布股权众筹试点管理办法》，http://www.cs.com.cn/xwzx/hg/201903/t20190316_5931300.html，访问日期：2019 年 10 月 15 日。

[18] 许晟：《中国互联网金融协会发布防范变相 ICO 活动风险提示》，http://www.xinhuanet.com/2018-01/12/c_1122252748.htm，访问日期：2019 年 10 月 22 日。

[19] 张雨露：《英国投资型众筹监管规则综述》，http://www.pkulaw.cn/fulltext_form.aspx？Db = qikan&gid = 1510144371，访问日期：2019 年 10 月 20 日。

[20] 朱丽娜：《全球八成央行已研发数字货币巴曙松称数字人民币或可用于大湾区"理财通"》，《21 世纪经济报道》2021 年 1 月 19 日第 5 版。

二、外文类参考文献

(一)著作类

[1] Clayton M. Christensen, *The Innovator's Dilemma*: *When New Technologies Cause Great Firms to Fail*(Harvard Business School Press,1997).

[2] James Surowiecki, *The Wisdom of Crowds* (New York: Anchor, 2005).

[3] John C. Coffee Jr. Gatekeepers, *The Professions and Corporate Governance* (Oxford University Press, 2006).

[4] Karl Polanyi, *The Great Transformation*(Beacon Press, 1957).

[5] Lawrence Lessig, *Code*: *Version* 2.0(New York: Basic Books, 2006).

[6] Melanie Swan. *Blockchain*: *Blueprint for a New Economy* (O'Reilly Media Inc., 2015).

[7] William Isaac Thomas. *The Methodology of Behavior Study* (New York: Alfred A. Knopf, 1928).

(二)期刊类

[1] Adam Levitin, "Hydraulic Regulation Regulating Credit Markets Upstream," *Yale Journal on Regulation*, No.26, 2009:143,155.

[2] Black, Bernard S. "The Legal and Institutional Preconditions for Strong Securities Markets," *UCLA Law Review* 781, No.48, 2001:833, 832.

[3] D M Ibrahim, "Equity Crowdfunding: A Market forLemons?," *Minnesota Law Review* 100, No.2, 2015:561-607.

[4] Daniel Lamb, "A Specter is Haunting the Financial Industry-The Specter of the Global Financial Crisis: A Comment on the Imminent Expansion of Consumer Financial Protection in the United States, United Kingdom, and the European Union", *Journal of the National Association of Administrative Law*

Judiciary 31, No.1, 2011:216-217.

[5] Eleanor Kirby, Shane Worner. "Crowd-funding: An Infant Industry Growing Fast," *Staff Working Paper of the IOSCO Research Department*, IOSCO Staff Working Paper:[SWP3/2014].

[6] George A. Akerlof, "The Market for 'Lemons': Quality Uncertainty and the Market Mechanism," *The Quarterly Journal of Economics* 84, No.3, 1970:488-500.

[7] Joshua A. T. Fairfield: "Smart Contracts, Bitcoin Bots, and Consumer Protection," *Washington and Lee Law Review Online* 71, No.2, 2014:35-299.

[8] Trevor I Kiviat, "Beyond Bitcoin: Issues in Regulating Blockchain Transactions," *Duke Law Journal* 65, No.3, 2015:574.

[9] Melanie Swan & Primavera de Filippi, "Toward a Philosophy of Blockchain: A Symposium: Introduction," *Metaphilosophy* 48, No.5, 2017:603-619.

[10] Ping Xie, Chuanwei Zou and Haier Liu, "The Fundamentals of Internet Finance and Its Policy Implications in China," *China Economic Journal* 9, No.3, 2016:240-252.

(三)其他类

[1] "Decentralized Blockchain Technology and the Rise of Lex Cryptographia", https://www.intgovforum.org/cms/wks2015/uploads/proposal_background _paper/SSRN-id2580664.pdf, accessed on November 14, 2019.

[2] https://www.r3.com/customers/govtech/, accessed on November 17, 2019.

[3] Kimberly Amadeo, "Ways the CFPB Protects You and You Don't Even Know It", https://www.thebalance.com/kimberly-amadeo-3305455, accessed on February 10, 2019.

[4] Libra White Paper, https://libra.org/en-US/wp-content/uploads/sites/23/

2019/06/LibraWhitePaper_en_US.pdf, accessed on November 18, 2019.

[5] Nathaniel Popper:"A Hacking of More Than $ 50 Million Dashes Hopes in the World of Virtual Currency,"The N.Y.Times, June 17, 2016, https://www. nytimes. com/2016/06/18/business/dealbook/hacker-may-have-removed-more-than-50-million-from-experimental-cybercurrency-project. html, Accessed on November 21, 2019.

[6] Paulina Borsook, "How Anarchy Works," http://www. paulinaborsook. com/PDF-disk-1/How% 20Anarchy% 20Works _ WIRED. pdf. accessed on November 20, 2019.

[7] Peter Cai. "Alibaba's Yuebao gives China´s banks a rude awakening", https://www. theaustralian. com. au/business/business-spectator/news-story/alibabas-yuebao-gives-chinas-banks-a-rude-awakening/2b13e82b935177db0 2bf2af0e1ff7723, accessed on September 10, 2019.

[8] William C. Dudley,"Financial Stability and Economic Growth",Remarks at the 2011 Bretton Woods Committee International Council Meeting, Washington, D.C. September 23, 2011.